法学群星闪耀时

法学启蒙三部曲

The Stories of 50 Foreign Jurists

50位外国法学家的故事

何勤华 主编
周小凡 执行主编

中国法制出版社
CHINA LEGAL PUBLISHING HOUSE

何勤华　华东政法大学前校长，教授，法学博士。兼任中华司法研究会副会长、全国外国法制史研究会会长。

1977 年考入北京大学法律系。1982 年 1 月考入华东政法学院攻读硕士研究生，于 1984 年 12 月毕业，留本校法制史教研室任教。1992 年 10 月起，作为对国家有突出贡献的专家，享受国务院特殊津贴。1999 年获“第二届中国十大杰出中青年法学家”称号。2009 年获“国家级教学名师”的称号。

著有《西方法学史纲》《20 世纪日本法学》《中国法学史》《法律文化史谭》等多部作品，在法学类核心刊物上发表论文 180 余篇。

周小凡　华东政法大学法律史专业博士研究生，德国科隆大学访问学者。

序

2002年，《西方法学家列传》得学界、出版界同仁鼎力支持，有幸出版，至今已近二十载。世殊事异，中国法学经过长期的发展，取得了长足的发展与进步，在新时代也将面临机遇与挑战。

初版之时，笔者与诸位同仁抱着启智之意图编著本书，希望通过引介西方学者的传记来为本国法律工作者开阔视野，提供一条观察西方法律发展的历史路径。历经发展，柏拉图、亚里士多德等西方法学先哲已为学人熟知，奥斯丁、庞德等当代主流法学学说奠基者的理论也常见于中国学者的引证之中，那么了解西方法学家尤其是其生平是否还有必要呢？

窃以为，“以史为鉴”不会因时代之变迁而失去其价值。从学术研究之角度，西方法学学说的研究不能离开对其创制者的了解，只有知其来处，方可明其去路。同时，西方法学家本身便是法学尤其是外国法制史、部门法研究的重要对象，这关系到重述法学发展的时代背景、学人的心路历程及学说的薪火相传。从学术启蒙的角度，西方法学居于世界法学话语体系的中心，乃至具有某种程度上的话语“霸权”，了解西方学术话语体系的创制者是当代中国学人入门法学的基础，也是其未来能为中国法学在世界法律大家庭中争取一席之地的启蒙点。此外，人格的魅力是不分国界的，充满典雅贵族气质的孟德斯鸠、富有革命热情的罗伯斯庇尔、饱含民族关切的萨维尼等法学家的品质、主张、学说虽各有不同，但均为法学的进步作出了巨大的贡献。法学学子入门之时，仰观先贤之品行在某种程度上可以起到塑造学术品格，树立学术理想之功效。由此观之，对于西方法学家的研究依然存在时代价值，这也是本书修订再版的缘由。

当然，这些法学家生活在特定的历史时期，他们的经历、思想也便打下了时代的烙印。书史者当客观，读史者则当抱有经世致用的信念，结合本国法治的实践并保持着辩证、批判的态度来观察西方法学家的传记，方可为中国法治建设提供切实而非“失却本土背景”的学术资源。

本次修订，笔者及课题组成员补充了书中所提到的法学家的生平、学说等诸多内容，订正了原版本的讹误，校订了标点、引注，以方便广大读者阅读。同时，将原书名《西方法学家列传》修改为《法学群星闪耀时：50位外国法学家的故事》。本书此次修订，仰赖中国法制出版社李佳副编审的指导和帮助，在此，谨表示我们一片诚挚的谢意。

何勤华　周小凡

于华东政法大学法律文明史研究院

目录

1

柏拉图 (Plato)

公元前 427—公元前 347

“多彩多姿的六月，绿荫深处，流泉潺潺，为整夜入睡的林木，歌唱催眠之曲。”

寥寥几行诗句，描绘的却是 2000 多年前人类思想的一座伟大的圣殿——柏拉图学园，而学园的创办者柏拉图也早已被作为人类历史上的一位卓越的思想家而载入史册。

柏拉图，雅典人，出身贵族。“柏拉图”大概是个雅号，古希腊文中的意思是“身体粗壮、结实”[1]。他本名亚里斯托克勒斯(Aristokles)。在古今中外的思想家里，柏拉图可算得上是一位天之骄子：高贵的出身、富裕的家境、堂堂的仪表、健全的体魄，还有强烈的求知欲。20 岁那年，柏拉图开始从师于苏格拉底，专研哲学。对苏格拉底这位学识渊博、已经 60 多岁的老人，柏拉图可谓毕恭

1 [古希腊] 柏拉图著：《法律篇》，张智仁、何勤华译，孙增霖校，商务印书馆 2016 年版，第一版译序，第 1 页。

毕敬，由衷钦佩。他与那些才华横溢的同学一起，追随着老师走街串巷，惊异而兴奋地听着苏格拉底把雅典的智者“蜇”得自认无知；与此同时，柏拉图也从中学到了许多宝贵知识。

公元前 399 年，苏格拉底遭受迫害，被判处死刑。由于柏拉图曾设法营救苏格拉底，引起了当政者的注意。为了个人安全，他逃离雅典城，移居麦加拉，并研习了毕达哥拉斯神秘哲学。在此期间，柏拉图开始环游世界，广见博闻，足迹遍及地中海沿岸的许多国家和地区，包括西西里岛、西瑞尼、埃及、以色列。[1] 12 年后，当他回到雅典时，已经成为一位博学多才、胸怀天下的思想圣贤。公元前 387 年，柏拉图在雅典近郊的阿加德米 (Academy) 体育场开办了闻名于世的柏拉图学园，开始了他对各类哲学思想的潜心研究。

苏格拉底的博学多才和对知识的探索精神给柏拉图以极深的感染。柏拉图在哲学上为完成苏格拉底对认识论的基本问题——主体与客体矛盾的探索，将毕达哥拉斯“数”的神秘主义与巴门尼德存在论的唯心主义相结合，提出了客观唯心主义理念论。柏拉图的哲学由三部分构成：理念论、回忆说和国家论。它们的有机结合对后世产生了极大影响。“基督教的神学和哲学，至少直迄 13 世纪为至，始终……是柏拉图式的。”[2] 以此为基点，柏拉图系统地发挥了毕达哥拉斯派的基本政治信念和苏格拉底完美的道德精神，

1 ［美］李杏邨著：《西方圣哲小传》，中国展望出版社 1986 年版，第 17 页。
2 ［英］罗素著：《西方哲学史》（上卷），马元德译，商务印书馆 1997 年版，第 143 页。

推导出以正义为核心的法律思想。

柏拉图生前曾三次访问西西里岛，意图实现自己的政治理想，即依照他的哲学观念制定国家法制，但均遭失败。然而，柏拉图在学术上的成就弥补了政治上屡次受挫给他带来的不幸。柏拉图一生留下了 23 篇对话和 3 件书札，其他以他的名义传下来的作品或是伪作，或是可靠性不大。[1]其中，与法律相关的主要有《曼诺篇》《理想国》《政治家篇》《法律篇》等。柏拉图的对话总共约 150 万字，其中最长的是《法律篇》，约 30 万字。据西方研究柏拉图的专家考证，《法律篇》是柏拉图的晚期作品。柏拉图在 74 岁高龄才着手写《法律篇》第 1 卷。[2]整部著作大致反映了古希腊的各项法律制度和社会生活的各个方面。

除了法学领域之外，柏拉图还广泛涉猎其他学科，在其追求公平正义等价值理念的过程中，他几乎没有放过任何一个人类感兴趣的课题。比如世界大同主义、优生学、女性解放、自由恋爱、节育、自由言论、财产、妇女、小孩和公有制度等问题，柏拉图都在其对话录里进行过研究和讨论。在讨论的每个问题背后，他都抱着一个单纯的中心目的，即极想看到公平、正义在地球上实现。他希望有机会看到一个可以代表公平、正义的理想国。在那里，苏格拉底不会被人谋杀，反而有被公众推做

1 ［古希腊］柏拉图著：《法律篇》，张智仁、何勤华译，孙增霖校，商务印书馆 2016 年版，第一版译序，第 2 页。

2 ［古希腊］柏拉图著：《法律篇》，张智仁、何勤华译，孙增霖校，商务印书馆 2016 年版，第一版译序，第 3 页。

国王的可能；在那里，男女双方可以自由恋爱而不受国家干预；在那里，音乐和体育充实着每一个人的心灵；在那里，读书人是全国的精华，而“哲学王”将把智慧应用于治理整个国度。所有这些，集中展现了柏拉图的哲学才华与思想，而它们全记载在了他的哲学名篇《理想国》中，成为人类历史上的第一个乌托邦。

接下来，让我们循着这位伟大的哲学先导的思想印记，一起来看看他为后世留下的法哲学领域的经典名论吧。

首先，柏拉图讨论了关于道德正义与法律正义的问题。他设想了两个世界的存在：单一真实的理念世界与多样虚幻的模本世界。前者是后者存在的根据。人的灵魂最初存在于理念世界，由于它们所注视到的理念等级、多寡的不同而分别具有了金银铜铁的性质，这便使人分为三种类型。在一个依自然建立起来的理想国中，他们按自己的特点和由此产生的不同分工而居于不同的等级：哲学家——他们是理性者，拥有对理念世界较多的知识，具有智慧的品质，是国家的统治者；勇士——他们有坚强的意志，拥有对模本世界的信念，具有勇敢的品质，是国家的护卫者；生产劳动者——他们没有知识和意见，只有想象，他们是被统治者。

柏拉图认为，不同等级的人应当各司其职、各守其位、互不干扰，只有这样国家才可能产生“正义”的品德，成为正义之国。在谈到“正义”的概念时，柏拉图把“道德正义”解释成个人和国家的最高美德，社会行为的普遍道德标准。他说："正义是智慧与善，不正义是愚昧和恶。"[1]"正义是心灵的德行，不正义是心灵的邪恶。"[2]当个人的三种品质（欲望、激情和理智）在个体协调运行、秩序井然时，个人就成为正义之人。

柏拉图认为，法律正义是指一种秩序，就是有自己的东西和干自己的事情。他从理念论出发，坚信依智慧划分社会等级的道德正义性。他认为，法律所确认的权力和特权的不平等并非不公正，统治者拥有权力，在于他们是全社会最有智慧的成员，因此法律上的这种权力分配恰恰是道德正义的体现。与此同时，他又意识到当法律正义成为强制执行某些特权者所规定的某种特殊道德正义的工具时，将会产生什么样的社会结构。

柏拉图清楚地看到，社会法律形式的多样性及它们与政体性质和立法者自身素质的密切联系，使得每一种法律都要体现自己的正义性相当困难。法律的本质应该是一种善德，但是现实生活中的法律并不必然地体现出一种道德正义。

其次，关于法制论问题，柏拉图着手研究了立法与守法的关系。他认为，法官的职责在于"以心治心"，因此立法者的职责不是去创制法律，而是揭示法的理念，进行教育人的工作。柏拉图认为，法律不仅是引导人们和国家实现正义的一种手段，同时也是平衡社会各集团利益的一种力量。它的道德价值就是对理念世

1 [古希腊] 柏拉图著：《理想国》，郭斌和、张竹明译，商务印书馆 1986 年版，第 36 页。
2 [古希腊] 柏拉图著：《理想国》，郭斌和、张竹明译，商务印书馆 1986 年版，第 42 页。

界的法的揭示，它的目的及功能就在于和谐社会各等级之间的秩序与引导公民过一种良善生活。但是，所有这些都基于一个前提：立法者所颁布的法律必须是良法。

另外，柏拉图发挥了苏格拉底的守法思想，对守法给予高度评价。他指出，对于有意志的公民而言，法律的统治并不具有强迫性，而是体现了国家的良善愿望。“如果法律能完全导致至善或至少是能部分地达到这样的目的，这些法律我们都应该执行。”[1] 公民应该为自己对法律的服从而感到骄傲。

与此同时，柏拉图还指出，一个国家应当树立起法律的权威感，以此来克服极端的自由和专制。如果一个国家的法律处于从属地位而没有权威，那么这个国家必将覆灭。倘若一个国家的法律居于官吏之上并被他们所服从，那么这个国家便得以长治。所以说官吏不仅仅是法律的执行官，同时也是法律的仆人，他们也要像其他人一样严格地遵守法律。

柏拉图相信个人必须作为一个整体的组成部分而存在，其权利的享有基于国家整体利益的实现，国家利益高于和渗透一切。他在论述正义的品质对于国家良善生活的价值时，事实上是把正义作为国家的抽象特性，个人灵魂的完善则是这种特性的普遍个体化。这样一来，各个社会阶层及其中的每个人都成为国家实现整体目的的一种手段和法律所规范的具体对象。

1 吕世伦主编：《西方法律思想史论》，商务印书馆 2006 年版，第 52 页。

柏拉图的法律哲学是以义务为本位的，同时还具有浓厚的伦理色彩。在他看来，法律并非主要表现为强制和暴力，而是以整体道德为目的；其功能除了规范作用外，还具有指引和保障作用。

由此不难看出，柏拉图的法律学说起到了承前启后的作用。他的许多法律思想被亚里士多德继承和发展，并被后世加以更深、更全面的拓展和研究。可以说，一方面，柏拉图的法律哲学由于自身的人身际遇而表现出充满矛盾的一面；另一方面，他的法律哲学又为人类法治的发展和进步做出了不可替代的卓越贡献。柏拉图第一次将法律的价值取向明确地设定为一种道德目标，并暗示法律是一种用来控制社会的有效工具，尽管立法原则与司法实践之间的距离给法律实现正义带来重重困难，但是这些困难可以通过良法与良吏的结合加以克服。这些思想至今仍在西方法哲学中占据着重要的位置。

柏拉图通过《理想国》，为全人类也为自己构筑了一个梦想中的人间天堂，然而他并不满足于仅仅当一个创造梦境的人，他寻找机会，希望可以把自己的哲学理论和设想运用于实践。而这样的机会也终于来了。戴奥尼素二世——叙拉古的国王专函聘请柏拉图去做他的高级行政顾问。然而遗憾的是，戴奥尼素二世这位国王只能当一个国君，却永远不能成为一个哲学家、“哲学王”。当柏拉图向他宣扬政治哲学的时候，国王激烈地反对柏拉图的某些基本观念，并且判了他死刑。幸运的是，柏拉图的朋友极力代为求情，使得国王格外开恩，赦免了其死罪，但把他贱卖为奴隶。

这样，柏拉图非但没有将戴奥尼素二世改造成“哲学王”，自己反倒变成了“哲学奴”。

好在买下柏拉图的人不仅热爱知识，而且热衷正义。他释放了柏拉图，并允许他回到了雅典。

回去不久，柏拉图收到了戴奥尼素二世的一封致歉信。这位叙拉古的统治者解释说，整个事件都是一场可怕的误会和错误。他希望柏拉图宽恕他，千万不要从坏处想他。而柏拉图则以轻蔑的口吻回复了他一封信，说：“请你不要为我担心，我整天忙着研究哲学，哪里会有闲情逸致想到阁下你呢？”[1]

从此以后，柏拉图在他的学园里一心一意钻研哲学思想，传授弟子学业，不再过多地理会凡尘俗世。

在他 80 岁那年，柏拉图应邀参加一位年轻友人的婚宴。在席间小憩的时候，这位疲乏的老人静悄悄地睡着了，睡得平静而香甜，人世间无聊的喧嚣永远都不会再来打扰他了。这位“内圣外王”的哲学家已奉上帝的荣召，到死亡的理想国，享受永久的和平与安息。

---

1 ［美］李杏邨著：《西方圣哲小传》，中国展望出版社 1986 年版，第 26 页。

2

亚里士多德 (Aristotle)

公元前 384—公元前 322

公元前 367 年的一天，当久负盛名的柏拉图学园的门口出现了一位温文尔雅、风度翩翩的年轻人时，没有一个人会想到在不久以后，园长柏拉图会对他作出如此的称赞："我的学园可以分作两部分，一般学生构成它的躯体，亚里士多德则代表了它的头脑。"[1] 当时更没有人会想到，这个衣冠楚楚、文雅时髦，甚至有点花花公子派头的年轻人，会以伟大精深和博学的思想，以卓越超群的学术贡献，被载入人类文明的史册，永泽后世。

亚里士多德，色雷斯的斯塔吉拉城人，其父是马其顿国王阿明塔斯的御医。由于家世显赫，亚里士多德从小就受到良好的精神熏陶，并享受着优裕的生活。他长期以来在一种文化氛围之中耳濡目染，这使他变得优雅、高贵、斯文。17 岁那年，亚里士多

1 [美] 亨利·托马斯、黛娜·莉·托马斯著：《大哲学家小传》，陈建国、安庆国、康剑译，华岳文艺出版社 1988 年版，第 21 页。

德迁居雅典，来到了柏拉图学园求学。他的到来曾引起了整个学园的轰动。因为他总是衣着华丽、举止儒雅，讲话也柔声细语，带点故作斯文的腔调，俨然一个纨绔子弟。甚至柏拉图也对他过于讲究穿戴而颇为不满，告诫他说："一个追求真理的人不应该过分打扮。"[1]

然而，亚里士多德并不是一个"金玉其外，败絮其中"的"绣花枕头"。恰恰相反，从进入学园的那一天开始，他就显示出了令人难以置信的广泛学术兴趣和过人才智。

亚里士多德博览群书，兴趣极广。古希腊时代的各门学科知识，诸如政治学、戏剧、诗歌、物理学、医学、心理学、天文学、伦理学、生物学、法学等，他无不兼收并蓄、样样精通，并且在其中的许多门学科里提出了远远超越先人的学术观点和思想，其才华令后人叹为观止。

在柏拉图学园学习期间，亚里士多德一方面认真学习柏拉图所有的知识和学问，虚心请教，刻苦勤奋，而另一方面他并不盲目崇拜权威，始终恪守着"吾爱吾师，吾尤爱真理"的信条。这也许和希腊人当时的特性有关吧，当势均力敌的知识分子相遇的时候，往往会争强好胜，互不相让。亚里士多德和柏拉图这对师徒同样如此，雅典最伟大的导师和最杰出的学生并不总是和平共处、相安无事的。他们虽然惺惺相惜，互相敬佩，却也难免各执

1 [美] 李杏邨著：《西方圣哲小传》，中国展望出版社 1986 年版，第 31 页。

己见，常有争辩。然而正是在不断的争论中，思想的火花时时迸发，他们共同为雅典文明、为人类文明的发展与进步做出了卓越贡献。

公元前 347 年，柏拉图去世了。当时，亚里士多德年仅 37 岁。凭着在学园中卓越超群的学术水平，他本该在学园改组的时候顺理成章地成为柏拉图的继任者，当选为新园长，然而学园的董事们却以他是斯塔吉拉城人为由忽略了他的过人才智，另行推选了一位雅典本地人做了柏拉图的继承者。

这次不小的挫折激起了亚里士多德的愤慨，促使他下决心寻找机会离开学园，离开雅典，另谋出路。这样的机会终于来临了，他原先的一位同班同学赫尔米亚斯在小亚细亚大展宏图，成了阿塔内斯城的统治者。为了实行柏拉图的“内圣外王”之道，赫尔米亚斯专函邀请亚里士多德去做他的高级行政顾问，并且特别声明，只有亚里士多德这样知识渊博、智慧如海的大学问家，才能够帮助他调和抽象的正义与具体的掠夺之间的矛盾冲突。收到这份邀请函，亚里士多德立即收拾行装，欣然前往，期待着自己可以在一片新天地里有所作为。可是，亚里士多德到达小亚细亚后，却没有在政治上得心应手，畅所欲言。由于他只对公平和正义感兴趣，因而始终无法完成使他的朋友从追逐财富转向支持正义这一使命。

政治上虽无所建树，不过在小亚细亚这段时间里，命运却在爱情方面给亚里士多德意想不到的眷顾。他在那里结识了皮贾丝，她是赫尔米亚斯的侄女兼养女。不久，在赫尔米亚斯的赞助下，他俩完成了结婚大典，亚里士多德可谓人财两得，富贵显赫。在随后的蜜月旅行中，他把妻子陪嫁的财产投入科研之中，收集各种稀有的贝壳作为资料以便将来研究之用。

蜜月后，亚里士多德回到了赫尔米亚斯的宫廷。没想到还没过多久，可怕的事情就发生了。由于赫尔米亚斯的政治阴谋触怒了波斯国王，波斯人大举入侵，把他钉死在了十字架上。

这场变故让亚里士多德再次国破家亡，成了没有祖国、没有职业的游民。好在一位高贵的朋友再次帮助了他。马其顿国王腓力二世向亚里士多德伸出了援助之手，重金聘请他到马其顿王国做亚历山大的家庭教师。然而，这是一个家庭关系错综复杂、纷乱不堪的地方。王权高涨之下，真理根本无路可走，代表真理的亚里士多德在这里是没有用武之地的。没过多久，亚里士多德再次离开了宫廷，重返雅典。

政治生活的一次次挫败使亚里士多德变得深沉、明智，他从此厌倦了现实生活，醉心于精神领域的追求，决心把自己的一生全心全意地贡献给学术和科学研究。为了科研的需要，他接受了腓力二世赠予的一大笔财富，把这笔资金投入到他的科研计划里，雇用了几千个助手到世界各地采集标本和资料，以供研究。同时，他创办了一所足以与柏拉图学园相媲美的吕克昂（Lykeion）学园，传道讲学。由于他本性好动，从不坐下讲课，在教室里总是一边授课，一边踱来踱去，因此得了一个“散步的哲学家”的美称。而吕克昂的学生也因此得了一个“逍遥学派”的称号。

公元前323年，亚历山大病故，亚里士多德被卷入雅典的政治纠纷之中，被判以不敬神罪。他因此而被迫逃亡于埃维亚岛(Euboea)的加尔基斯市。次年，即公元前322年，亚里士多德因病去世。

这位伟大博学的思想家所留下的著作和思想涉及了哲学社会科学和自然科学的几乎一切领域。在哲学上，亚里士多德批判了柏拉图的理念论，指出其错误在于假设了一个与具体事物相分离的虚无缥缈的理念世界，割裂了一般与个别的关系。而事实上，一般不可能单独存在，只能存在于个别之中。一切事物均由形式和质料构成，形式是事物的本质，任何事物的形成和发展都是一个追求一定的形式，即实现一种目的的过程。在自然界里，最高的形式就是善，最大的目的就是实现这种善。亚里士多德思辨地探讨了上帝的属性，记载在《形而上学》中；探讨了什么是最好的国家政体，记载在《政治学》中；还探讨了什么是最适当的行为及人的道德问题，记载在《伦理学》中。

在法律方面，亚里士多德留下了他法律哲学的代表作《政治学》和《雅典政制》。这两部著作风格严肃、分析细微而冷静，属于一个用城邦国家的方式进行统治的早已结束的时代。他的法律思想主要围绕着三个方面的问题展开。

首先，亚里士多德提出了法律正义论的主张。他认为，平等和中庸是法律正义的两个基本原则。平等原则，就是指平等分配政治权利的原则。由于不同素质的事物不能相互比较，因此只能在相等的人中分配相等的事物。这里存在两类平等：一类是“数量平等”，即各人所得到的事物在数量和容量上与他人所得的相等；另一类是“比值平等”，即根据各人的实际价值按比例分配与之相称的事物。从理论上说，政治权利的分配必须以人们对于构成城邦各要素的贡献的大小为依据，谁具有比他人较为优越的政治品德，谁在城邦实现良善生活的过程中善德行为最多，谁就应该在这个城邦中享受更多的利益。人们也都承认按各人的价值进行政治权利分配的这种比例平等的原则是合乎绝对正义的，然而在真实的政治生活中这一原则却无法施行。

此外，法律正义在亚里士多德看来，还体现了一种中庸主义。他曾用近 10 年的时间研究和比较了希腊历史上出现过的 150 多种政治制度。同时，他将德谟克利特关于中等财富为最好的思想和柏拉图关于中庸产生和谐的论点结合起来，发展为由占人口多数的中产阶级统治的共和政体的法律是最优良的结论。他认为，每个城邦的公民都可以分作三部分：极富者、极贫者、中产阶级。唯有中产阶级是贫富两阶层矛盾的“最好的中性仲裁者”[1]，最适宜担任统治者和立法者。亚里士多德坚信，善德就在于行于中庸。他还指出，并非所有的法律都具有正义性，城邦政体有良恶之分，法律也是一样的。法律的性质归根结底取决于政体的性质。

1 ［古希腊］亚里士多德著：《政治学》，吴寿彭译，商务印书馆 1981 年版，第 211 页。

其次，亚里士多德论述了关于法治的问题。他指出，一个城邦若无法律而想维持下去是不可能的，共和政体之所以成为最稳定的政体类型，实行法治是重要原因之一。所谓法治，“应包含两重意义：已成立的法律获得普遍的服从，而大家所服从的法律又应该本身是制定得良好的法律”[1]。亚里士多德强调法律的权威，认为“法律是最优良的统治者，法律能尽其本旨作出最适当的判决”[2]。他指出，社会秩序的稳定取决于统治者各人德行的这种希腊的传统观念实际上是不正确的；相反，法律才是统治者进行社会统治的一种最为有力和重要的工具。他提醒人们应特别注意，城邦必须有适当的法律，以使任何人都不至于凭借他的财富和社会关系取得特殊的权力，成为国家的隐患。

最后，亚里士多德还论述了法制论的问题。他把法分成两大类：一类是不成文法或习惯法，它由积习而成，涉及一切领域，起着成文法所不可替代的作用；另一类是成文法，包括宪法和具体的部门法，这些部门法具体又包括刑法法规、行政法规、司法法规、婚姻法规、教育法规等。

由此不难看出，亚里士多德在当时的社会条件下就早已清楚地看到了法律对于稳固政体，对于消除犯罪、保障司法公正、均衡财产等社会生活的各个方面所能起到的巨大作用。他批判地继承和发展了古希腊时期的法律思想，力图将社会生活的一切方面

1 ［古希腊］亚里士多德著：《政治学》，吴寿彭译，商务印书馆 1981 年版，第 199 页。
2 ［古希腊］亚里士多德著：《政治学》，吴寿彭译，商务印书馆 1981 年版，第 171 页。

都纳入法治的轨道上来。他比以往的任何一个思想家都更强调法律对于维持国家政体性质的意义和职能，为后世这方面问题的研究留下了一笔宝贵的知识财富。

与前人相比，亚里士多德的成绩是非常显著的，他对古希腊的全部法律思想进行了概括和总结，第一次明确提出了“法治”概念，并坚持法治优于人治，建立了系统的法治主义的法律哲学。

除了哲学和法学，亚里士多德还对其他许多学科包括生物学、天文学等自然学科的发展和进步做出了不可替代的卓越贡献。亚里士多德甚至在临终的时候还完成了一个最大的德行：他在遗嘱里宣布解放所有的家奴。此举成为人类历史上第一个解放奴隶的人权宣言。

亚里士多德，这位百科全书式的人物，这位才情卓越的柏拉图学园的精英，穷其一生追求真理，追求真知，当之无愧地被千百年后的世人尊称为“西方文化的伟大导师”！

3

西塞罗（Cicero）

公元前 106—公元前 43

马尔库斯·图利乌斯·西塞罗，罗马共和国末期著名的政治家、哲学家、雄辩家、文学家和法学家。

西塞罗出身于拉丁地区阿尔皮诺的一个富裕的骑士家庭，年轻时曾在罗马和希腊学习修辞学、哲学和法律。西塞罗曾跟随著名的法学家斯凯沃拉（Scaevola）学习法学，跟随费德鲁斯（Phaedrus）学习伊壁鸠鲁派哲学，跟随菲隆（Philon）学习学院派哲学，跟随狄奥多托斯（Diodotus）学习斯多葛派哲学。25 岁时担任律师，公元前 80 年发表的《为罗斯基乌斯辩护》（*Pro Roscio*）使西塞罗名噪一时，因为他把谴责矛头指向了独裁者苏拉的宠幸者。

公元前 70 年，西塞罗参与控告了盖尤斯·维勒斯一案，使他威望骤增，成为罗马第一演说家和辩护师。辉煌的律师生涯和非凡的辩才为他打开了从政的大门。西塞罗开始时倾向于民众派；后来成为贵族派，维护贵族共和制。他担任过各种职务，早期可谓仕途得意。

公元前 75 年，西塞罗在西西里岛担任财政官，后来又担任市政官、大法官等职。公元前 63 年，西塞罗在贵族拥护下当选为罗马共和国执政官。由于他镇压了民主派领袖卡提利那的暴乱，被元老院授予“祖国之父”的荣誉称号，达到了他政治生涯的顶峰。公元前 58 年因政敌控告，西塞罗被迫流亡希腊和马其顿，一年后获准返回罗马。

公元前 51 年，他又出任西里西亚（Cilicia）行省执政官（总督）。在恺撒、庞培、克拉苏“前三头”执政时期，西塞罗作为贵族派的代表人物，与三者保持一种均衡的距离。在恺撒与庞培公开对立之后，他站到了庞培一边。但是庞培被击败了，西塞罗又不得不向恺撒投降，退出政治舞台，潜心于著书立说，完成了《论演说家》《论共和国》《论法律》等传世名篇。

在恺撒被刺后，西塞罗重新涉足政治，发表多篇演说，反对恺撒派代表人物马尔库斯·安东尼，支持因势力单薄而暂时倾向元老院的屋大维，力主恢复贵族共和政体。但不久，屋大维、安东尼与雷必达结成“后三头”同盟，西塞罗被宣布为不受法律保护的人，在卡普亚被政敌安东尼派人刺杀，他的头和手被带回罗马，悬挂在他生前经常演说的广场讲坛上。

西塞罗具有多方面的素养、出色的政治才能，但他违背历史发展趋势，死守着祖宗成法，抱着过时的共和制度不放，最后落得一个为旧时代殉葬的悲惨结局。

西塞罗不单是一位从事实际事务的活动家，还是一位具有卓越才能、涉猎广泛又多产的著作家。他一生写了100多篇演说词，保存至今的有58篇（以反对卡提利那的4篇《对卡提利那的控告辞》和反对安东尼的14篇《反腓力辞》最为著名）；还有修辞学著作《雄辩术》《布鲁图斯》《论演说家》；哲学著作《论神性》《论善与恶的定义》《图斯库卢姆谈话录》；政治理论著作《论共和国》《论法律》；伦理著作《论义务》等；以及书信900封[1]。

西塞罗的思想十分丰富，这里略加介绍。

在教育思想方面，在古罗马文化希腊化的变革过程中，西塞罗采取了折中调和的态度。他认为不应僵化地全盘否定外来的东西，应当在保持本民族优秀文化传统的基础上，批判地吸收有益的成分。在教育目的上，西塞罗认为，教育的最终目的在于培养政治活动家，而只有出色的雄辩家才能真正成为优秀的政治活动家。在教育内容上，西塞罗认为，未来的雄辩家必须具有广博的知识、修辞学方面的特殊修养，以及优雅的行为举止和风度。西塞罗主张知识与雄辩术并重，二者缺一不可。西塞罗所规定的必修课程有文学、历史、哲学、法学、修辞学、物理、逻辑、伦理、军事以及柏拉图所主张的算术、几何、天文、音乐等。西塞罗把这些学科称为“人道”或“人文之学”（Humanities），这便是后来的“人道主义”（Humanism）这一名词的语源。他的这种文科教学内容体系，

1 林焕文、张凤主编：《世界著名文史学家辞典》，黑龙江朝鲜民族出版社1985年版，第309页。

对后世产生了极其深远的影响。在教育方法上，西塞罗保持了罗马人注重实际的特点。他主张在教学过程中以练习作为学习辩论和演讲的主要方法，他认为经常写作可以使人的表达能力和思维能力得到极好的锻炼。

综上所述，西塞罗的教育思想反映了罗马与希腊的教育传统互相渗透、结合的发展倾向，他所提出的人文主义性质的课程体系不仅影响了罗马人，而且影响了文艺复兴以后的西欧教育。

在哲学思想方面，西塞罗推崇苏格拉底的折中学院派和斯多葛派的学说，是折中主义的代表。西塞罗在其《论神性》《论老年》《论友谊》等著作中，歪曲和攻击古希腊伊壁鸠鲁的原子唯物主义和无神论思想，是哲学史上把伊壁鸠鲁的“快乐论”歪曲为“纵欲主义”而加以驳斥的第一人。

西塞罗虽然在知识问题上以善于采取“保留判断”的怀疑主义态度自傲，但在宗教问题上极其武断。他是以“普遍同意”为根据，论证有所谓“天赋观念”的第一个唯心主义先验论者，宣称宗教伦理观念，如神、天道、灵魂不朽、自由、义务等是任何民族在任何时代所共有的。这就似乎证明了它们是人心所固有的，是所谓的“天赋观念”。

西塞罗攻击原子唯物主义学说是诡辩，宣扬灵魂神圣、灵魂不死等神秘主义思想，认为不能靠理智证明灵魂不死，要相信古代的“权威”。他反复宣扬灵魂不死论的目的，是要证明尘世的物质利益不仅是微不足道的，而且是有害的，即“耽于娱乐便要扑灭心灵的光明，所以娱乐是最可恶最厉害的”。这是典型的奴隶主逻辑。他对希腊哲学采取的这种折中主义、因袭和庸俗化的态度，只不过是罗马帝国时期古代哲学全面腐朽堕落的一个开端。[1]

在法律思想方面，西塞罗比较接近亚里士多德的逍遥派和斯多葛的画廊派，尤其是斯多葛学派的法律思想对他影响最大。西塞罗通过亲自参加政治和司法实践活动，对罗马的现行法律制度进行了深刻的调查和研究，结合希腊和罗马先驱的法律思想，加以通俗化和系统化，构成了以自然法理论为基础的完整的法律思想体系。

西塞罗指出：“法律是最高的理性，从自然生出来，指导应做的事，禁止不应做的事。”[2]

西塞罗认为，自然法具有高于一切人类社会立法的权威，并且具有普遍的和永恒的性质。他说：“法律是上帝的一贯的意志，上帝的理性依靠强制和约束来指挥一切事物。”[3]“最高法律（即自然法）是万世存在的，发生于成文法未制定、国家未成立之前。自然法是衡量一切人定法的唯一标准。”[4]“真正的法律”和“正义”是同义语。法律是正义与非正义事物之间的界限，是自然与一切原始事物之间达成的一种契约；法律和自然的标准相符，构成了对邪恶予以惩罚，对善良予以保护，才是“真正的法律”。

1　刘蔚华主编：《世界哲学家辞典》，重庆出版社 1990 年版，第 735—736 页。
2　［古罗马］西塞罗：《法律是最高的理性》，载《政府法制》2003 年第 22 期，第 1 页。
3　易杰雄主编：《欧洲文明的源头——古希腊·罗马文明》，华夏出版社 2000 年版，第 344 页。
4　周长龄著：《法律的起源》，中国人民公安大学出版社 1997 年版，第 30 页。

西塞罗的自然法理论为罗马共和国与帝国时期之交产生和日益完善的万民法奠定了理论基础。西塞罗以永恒的、普遍的自然法为前提推导出人类自然平等的法律观。

在《论法律》中，西塞罗提出，只要在“世界国家”的大家庭中，共同服从“自然法”的人，不论其原来的国别、种族、社会地位如何，即便是奴隶，也都是“与上帝共同享有理性”的公民。因为人类是唯一的理性动物。“理性”是人类共同具有的最大的财富。人与人之间在自然法面前，以共同具有的理性为基础，是应该尊重彼此的人格的。

在此基础上，西塞罗进一步推导出人类社会将成为世界性国家。他的“世界国家”理论，竭力宣扬自然法在人类社会中的无限管辖权。(1) 国家的法律规模和范围已经超越了城邦、民族式的成文法，是一种永远受自然法支配的“世界性宪法”，即罗马的万民法或是一种国际法的萌芽。(2)“世界国家”应有一种理想的政府。这种世界性宪法的权威是由公民的集中权力而产生的，不可能为任何寡头和集团所垄断，而政治权力机关就是公民的自治政府。(3)“世界国家”的政权机关是受自然法管辖的。也就是说，法律高于权力，是法治不是人治。

西塞罗的国家观基本上继承了斯多葛学派的“世界国家”理论。他的突出贡献在于强调以自然法作为世界国家赖以形成和存在的基础。他之所以提出“世界国家”的政权性质、结构及其以法律作为纽带的设想，根本原因是罗马已经成为统治着许多政体、文化、种族不同的地区的世界性国家；借助自然法和“共同国家”概念，设计出新的政权形式和“宪法”体系，以谋取罗马帝国的长治久安。

西塞罗研究了大量希腊和罗马的政治法律史文献，提出了共和政体论和一整套具有“宪法”性质的共和主义法律制度的设想，对民选制度、立法机关、行政机关、监察机关和司法机关均有精彩论述。

西塞罗把自然法理论应用于共和政体之中，提出了“人类自然平等”的法律观。他所提倡的“分权”和“制衡”的理论，被欧洲近代资产阶级的启蒙学者视为宝贵遗产。从法律思想领域来说，法学真正从古典政治学中分离出来，作为独立的学科，是罗马法学家的创造，而西塞罗的功绩实为开端。

在伦理道德方面，西塞罗的思想主要体现在他写给儿子的《论义务》一书中。他的义务观念的出发点是至善，即道德的高尚（honestum）。这一拉丁术语由西塞罗译自古希腊文的 to kalon（道德美）。罗马的“道德高尚”概念是同“理想的公民”概念紧密联系的。理想的公民的品格包括家庭方面的和社会方面。在西塞罗看来，存在可以形成道德高尚的四个源泉，或四种德行：对真理的探索和认识，对人类社会的维护——公正和善行，心灵的伟大和坚强，行为的合适。由上述四种德行产生相应的实践义务，亦即通过追求而达到至善的义务。

接着，西塞罗加以详细阐述。他强调认识真理要注意两个方面，其一是要坚持“知之为知之，不知为不知”的原则；其二是要注意从事具有实践意义的研究，并且要付诸行动。他又指出保持公正的两个重要方面：首先，任何人都不要在自己未受到不公正对待的情况下伤害别人，做出不公正行为的主要原因在于贪婪；其次，为了公共利益使用公共所有，为了个人利益使用个人所有。

西塞罗在谈到可以形成道德高尚的第三个方面——崇高的心灵时，着重谈到处于国家领导地位的人应具有的义务感：第一，他们不论做什么，都要使之符合公民的利益，忘记个人的利益；第二，他们应该维护国家整体，不要为维护某个部分而忽略其他部分。[1]

西塞罗的这部著作表面上是教诲儿子，但实际上是针对所有罗马人，特别是那些希望自己能在政坛上发迹的青年。西塞罗时常借题发挥、针砭时弊，他的义务观虽然在许多方面带有时代的特点和局限性，但是人类思想的发展是积累而成的，是对各个时期思想精华的继承和发展的结果。

西塞罗一生著作丰富，形成了自己独特的风格：文采斐然、句法严谨、音韵柔和、说理透彻，结构上继承传统的程式，并时常采用夸张手法，其所倡导的语言规则，习称为“西塞罗式的句法”[2]。他的演说风格一直被后来欧洲许多散文作家奉为楷模。他留下的900 多封书信为研究罗马共和国末期的社会生活和政治、法律活

1　王焕生：《西塞罗的义务观评析》，载《比较法研究》1999 年第 3、4 期合刊。
2　黄邦和、皮明庥主编：《中外历史人物词典》，湖南人民出版社 1987 年版，第 923 页。

动提供了重要的史料。

此外，西塞罗还写有很多诗歌，翻译了大量的希腊悲剧。作品语言通俗、流畅，有“拉丁语典范”之美誉。[1]西塞罗在罗马文学史上占有重要地位，对罗马演说艺术和散文的发展，尤其是对拉丁文学语言的形成、发展和规范化作出了宝贵的贡献[2]。

综上所述，西塞罗可称得上自亚里士多德以来，第二位百科全书式的人物。他精通政治、哲学、演说、修辞、文学、史学和法律，既是一位出色的政治家、法律家，又是一名硕果累累的学者。他是连接希腊文明与罗马文明的桥梁，他传播、发扬了希腊文化，又开启、萌发了罗马文化。可以说如果没有西塞罗，罗马文化不可能具有如此显赫的承上启下的历史地位与彪炳史册的巨大成就。所以，读者要想了解、学习、研究古罗马文明，就不得不关注西塞罗这位大学者。

1　庄锡昌主编：《外国历史名人辞典》，江西教育出版社 1989 年版，第 366 页。

2　赵贤州、廖鸿钧等编：《世界文学家大辞典》，四川人民出版社 1988 年版，第 1757 页。

4

帕比尼安（Papinianus）

142—212

帕比尼安，古罗马法律史上最伟大的法学家，他在群星璀璨的罗马法学家中独一无二的地位可以从 426 年颁布的《学说引证法》将其排在五大法学家之首中看出。

帕比尼安所处的时代是古罗马帝政前期，其可能是一个地道的叙利亚人。因为从他早期的文笔书写习惯可以推断出他与叙利亚有很深的渊源。帕比尼安的早年生平不详，据说其父亲名为帕比尼安努斯·荷斯提留斯，母亲名为伊吉尼亚·格若西利斯[1]。他先前曾与后来成为罗马帝国皇帝的塞维鲁作为同乡一起师从斯卡沃拉学习法律。这段经历奠定了他与皇帝终生的友谊，也奠定了帕比尼安日后飞黄腾达的政治基础[2]。

1 这个说法是根据 15 世纪在罗马找到的一个据说是装着帕比尼安骨灰的骨灰瓮而得出的。因为对这个骨灰瓮的考证未有权威的定论，因此该说法未必可信。

2 另有一个传闻是认为帕比尼安与塞维鲁皇帝的第二个妻子有特殊的关系。而且，二人是否是斯卡沃拉的学生至今还有争议。

帕比尼安毕业后，曾到贝鲁特法律学校担任教师。他的早年生活和帝国东部联系紧密，导致了他的一生具有浓厚的地方色彩。著名的德国历史法学派罗马法专家西奥多·蒙森曾评价帕比尼安是“罗马法学家中，思想和言论最不罗马化的人”[1]。后来帕比尼安担任了帝国高级法院院长。乌尔比安和保罗都曾在由他任院长的帝国最高法院担任过陪审法官。

在马可·奥理略皇帝时代，帕比尼安先是担任近卫都督的顾问。到了193年，他的挚友塞维鲁荣登皇帝宝座，开创了塞维鲁王朝，帕比尼安因此得到了重用。在此前后，由于追随塞维鲁，帕比尼安从担当顾问到入主皇家金库并掌管皇帝的私人金库。可见他和皇帝之间情同手足的关系。

随后不久，帕比尼安就被任命为申诉官。这个职位的职权广泛，接受进入骑士阶层或成为元老院成员的申请，并可以对申请的理由是否充分进行调查，甚至所有向皇帝提出的私人或公共事务申请他都有权予以答复。有的学者认为，该职务的权限范围还包括立法和司法领域，即使是皇帝的书面答复也是由他草拟的。

203年，由于深受塞维鲁皇帝的宠信，帕比尼安被提升到近卫都督的高位。这个职位源于军队，经过长时间的演化，变成掌握军事大权和刑民司法权力的仅次于皇帝的职务，被认为是副皇帝（代表着皇帝个人）。不管前任是否与下属分享权力，但帕比尼安做

1　原文是“in thought and speech the least Raman of the Roman jurists”。

事独断专行，至死都担任这个职务。

211 年，帕比尼安随同塞维鲁皇帝前往不列颠视察。在此期间，发生了皇室内部的政治斗争。有证据表明，他当时察觉到了皇子卡拉卡拉谋杀父皇的阴谋。2 月 4 日，塞维鲁皇帝忽然死去，并被埋葬在约克郡。旋即而来的是两个皇子卡拉卡拉与杰达之间长久以来没有显露的矛盾迅速激化，由此造成皇室血案。亲生骨肉之间大开杀戒，即使旁人也不能幸免。杰达惨死在母亲朱莉亚之手。灾难随之降临到帕比尼安身上。他先是被解除职务，原因是他反对两位皇子之间的无道相残，并拒绝为卡拉卡拉的可耻行为辩护，同时被怀疑为杰达的同党。伪善的卡拉卡拉不顾其与帕比尼安之子的友谊，让帕比尼安父子同赴黄泉。对于他临死之前的表现，有人说是沉默不语，也有人说他预言卡拉卡拉将会和他有相同的下场。但是，他总归是以坚持原则的优良道德品质而坦然就义的。帕比尼安的英雄之举受到了广泛的赞许，为其死后带来了良好的声誉。

帕比尼安的代表作主要有：(1) 长达 37 卷的《法律问答集》，该书按照古罗马《学说汇纂》的模式写成，即把法当作整体，进行系统、综合的研究。该书第 1 卷显露了帕比尼安早期研究具有的浓厚地方色彩。(2) 19 卷本的《解答集》，该书把对具体案件的解答和理论探讨混合在一起。(3) 19 卷本的《解说书》，2 篇《论通奸》和 2 篇《定义》。此外，还有许多论文。其中，《解答集》和《法律问答集》都包括了从早期法学家和学说讨论中得到的各种引证。保罗（？—约222年）曾为这两部著作注释，乌尔比安也曾为《解答集》作过注释。

帕比尼安继承了老师斯卡沃拉的方法，通过对具体案件的解答来阐述法律的含义和精神，议论非常深刻并富有哲理。由于这一原因，帕比尼安的学说具有很高的权威性，直至4世纪，君士坦丁皇帝仍命令属下整理他的学说，尊重其权威地位。《学说引证法》进一步规定，在五大法学家的意见相左的时候，以帕比尼安的为准。后世的法学家和立法者主要就是以此认定帕比尼安在罗马法上的最高地位。

进入6世纪，查士丁尼为了纪念帕比尼安，将当时法律大学的高年级学生称为“帕比尼安弟子”，因为他们在第3年的课程主要是学习帕比尼安的8卷《解答集》。查士丁尼还在《学说汇纂》第20卷的每一个小标题前，都引用一段帕比尼安著作中的名句。《学说汇纂》大段摘录帕比尼安的作品（共601段），也表明了他在当时的学术地位。

此外，由于帕比尼安担任了被视为副皇帝的近卫都督之职，行使军事和司法大权。帕比尼安任职的法院，由于乌尔比安和保罗两位著名的法学家担任过陪审法官，影响更为广泛。就连15世纪的著名法学家利特尔顿，也以帕比尼安任职的法院曾在英国巡回办过案而自豪。

帕比尼安在政治上坚持真理，他严肃的道德品质也反映在他的作品中（有的作品观点十分尖锐），反映在其风格的简明、逻辑论证的深刻和犀利上，反映在他对形势的估量及对公平和实践的注重上。

此外，帕比尼安的过人之处在于他能结合具体案例，灵活地运用理论。他的结论很少为特殊的案例情况所束缚，而尽可能地针对各种情形，揭示普遍原则。这一点不仅对当时的法学家，即使对现在的法学研究来说，也是很可贵的。后来，帕比尼安的这个出类拔萃的研究特点或多或少被《学说汇纂》中的其他学者所借鉴。虽然说这个特别的研究方法未必是帕比尼安首创的，但是我们至少可以确定，帕比尼安是迄今为止可以知道的最早使用这个方法的罗马法学家。当然，这是与帕比尼安在《学说引证法》中的崇高地位相结合的。作为一个解释者，他可以用解释法律和分析案例的方式使自己的学说观点影响整个社会。

由于其学说具有很强的开创性，因此帕比尼安在西方法学史上的地位很高，这一点早在《学说引证法》颁布之前就已经为人们所承认。同时，由于他人格高尚，不畏强权，视死如归，更为后人仰慕，史学家对帕比尼安予以了崇高的赞誉，称他为“权利的庇护者和法学知识的宝库”，称其“在法学知识及其表达上都超过所有前世和后世的罗马立法者”。

5

乌尔比安（Ulpianus）

约 170—228

乌尔比安，古罗马著名的法学家。他生于帝国东部的叙利亚，先在贝鲁特法律学校教授法律。在塞维鲁实施军事独裁统治时代，乌尔比安曾在帕比尼安的法庭担当法官助理，也是帝国议事会的成员。由于两人都是古罗马的顶级法学家，又曾共事过，因此曾经流传着他与帕比尼安在该阶段相互竞争敌对的故事，甚至有人暗示说他与这位前辈的垮台有关。但是种种证据表明，这些有关他的传闻明显是无稽之谈。在卡拉卡拉皇帝（本名安敦尼努）时代，他担当了档案官一职。

卡拉卡拉皇帝死后，在赫利奥盖巴勒斯（Heliogabalus，约 203—222）皇帝[1]的残暴统治时期，乌尔比安原本一帆风顺的仕途遭到挫折。

1 赫利奥盖巴勒斯本来是太阳神教的牧师，在其堂兄卡拉卡拉（186—217）被谋杀后登上皇帝宝座，是第一个来自帝国东部的皇帝。他性情古怪，淫逸堕落，把自己的宗教强加在罗马人民头上，后引发暴动并丧生。

对他来说，这是一段不幸的日子。在这个时期，他被驱逐出罗马城，被剥夺一切公职和荣誉，甚至差点被处死。然而，从另一个角度来讲，这也不是很坏的事，因为此后他全身心地投入学术研究。他在政治上的失意，从另一个地方得到补偿。当然，他并不会因为沉浸于学术之中就放弃了对政治的关心。

正当乌尔比安落难的时候，一个聪明而富有野心的女人尤利娅·莫米亚（Julia Mamaea）已经看到未来的局势，她相信赫利奥盖巴勒斯不得人心的统治不会长久，正盘算着将自己的儿子亚历山大·塞维鲁立为皇帝。乌尔比安或许给予了她许多有利于实现其计划的帮助，因而获得了这个女强人的信任。这段交情奠定了他日后飞黄腾达的基础。事态的发展正如他们所愿，赫利奥盖巴勒斯的统治垮台了，亚历山大荣登大宝。乌尔比安也成为这个年方16 岁的少年天子的治国良师，从而迎来了政治生涯的巅峰。

乌尔比安生命中的最后一段时光（222—228）是在荣耀与忙碌中度过的。由于与皇帝及太后的亲密关系，故在很长一段时间内他实际上掌管了整个帝国。他除了是一名法学家之外，还担当了两个重要的职务，一是近卫都督，这个职务在当时已经演化成为帝国的行政首脑，还负责法律、财政及军事事务。本来还有弗拉威尔努斯、克若斯土斯和他共享这个权力，他们三个人组成一个委员会领导近卫都督府。但是不久，该职位只剩下乌尔比安一个人。于是他就控制了这个帝国的中枢部门。二是委员会主席，该委员会的 6 名成员由皇帝遴选，专门讨论帝国的重要事务，然后向皇帝提出建议。由于近卫都督是仅次于皇帝的职位（副皇帝），而年幼的皇帝又没有治国经验，所以乌尔比安承担着管理帝国日常政务的繁重工作。他要同时处理行政、司法和军事等方面的事务。而小皇帝则把大部分时间花在受理来信和申诉上，以提高自己的治国水准。

或许是“有得必有失”。此时的乌尔比安权倾朝野，分担了皇帝的多数职责，却没有闲暇时间来从事所钟爱的法学研究。岁月如梭，皱纹爬上了乌尔比安的额头，而年幼的没有治国经验的皇帝却得益于他的指导而迅速成长。

俗话说“树大招风”，乌尔比安在兢兢业业地为帝国政务日夜操劳的时候，却不知道自己的处境已经越来越危险。此时，他的麻烦不是来自繁重的日常事务，而是来自他的政敌。随着他政治地位的急剧上升，不少人对他产生了嫉妒之心并转化为敌意。这导致了乌尔比安最终的覆灭。

事件的直接导火索来自军队。由于乌尔比安坚定地反对军队势力的日益增长，他同军方的矛盾日渐尖锐。[1]可能是因为亚历山大皇帝要求整肃军纪的计划得到了乌尔比安的有力支持，军方便将愤怒的矛头指向了他。乌尔比安的政敌乘机行动起来，鼓动士兵造反。经过一系列的阴谋策划，军队发生了针对乌尔比安的暴动。早就预感自己的安全会受到威胁的乌尔比安避祸于宫中，却

---

1 近卫军的兵源本来是来自意大利的优秀青年，纪律严明。他们之间的团结和有序主要来自他们的荣誉感，即对意大利古老文化荣誉的认同。在塞维鲁时代，大量招收了帝国其他地方的青年，大概是由于没有相同的文化认同感，他们不甘于受到像原来那样严格的束缚，要求当局为他们犯下的暴行大开绿灯，不加限制。

无济于事，被当着皇帝和太后的面处死。敌人的势力是如此强大，以至于皇帝都不敢对他们公开进行处罚，只是到了事态平稳后才为乌尔比安报了仇。

乌尔比安的一生与政治结下了不解之缘。他不仅仅是一个严格意义上的法学家，而且还是一个政治活动家，和其他一心只从事法学研究而很少关心并参与政治活动的法学家有很大的区别。他早年就参加了政治活动，并且一直是政治活动的积极参与者，即使在落魄时也密切关注着政治局势。

乌尔比安留下了 23 部著作。其中，关于敕令的庞大的 83 卷注释书，即巨著《论告示》(*Ad FAictum*) 是他的代表作，该书大部分是在卡拉卡拉皇帝在位之前完成的（另有一种说法认为全部是在卡拉卡拉皇帝在位时完成的，因为不可否认的是这一阶段是乌尔比安论著颇丰的时候)。还有注释萨宾派著作的 51 卷注释书 (*Libri ad Sabinum*)，以及用简洁笔墨写成的《罗马法原理》(*Fragmenta*)。最后，还有不容忽视的数量众多的关于各种法令的注释，关于不同官员职责的解释，以及两本关于《法学阶梯》的注释书。

乌尔比安被公认为古罗马最伟大的法学家之一，他是罗马法的集大成者，其作品具有百科全书的特色。查士丁尼《学说汇纂》共摘录了 9142 段法学家的论述，其中排名第一的就是乌尔比安，为 2464 段（而帕比尼安只有 601 段、保罗有 2081 段）[1]。虽然乌尔比安的著作

1　何勤华著：《西方法学史》，中国政法大学出版社 1996 年版，第 47—49 页。另有一说，乌尔比安是 2462 段，帕比尼安是 595 段，保罗是 2080 段，参阅 Sir John Macdonell and Edward Mandson edite，*Great Jurists of the World*，Little，Brown and Company, 1914。

的创新和开拓精神不突出，但是他在“明确而系统解释前人作品以及当时法律文献方面极为优秀。他是完成清晰明确的解释作品的大师。在罗马法学家中，他是与另一位明确解释法律之大师盖尤斯齐名的法学家”[1]。

乌尔比安的创作风格比较独特。他的文笔简单明了，并无什么浮夸的言辞、怪癖的风格及丰富的感情，只是用日常生活中普通的语言来表达深刻的道理。

由于乌尔比安所处的时代正好是罗马帝国制度日渐成熟的时期，皇帝的权力不断增长，元老院的地位和权力日薄西山。而且，作为亚历山大皇帝的摄政官，他极力要求加强皇权。这个理念一直贯彻在他的法学研究中。他的著名格言“君主的意愿具有法律的威力”和“君主不受法律的约束”可以表明他的立场，同时也表明了他所处时代的特征。

正如乌尔比安努力工作所要达到的结果一样，罗马帝国的皇权在他之后得到了很大的加强。此外，他的这个观点受到了中世纪后期全体西方君主的欢迎。他们可以借此理论强调“君权至上”“君主在法律之上”等理念，先是以此对抗罗马教会的权力，后是以此对抗新兴的资产阶级。在他逝世一千年之后，也就是文艺复兴以后，罗马法的复兴之所以能够得到欧洲各国君主的支持，很重要的一个原因是罗马后期的几位法学家（尤其是乌尔比安）强调君

1　何勤华著：《西方法学史》，中国政法大学出版社 1996 年版，第 48 页。

主的权力。[1]可以说，乌尔比安的法律思想对中世纪后期及近代的宪政有很大的影响。

在罗马法学家关于法律体系的分类上，最受推崇的是乌尔比安的分法，即将法律划分为“公法”和“私法”两类。至今无论是大陆法系还是英美法系学者都普遍赞同这种分类方式，它构筑了现代西方法律体系分类理论的基础。此外，乌尔比安还运用其他标准对罗马法进行了划分，将其划分为“市民法”(ius civile)、“万民法”(ius gentium)和“自然法”(ius naturale)，即专门调整罗马公民内部关系的市民法、调整各国所有居民法律关系的万民法，以及对人类和生物都适用的自然法。这种分类方式源于乌尔比安对法律本质的认识。

对于法律的本质，乌尔比安指出，正义是法律的根本原理。根据法律本质推出，由自然的条理而成的是自然法；由万国规律而成的是万民法；由市民的法律而成的是市民法。我们不能确定这种分法是乌尔比安首先提出来的，因为《学说汇纂》中还表明在崔弗尼努斯和何默吉尼厄努斯的著作中也有相似的提法。但是，他所提出的这几个概念至今还有借鉴价值，被人们频繁引用。

1 罗马法的复兴有经济、政治和文化等诸多方面的原因。有的我们或许至今还不清楚。本文在此仅仅提到罗马法繁荣时期（帝国前期）的法学家的君权理论对后世罗马法复兴的影响。

6

阿佐（Azo）

约 1150—约 1230

回顾意大利法学之发达史，必然要提及注释法学派。该学派被视为近现代西方法学的先驱——建造了一座由罗马法学通向近代法学的桥梁。注释法学派，诞生于 11 世纪末，创始人是意大利博洛尼亚（Bologna）大学的教授伊尔内留斯（Irnerius，约 1055—1130），他被后世学者誉为“法的明灯”。但对注释法学派作出巨大贡献，并使该学派最终定型的则是后期注释法学派的阿佐和阿库修斯（Accursius，1181/1185—1259/1263）。

阿佐，生于博洛尼亚，意大利法学家。拉丁文名为 Azolinus Porcius，有时也被称为阿佐·索尔丹努斯或阿佐·彼西厄斯。阿佐师从约翰尼斯·巴西亚努斯攻读法学，毕业后任博洛尼亚大学民法教授。他不仅是著名法学家巴西亚努斯的得意门生，也是声名显赫的法学家阿库修斯的授业恩师，真可谓名师出高徒，青出于蓝而胜于蓝。

阿佐一方面继承了老师的主流派观点，另一方面也注意吸收以四博士[1]之一的高塞为代表的非主流派的成果。[2]因此，阿佐在前人的基础上，又凭其卓越的活动，将注释法学派推向顶峰。

在阿佐的年代，注释法学派经过了 100 多年的发展，各位法学家对罗马《国法大全》的注释作品已是汗牛充栋。其中，有相当数量的著作已经离开了对罗马法原著的注释，而只是对他们老师的注释作品进行注释，因而把罗马法搞得更为复杂和混乱不堪。阿佐为了弥补这一缺陷，决心对《国法大全》进行第二次注释。例如，阿佐把罗马法关于管辖权（jurisdictio）和统治权（imperium）的条文发展成为一种主权概念的方法，就是一个极好的说明。

《学说汇纂》规定：“管辖权是一种非常宽泛的职能：它能够提供对物品的占有权、转移占有权，为没有监护人的孤儿指派监护人，为诉讼当事人指定法官。”这是查士丁尼的罗马法对管辖权所作出的最接近于定义的规定。其他条文提供了它在各种条件下存在的例子，而且有一些条文还指明它在那些条件下存在的原因。统治权在查士丁尼的法律文本中也处于未界定状态，所提供的是行使统治权的各种例子。在这些例子中，统治权和管辖权有时好像可以交换使用，有时又好像应该相互区分。

面对这种混乱不堪的局面，阿佐引用了他的前辈、首开罗马

1 四博士是指伊尔内留斯最著名的四位学生，分别是：布尔加鲁斯（B.de Bulgarinis，约 11 世纪末—1166）、高塞（M.Gosia，？—约 1157）、雅各布（Jacobus，？—1178）和拉维纳特（H.de P.Ravennate，？—约 1170）。其中，布尔加鲁斯是巴西亚努斯的老师。

2 何勤华：《中世纪西欧注释法学派述评》，载《法律科学》1995 年第 5 期。

法研究之风的伊尔内留斯的著作。他指出，《学说汇纂》的有关条款没有界定管辖权，而只是提供了有关管辖权的各种例子。随后，他进行了注释并提出一个能包容所有那些例子的定义。他说，管辖权就是宣告判决和伸张正义的、公开设立的权力和职责。他在某种程度上是从词源上得出他的定义的。他还指出，dido（dicdo）意指权力（potestas，即表达的权力）；jus、juris 意指正当或权利，因此，“应该说 jurisdietio 就是合法的权力”。

阿佐进而把罗马法中使用管辖权的各种情况分为四种情形。在这里他利用各种渊源施展了一种手法——如果人们假定这些渊源为一般概念体系的发展奠定了基础，或者更具体地说，这些渊源为某种政治权力理论奠定了基础，那么这种手段则是完全合理的。这种手法就是把统治权归属于管辖权的一种。因此，阿佐对管辖权的第一种划分是最充分的管辖权和次充分的管辖权，前者由君主一人行使，后者由地方官行使；一些地方官相对于低于他们的其他地方官而言也拥有最充分的管辖权。阿佐对管辖权的第二种划分是自愿的管辖权和有争议的管辖权。第三种划分是把一般管辖权（普通的管辖权）区分于特殊管辖权，后者如受托处理单一类型案件的一个使节的管辖权等。第四种划分是纯粹的管辖权和混合的管辖权。

阿佐认为，所有的统治者都因为拥有管辖权，拥有在他们各自国家中制定法律的权力而具有统治权。这种权力渊源存在于主体、整体或共同体之中，管辖权不是从皇帝自上而下的东西，而是从社会共同体自下而上的东西。[1]

正是阿佐通过对罗马法再次系统而完整地注释，使他创作了关于《查士丁尼法典》和《法学阶梯》等的注释集成——《法典汇编》和《习惯法汇编》（由普番斯比特利·雨果利努斯和奥多弗雷德斯增订完成）。[2]《法典汇编》一书的篇幅比《法学阶梯》更为庞大。

据说 13 世纪时期，阿佐的这两大著作极有权威。一般学法人士都投入全部身心，精心钻研这两大著作，比起研究罗马《查士丁尼法典》的精神有过之而无不及。当时有“不读阿佐之书者，不能居司法之职”之说[3]。由此可见，当时人们对阿佐的尊敬程度。阿佐在其著作中所采用的教授方法，是研究《查士丁尼法学汇编》或《查士丁尼法典》的标题，附以解释及评注，其体裁亦系根据法典之编制。此外，阿佐有时还搜集当时的法庭判决，刊行各种判例集，发表讨论特殊问题的专门论文等。

虽然阿佐的作品是否存在对其老师巴西亚努斯等人的著作的剽窃这一点上，西方学者一直存有争议，但不可否认，阿佐的注释汇编和指导书不仅在意大利，而且在整个欧洲都博得了广泛的声誉。甚至英国 13 世纪的著名法学家布雷克顿（H.D.Bracton，约 1210—1268）编著《论英格兰的法律与习惯》时，其中有关罗马法的

---

1 ［美］哈罗德·J. 伯尔曼著：《法律与革命——西方法律传统的形成》，贺卫方、高鸿钧、张志铭、夏勇译，中国大百科全书出版社 1993 年版，第 353—354 页。

2 丁乐超主编：《中外法学名人辞典》，青岛出版社 1993 年版，第 199 页。

3 ［美］孟罗·斯密著：《欧陆法律发达史》，姚梅镇译，中国政法大学出版社 1993 年版，第 265—266 页。

资料大多引自阿佐的多种汇编。

正是由于阿佐的不懈奋斗与总结创新，使得注释法学派在他手上发展到顶点。所以，对于罗马法的复兴、流传与发展，阿佐功不可没。可以说，阿佐是西方中世纪最伟大的法学家之一。

7

巴尔多鲁（Bartolus）

1314—1357

在中世纪评论法学派（也称后期注释法学派）众多著名的法学家中，我们可以看到独领风骚的一位——巴尔多鲁。

巴尔多鲁是意大利人，出生于一个名叫萨素弗拉多的小镇。这个小镇位于亚平宁半岛中部靠近亚得里亚海的安科纳省圣体诺河边。有关巴尔多鲁早年生活的资料比较少，至于他的生辰年月至今还有争议（从 1309 年至 1314 年难以确定）。根据德国历史法学派代表人物萨维尼在《中世纪罗马法史》中提供的资料，巴尔多鲁自称他在 1334 年 11 月 10 日获得法律博士时年仅 21 岁，因此我们可以大致推测其出生于 1313 年 11 月 10 日或 1314 年 11 月 10 日。这个说法应该是比较可靠的。

根据巴尔多鲁的博士证书上的记载，他父亲的名字叫凡西斯克斯，祖父的名字叫波那克修斯，母亲的名字叫圣克塔。他还有两个兄弟，其中一个与祖父同名，另一个叫彼得。据兰瑟罗图斯于1576年出版的巴尔多鲁的传记中称，巴尔多鲁从小就成为被家庭所弃的孤儿。

巴尔多鲁的启蒙老师是来自亚西斯的文法老师彼得。我们可以推断出，这个老师对他很好，两个人相处得很融洽。巴尔多鲁对彼得十分尊敬，在往后的日子里提到他时一直用最崇敬的语气（很虔诚，不带任何伪善）。14岁时，他开始在意大利中部教皇领地所属城市佩鲁贾学习法律。

在巴尔多鲁前后请过的几位家庭教师中，对他影响最大的是奇诺（Cinus）。据他后来对自己的得意门生巴尔杜斯说，奇诺的授课对他早年学习法律有很大的帮助。正是由于奇诺的尽心调教，巴尔多鲁才有了扎实的法律基础。随后，他远赴博洛尼亚大学，受到了布梯加留斯（Buttigarius）、雷纳留斯（Rainerius）、奥德拉杜斯（Oldradus）及贝尔维素（Belvisio）等著名法学家的悉心指导。

在此以后，曾有关于在佩鲁贾的贵多的指导下，巴尔多鲁学习几何学及希伯来语的传闻。还有关于他曾在托第和比萨担任法官助理等经历的传说，甚至还有人说他曾为了一个不公正的死刑判决而被流放了4年等。但这些传闻由于没有充分的证据都被萨维尼一一否认。

巴尔多鲁在1334年获得法律博士学位，并于1339年秋天与其老师雷纳留斯成为同事，薪水是150佛罗林（当时通行的佛罗伦萨发行的货币），时年26岁。在这一段时间里，他一直在比萨。关于他这段经历的证据是其所住的房子直到萨维尼时代还存在，并且原址上还有一段铭文对这段史实作了记载。

1343 年，巴尔多鲁回到佩鲁贾从事罗马法的教学工作。在短短的时间里，他在法学教育界获得了极大的赞誉。他的讲课备受好评，以至于全意大利的学生都群聚在他的门下。这些人中日后最出名的就是巴尔杜斯和昂格鲁斯两兄弟。

巴尔多鲁此时名声大震，不仅意大利的法学家仰慕他，社会各界都推崇他。就在他重返佩鲁贾之后，也就是 1348 年，佩鲁贾市政当局为了感谢他给本地作出的杰出贡献以及为本地带来的良好声誉，特别授予他及其兄弟波那克修斯以公民权，这在当时是对外地人最好的礼物。在 1355 年，市政当局还专门向当时在比萨的皇帝查理四世派出了一个代表团，为巴尔多鲁争得不少利益，还为他的大学争得了特许状。

巴尔多鲁一生中经历了两次婚姻。有关他第一任妻子的资料不多，我们只知道她与巴尔多鲁一样，是一个土生土长的安科纳人，两人的结合没有维持多久就分手了。他的第二任妻子是来自佩鲁贾城阿尔凡尼家族的波瓦任罗。他们的婚姻持续到巴尔多鲁过世，共生了 2 个儿子和 4 个女儿。

世事多舛，正当风华正茂的巴尔多鲁在社会上的声誉如日中天之时，他却于 1357 年 7 月英年早逝，年仅 43 岁。他被埋葬在佩鲁贾的圣弗朗西斯科教堂，在那里，为他立了一块题有简短铭文的纪念碑。

根据他的遗嘱，巴尔多鲁指定 2 个儿子为首要继承人，留给

4 个女儿各 450 佛罗林的财产，也给予妻子一份可观的财物。他将自己的一大批图书赠给佩鲁贾修道院，这些图书包括 30 卷法学著作及 34 卷神学著作。但是令后人遗憾的是，一个僧侣偷走了这些书。

巴尔多鲁在法学多个领域都有建树，可惜他英年早逝，在生前没有能够将成果整理出版，只是以讲义和手稿的形式在其学生中流传。经过后人整理，15 世纪中叶以后，他的著作才陆续出版，主要有：1470 年在威尼斯出版的《〈学说汇纂〉评述》（*Commentarius in tria Digesta*）；1478 年出版的《罗马前期法典九卷评注》（*Commentarius in Libro IX Codices Priores*）；1470 年在那不勒斯首先出版的《罗马后期法典三卷标准评注》（*Commentarius Super Cibris III Posterioribus Codicis*）。在第三本书的序言中，他提到是在一场重病之后创作此书的，由此可见他的治学勤奋。此外，他对中世纪欧洲封建法研究最典型的就是对皇帝亨利七世的法律进行了汇编。

除了这些之外，巴尔多鲁还有各种讲义集和精选集。他的这些作品虽然对现代的法学院学生来说没有很强的实践指导意义，因而不像在当时具有那么大的吸引力，但是他的作品对西方法学的发展起了极为重要的作用。即使在今天，我们通过学习他的著作，仍然可以了解现代法学理论是如何脱胎于古罗马的法学理论，可以看到中世纪评论法学派作品的风采，也可以看到巴尔多鲁是如何实现对古今法学的沟通。

巴尔多鲁在西方法学史上有着崇高的地位，他和他的学生巴尔杜斯一起，使评论法学派的活动达到了顶峰。他们的工作主要是运用逻辑推理的方法，来解决注释罗马古典法律文献及社会实践中遇到的问题。他们的研究成果主要有以下几个方面。

1. 释义文献。他们对以往注释法学派的研究方法进行了改进，抛弃了单纯对词句的割裂的注释方式，而是放开眼光、普遍联系、广泛引用各著名法学家的观点，力求追寻他们真实的思想实质，而不是拘泥于对词句表达的注释。这是法学研究方法上的一大进步。同时，他们的研究工作也包含了自己的观点。

2. 判决文献。这是在对罗马法文献进行注释时，结合审判工作的实践，解决现实法律问题，主要是通过对具体案件进行论证，反复推敲，提出解决的方案。其具体过程为案件—法律问题—赞成或反对的论据—解决问题。

3. 论文文献，是指对释义文献的总结性研究。这是一种区别于注释的研究方法，是法学家针对一个个法律问题，将各种法律渊源和学说汇集在一起进行深入研究。这种研究方法虽说以往的注释法学派也曾运用过，但是大量出现是在评论法学派时代。

评论法学派与以往的注释法学派相比，在很多方面有了不同程度的进步。首先，他们在注释法学派单纯注释的基础上，将逻辑推理的方法引入法学研究领域，使对罗马法的研究不再局限于注释。这是中世纪罗马法复兴运动中的一个进步。其次，他们比注释法学派更注重社会实际。他们不满足于将视野仅仅停留在书斋里，而是放眼整个社会，使法学研究不仅作为一个理论活动，而且能对社会实践起指导作用，并将现实生活的变迁反映到法学研究中来。再次，评论法学派的学者还开始了对教会法、封建法、日耳曼习惯法以及中世纪城市法的注释和研究，将它们融合起来，从而形成一套能够在整个欧洲适用的普通法，使罗马法复兴进入一个新的发展阶段。最后，他们还通过对罗马法的研究，恢复和发展了古罗马的法理学。当然，评论法学派的研究方法和成果也存在不少缺陷。但是任何事物都不是完美的，这些缺点的存在并不能抹杀他们的贡献。

可以说，评论法学派掀起了罗马法复兴运动的新高潮，而且由于他们的努力工作，为西方法学的近代化创造了条件。也正是由于评论法学派的智慧和贡献，使他们的学说在14世纪至16世纪的西欧风行一时。尤其是作为该学派创始人的巴尔多鲁更是被奉为学界泰斗。在意大利、葡萄牙和西班牙等地，巴尔多鲁一直被当成立法方面的权威而受到尊敬。甚至在意大利东北部的帕多瓦城，为了让人阐述关于巴尔多鲁（及其著作）的观点，当地专门为此设立了一个教席。同时，他名扬法兰西和意大利，并荣登史册。可以这样说，在中世纪的欧洲，没有一个法学家像巴尔多鲁那样赢得如此高的声望，获得如此高的荣誉。他不仅在生前就确立起在当时罗马法研究上的权威地位，而且在死后的几个世纪里还一直受到尊敬。

8

居亚斯（Cujas）

1522—1590

雅克·居亚斯，又名雅各布·居亚修斯（Jacobus Cujacius），16世纪法国人文主义法学派的主要代表和核心人物。他出生于法国图卢兹，原名叫居奥斯（né Cujeus），只不过是为了好听才改名为居亚斯的。他出身并不高贵，父亲是一位漂洗匠。

居亚斯首先在自己的家乡跟阿尔恰托的学生弗利埃学习法律。在这一点上，他是非常幸运的，因为他一开始就遇到了一位非常优秀的老师。弗利埃不仅法学理论扎实，而且实践经验丰富。他还担任过巴黎高等法院院长、法国驻威尼斯大使等职，因而能够给居亚斯以很好的指点。在图卢兹，居亚斯阅读了当时所能找到的所有注释法律的作品，并和他的学生一起，频繁地参加当时的一些公开讨论。但此时，居亚斯主要致力于学习和研究古代语言（主要是希腊语）、历史、哲学、伦理学、修辞学、语言学和诗歌等。

1547年，居亚斯开始私人讲授《法学阶梯》。他的冒险之举取得了巨大的成功，以至于许多豪门子弟前来向他学习。也是从此时起，他开始批判当时在法学界占主导地位的评论法学派。但是很快，居亚斯就为自己的批评付出了代价，他遭到了评论法学派的报复，并于1554年被迫离开了图卢兹。据说原因是他在申请一个罗马法教席时遭到惨败。当时他是竞争教席的候选人之一，但是他的竞争对手弗卡德尔，一个巴尔多鲁主义者获得了教席。当时的巴尔多鲁主义者（评论法学派成员）在西欧还有很强的影响力，尤其是在图卢兹。居亚斯的一个反对者布丁就曾劝说在教师任命上有决定权的学生投票选举居亚斯的对手。

不过，也有许多学生喜欢居亚斯。就在他离开图卢兹以后，他的一个学生阿玛瑞顿出版了一本前人注释乌尔比安的书，并将其献给了居亚斯。这一年10月，居亚斯受到了来自邻城卡霍斯的邀请，接替已经在法国待了大半生的葡萄牙教授格弗阿的职位教罗马法。不过，这份工作仅仅维持了短短的一段时间。

1555年春天，居亚斯应邀赴布尔日大学，接替鲍道恩的教席，后者因为宗教观点而被迫离开法国前往德国。这个决定是由当时的贝瑞女公爵在她的大法官建议下作出的。布尔日大学当时拥有一批有特色的优秀教授，如阿尔恰托的学生、《法律大全》的编者康特，人文主义法学派的代表德埃伦和德纽以及劳塞尔、埃劳尔特、拉古考、西斯纳和庇索等。

居亚斯在布尔日大学时，开始出版一系列伟大的著作，如关于《法学阶梯》和保罗的学术观点的笔记，关于《学说汇纂》的注释和评论及对《查士丁尼法典》的注释等。此外，他开始出版关于罗马法的 28 卷长篇巨著《校对修正评注全书》(*Observationum et emendationum libri XXV* Ⅲ) 的前面部分。这些作品使他一跃成为当时最伟大的法学家，并与一些知名人士成为好友。

很不幸的是，居亚斯在这里又遇到了一些像在图卢兹遇到的难缠的人。德埃伦和德纽视居亚斯为强劲的对手，故意为居亚斯的活动制造种种困难，并且怂恿学生反对他。此外，还有人写作品讽刺他。尽管有康特的支持及其他教授的同情(包括劳塞尔、埃劳尔特、拉古考、西斯纳和庇索等人)，居亚斯还是于 1557 年 8 月离开了布尔日。

1557 年 10 月，他辗转来到了巴伦西亚。尽管他的景况是如此不好，但还是有几个忠心的学生跟随他来到此地。此时，他与一个来自阿维隆的医生之女结婚。在此期间，他对以往出版的作品进行整理再版。之后他继续出版 28 卷巨著《校对修正评注全书》。

1559 年 7 月，对居亚斯一直有排斥之心的德埃伦逝世，贝瑞女公爵邀请居亚斯重返布尔日。在抵达布尔日大学后，居亚斯吸取上一次的教训，尽量宽宏大量，对以往的对手德埃伦的成就予以了肯定，从而慢慢显示出自身的人格魅力。在短短的几年里，他在学术之路上继续奋斗，出版了对以《查士丁尼法典》最后 3 卷的注释书为主的几本书，并将该书献给莎沃瑞的女公爵玛格莉特。

在女公爵及其丈夫的劝说下，居亚斯来到都灵大学。他在意大利期间游历了许多大学，参观教学活动，查阅文稿。但很显然，居亚斯不适应意大利的社会环境。最终，在 1567 年 8 月，他又回到了巴伦西亚大学。

不巧的是，正当居亚斯想继续执教时，爆发了新教徒起义，巴伦西亚遭到洗劫。直到第二年社会比较平静后，他才得以安心从事教学活动。由于他享有崇高的威望，即使当时法国处于政治和宗教动荡之中，还是有许多外国弟子不惜远涉重洋前来听课。但是好景不长，仅仅过了一段时间，他又受到迫害，只能前往里昂。在那里，他安心撰写新作，并对过去的成果进行修订。

此时，居亚斯受到了阿维隆大学、布尔日大学及贝萨肯大学的邀请。但他都予以了谢绝，回到了巴伦西亚。在这里，他上课的风采依旧，学生的热情也依旧。令他感到高兴的是，在这些学生中有好多有名的学者，如著名作家约瑟夫·斯卡利格、著名历史学家索乌等。居亚斯的盛名使得上层社会也对他刮目相看，除了与女公爵的交往外，1573 年 5 月，他被授予了荣誉议员职务。

1575 年 6 月，为了避免宗教斗争，过上更平静的生活，居亚斯搬到了布尔日，那里都是天主教教徒，对他而言可以有个长久安定的日子。但即使这样，他的生活还是不得安宁。当地民众的纷争使得他不得不迁往巴黎。然而不幸的事还在后头，仅仅过了几个月，也就是在 1576 年 4 月 2 日，当局通过一项法律，禁止在大学里公开讲授罗马法，这对以罗马法研究为毕生事业的他不啻是一个重大打击，因此，他不得不重返布尔日。

居亚斯的大半生四处奔波，而且时不时夹杂着各种悲惨的事件。1581 年，他痛失爱妻和仅有的一个儿子。在此后的一段时间里，他沉浸在悲伤之中。好在他的人缘不错，有许多好友从远方写信来安慰他，使他能够度过情绪的低潮期。就在此时，住在意大利的教皇格列高利十三世以崇敬的口吻写了一封信，要求他出任博洛尼亚大学教授，同时以一大笔金钱和很高的荣誉为条件相诱。年迈而历经沧桑的居亚斯需要一个伴侣的照顾，于是他又一次结婚，并于 1587 年生得一女。在生命的最后几年里，他仍然不得安宁。直到 1590 年 10 月 4 日，法国的内乱和纷争终于让深受其苦多年的居亚斯最终得到了永久的安宁。

纵观居亚斯的一生，可谓颠沛流离，居无定所，时常受迫害、排挤和内乱之苦。但就是在这样的情况下，他对法学教育及法学研究仍然痴心不改，培养了不少著名的学生，并创作了许多不朽的法学名著。

居亚斯孜孜不倦地收集和审阅前人的法律手稿，并对这些资料进行历史的、比较的和批判的研究。他的作品很多，主要法学著作都是关于罗马法原始文献的注释研究。

1.《校对修正评注全书》。该书共 28 卷，从 1556 年开始出版，最后 4 卷是在他 1590 年去世后由庇索出版的。

2. 对《法学阶梯》所做的注释及对《学说汇纂》各个部分所做阐述的注释书和演讲集。

3. 其他的一些罗马法作品，是关于古罗马著名法学家保罗、帕比尼安、乌尔比安、莫迪斯提努斯、朱利安、斯卡沃拉等人的注释和演讲集，主要有《帕比尼安评注集》（*Commentaries on Papinian*，该书在他死后才出版）及对保罗的《判例集》（*Paul's Sententiae*）所做的注释。在这些作品里，居亚斯试图恢复这些古罗马法学家作品的原貌，探索他们作品的原本真实的面貌和意义，而不是仅仅局限于查士丁尼《学说汇纂》中的部分。

4. 他还在研究罗马法之余研究封建法和教会法，并留下了一些作品，其中有《论采邑法》（*Treatise on Fiefs*）、对《封建惯例》（*The Consuetudines Feudorum*）的评注，以及关于罗马教皇格列高利九世教令集的注释书。对当时法兰西民族法律中比较重要的部分，如习惯、王室法令、巴黎高等法院的判决和命令等，居亚斯虽然未进行专题论述，但他经常将这些法律渊源融入他注释罗马法的作品之中。居亚斯还复原并出版了拜占庭帝国（东罗马帝国）法典中著名的《狄奥多西法典》（*Codex Theodosianus*）。

通过居亚斯的作品及活动，我们可以看出，他应该被归入第一流的研究罗马法的学者之列。他的作品具有比较性、批判性和历史性三大特点，使历史人文主义法学派战胜了注释法学派和评论法学派。居亚斯在当时西欧的法学界享有很高的声誉，是当时法国人文主义法学派的核心人物。

9

博丹（Bodin）

? 1530—1596

让·博丹，16 世纪法国新兴资产阶级的政治思想家、法学家和君主专制制度的拥护者。他是西方政治法律思想史上第一个系统论述国家主权学说的学者，他对剥削阶级的政治学作出了重要的理论贡献。

博丹出生于法国昂热，曾在图卢兹大学学习法学，毕业后留校任法学讲师，后来曾开业当律师，并从事学术研究。在政治生涯中，博丹曾于 1576 年得到法兰西国王亨利三世的恩宠，出任宫廷辩护官，最后还当上了全国三级议会[1]的议员。博丹本是“政治

1 三级议会是法兰西国王腓力四世为加强同教皇斗争的力量，于 1302 年召开的会议。参加会议的第一等级是高级教士，第二等级是世俗贵族，第三等级是市民阶级。广大劳动人民没有代表。三级会议的主要任务是商量分担新税。代表名额由国王分配。开会时每等级分别讨论，最后投票表决（每等级一票权）。自此，法国在政治上便进入等级代议君主制阶段。

派”[1]的成员，1588年又转入了“同盟派”[2]，但5年后退出。这两派是当时法国天主教徒主要的社会政治团体。所以，博丹既是一位学者又是一位政治活动家。

博丹几乎可以说是一个不懂休息和娱乐的人，一生都孜孜不倦地致力于学习和研究。在学术上，博丹很博学，他所研究的范围相当广泛，对多种学科都有较深的造诣，譬如他对星象学、天文学、地理学、医学、哲学、政治学、法律都颇有研究。博丹对宗教理论也很熟悉，他精通《圣经》和古希腊、古罗马典籍。此外，他还掌握了多种语言，如希伯来语、希腊语、德语、意大利语。

博丹的著作卷帙浩繁，但表明其主要思想的是《简明历史认识方法》（*Methodus ad facilem historiarum cognitionem*）、《国家论六卷》（*Les six livers de la république*）和《法律原理》。前两本书都是政治法律思想史的重要文献。激发博丹撰写这些著作，尤其全力攻研主权论的动因，是法国的时局。博丹本人是这样说的：“我国政局目前所遭受的风波如此狂暴，使船长与水手都筋疲力尽，因此全船乘客应共同助以臂力。……由于这个原因，在我不能另做较大贡献的情况下，才做这讨论国家的文章。”[3]

---

1 “政治派”指“法兰西政治派”。该派成员大多是天主教徒，少量是新教徒。他们厌恶教派纷争所造成的内乱，期望国家恢复统一，认为宁可保持两个教派也要保持国家和平。“政治派”与当时的“同盟派”“耶稣会”的主张是对立的。

2 “同盟派”指“法兰西天主教同盟”。1573年胡格诺派组成“联邦共和国”以后，1576年北方以天主教贵族头子亨利·吉斯为首的一些人便组成这样一个对立的派别团体。

3 博丹：《国家论六卷》序言，里昂XOLLL版本，第1—2页，转引自谷春德、吕世伦著《西方政治法律思想史》，辽宁人民出版社1986年版，第185页。

博丹企图以自己的理论来直接维护法国君主的全权，反击一切与此相悖的理论，特别是反击“洞开放纵的无秩序的大门”“致力于使国家毁灭”的“反暴君”论，借此使法国能尽快得到统一和安宁。

就这点而言，博丹和当年意大利马基雅维利的思想极为类似。但是，马基雅维利时期的意大利，封建割据势力猖獗，教会权力仍然凌驾于世俗权力之上，经济发展也相对落后。而博丹时期的法国，早已确立了君主专制制度，资本主义发展也较快。但后来出现了内乱，动摇了专制君主的权力地位。这主要是由 1562 年至 1599 年的胡格诺战争[1]造成的。假如说绝对君主制对马基雅维利来说是一个需要争取的东西，那么对博丹来说仅仅是一个需要恢复的东西。

《简明历史认识方法》向我们提供了分析博丹政治法律思想体系的理论基础和方法论的根据。该书研究历史的解释和意义方面的问题，作者似乎意在建立关于宇宙的综合哲学。但它首先被后人当作一部重要的历史哲学著作来看待。具体地说，博丹的政治法律思想包含下列几个基础理论观点。第一，肯定国家与法律中的道德要素。他认为，统治一定要有道德目的作条件。自然法有使正义诸命令具体化的机能，所以根据自然法的统治才是合理的。第二，应当历史地、比较地研究法律。研究历史对于说明法律的

1 胡格诺战争是指法国的胡格诺教派与天主教派之间的战争，其背后各有大贵族集团操纵，这次战争先后经过 9 次高潮。

起源和性质是必需的。因为，每个时期的各个国家的法律必定是自然的不完全的表现。第三，在宣扬人类意志决定历史发展的同时，又强调地理环境对政治的重大影响。博丹比亚里士多德更为彻底地认为，气候、山脉、水量、土壤、物产、星宿等同政治统治有紧密的因果关系，甚至提出地理环境是政治制度的母胎这种机械论的教义。

《国家论六卷》是著名的、篇幅巨大的国家和法律问题的专著。博丹的国家学说深受亚里士多德政治思想的影响，但又有其所处时代的特点。博丹第一次系统地论证了国家主权问题，同时把国家和政府加以区别，他的国家理论对 17 世纪英国政治思想家霍布斯有很大的影响。博丹在这本书中对政治思想的阐述体现在以下几个方面。

关于国家的起源，博丹与亚里士多德一样，认为国家起源于家庭。在博丹看来，一个国家是由许多家庭及其共同财富组成的，并具有一个最高主权的政府。既然国家是由家庭组成的，那么国家的秩序好坏有赖于家庭管理的好坏。所以，他认为，公民应像子女一样不能抗拒一个国家的家长——国家的主权。也就是说，国家的主权就其性质来讲，是由父权演变而来的。他的论据来源于他所解释的国家的产生。他认为国家的产生首先是许多家庭共同防御异族的入侵和互相帮助而成立村落，然后由许多村落组成城市和社会团体，最后组成国家。国家主权者的重要职能是能够制定规范人民行为的法律的权力。

关于政体，博丹以国家主权属于谁作为划分政体的重要标志。他认为，国家主权属于一人的为君主制，国家主权属于少数人的为贵族制，而国家主权属于多数或全体公民的则是民主制。同时，他把君主制又分为三种形式：君主专制、一般君主制、僭主制[1]。其中一般君主制是指君主以神法和自然法作为统治的根据，人人都会服从。这也是博丹的理想政体，但是这种划分是有害的[2]。

国家主权理论是博丹国家学说的核心，他对主权问题进行了详细的论述，认为“主权是一个国家进行指挥的、绝对的和永久的权力”，也是“对公民和臣民的不受任何法律限制的最高权力”[3]。主权是国家同其他社会团体的主要区别。博丹又对国家主权的原则作了详细的阐述：第一，国家主权具有至高无上的绝对性。因为它不受任何权力的限制和约束，而只受神法和自然法的约束。它体现了主权者的自由意志。第二，国家主权具有永久性或常在性。所谓永久性或常在性是指国家主权的权力不是暂时的，而是永久有效的，它不受时间的限制。第三，主权是不可转让的，因为主权是法律的渊源，而作为法律制定者的权力任何时候都不能转让。当然，主权者可以把制定法律的权力交给某些专家，但是他们起草或制定的法律必须经过主权者的同意才能有效，才具有权威性，这是主权的原则。

---

1 僭主制指在侵犯自然法的情况下由君主恣意役使人民的统治方式。

2 这三种君主制形式实质是一样的，只是专制的程度不同而已。

3 王哲著：《西方政治法律学说史》，北京大学出版社 1988 年版，第 105 页。

同时，博丹还具体指出了国家主权者的权限的内容。他认为国家主权者的权限主要包括以下内容：(1) 立法权；(2) 对外宣战、媾和以及缔结国际盟约的权力；(3) 任命和免除各级官吏的权力；(4) 对国家事务的最高裁判权；(5) 赦免权；(6) 对臣民提出有关忠节服从的权力；(7) 对国家货币铸造和度量衡的选定权；(8) 征收赋税权与带兵权。

博丹关于国家主权原则和权限的论述，奠定了近代资产阶级国家学说的基础，也是宪法理论的重要组成部分。

博丹在《国家论六卷》及《法律原理》中对法律有不少论述，他既承认神法（指寺院法）、自然法，又承认人为法（法律）和习惯法。他认为神法来自上帝的旨意，而自然法是人们理性的一种体现，它们对所有的人都有约束力，包括君主在内，君主也不能违反神法和自然法的要求。而对实在法（人为法和习惯法），他则提出了如下观点。

在博丹看来，所谓实在法就是由国家主权者制定和颁布的法律，它是主权者意志的体现，是对公民的命令。他说，法律是一个人或一些人颁布的正当命令，它具有高于其他人的权威，对任何人都无例外。他又把法律看成主权者对他所有的臣民颁布的普遍性的命令。

博丹认为，一个国家的立法权永远属于主权者，只有他的命令才具有法律效力，因为他具有最高权威。不过可以允许委托别人制定法律。

至于习惯，只能经过主权者的认可或默许才有法律效力。博丹指出，习惯是悄悄地不为人民所察觉地养成的，法律可以废除习俗，而习惯却不能背离法律。也就是说，习惯之所以具有力量，仅仅是因为它得到默许并一直为拥有主权的君主所允许。因此，博丹认为，法律和习惯的真正威力都是依靠主权者的权力。

尽管博丹的理想政体为君主制而非民主制，但是他仍然坚持法治原则，认为君主要依法办事，才是合法的。博丹指出，君主要由自然法约束自己的行为，而臣民要由实在法加以约束。博丹强调君主要受到自然法的约束，其目的是不让君主随意侵犯资产阶级的所有权，这是借上帝和自然法的权威加以论述的。他强调法治统治本身为近代资产阶级的法治理论奠定了基础，表达了新兴资产阶级的愿望。他的政治法律理论具有反封建的性质，符合新时代的要求，有其历史的进步性。

综上所述，博丹作为新兴资产阶级的政治思想家，在西方政治法律思想发展史上是一个关键的人物，他基本摆脱了中世纪宗教神学的影响，用资产阶级世界观来解释国家与法律问题，他的历史功绩一方面在于恢复了古希腊、古罗马柏拉图、亚里士多德和西塞罗的理论，另一方面为 17 世纪、18 世纪自然法学派奠定了理论基础，尤其对霍布斯、孟德斯鸠和卢梭的思想有明显的影响。

10

培根（Bacon）

1561—1626

弗朗西斯·培根，英国近代著名的哲学家、史学家、文学家和法学家，1561 年 1 月 22 日出生于英国伦敦的一个与格雷律师学院有着密切联系的贵族世家。

培根的父亲尼古拉·培根毕业于剑桥大学，是伊丽莎白一世女王的大法官、枢密院顾问、首席法律顾问，在英国法律史上也有一定地位。此外，他还是第一个职业律师出身的法官。在 1558 年至 1578 年的 20 年间，老培根担任女王的掌玺大臣。他是一个诚实、幽默、谦虚的人，并坚决反对各种垄断行为。同时，很重要的一点，他还是一个廉洁自律的君子，以至于女王都曾为其清廉的程度而惊叹。其实老培根在政治法律上还是有一些成就的，只是由于他儿子的名气实在太大，所以父亲反而显得默默无闻。

培根的母亲安尼·库克是老培根的第二个妻子。她博学多才，热心于宗教和翻译事业。出身于这样的家庭，对培根后来的成就有很大的影响。同时也正如伊丽莎白女王所预言的那样，这样的家庭出身注定了小培根日后学说的政治立场是为君主专制制度服务的，使得他成为“英国强大君权的代言人”。

早在 12 岁时，培根就进入剑桥大学三一学院学习。他的导师是很有才气的院长怀特吉夫特博士。在那里，他初步接触了哲学，为其日后在哲学上的成就奠定了坚实的基础。在剑桥读了三年，培根获得了“精通和勤奋”的赞誉。仅隔三年之后的 1576 年 7 月 27 日，他转入英国四所著名律师学院之一的格雷律师学院学习。

但不久之后，培根便被派往巴黎学习外交，作为驻法国大使的随员达两年之久。这对培根来说是个好机会，他可以考察欧洲大陆国家的政治社会状况。这段经历为他以后写作《欧洲政治考》(*Notes on the States of Europe*) 提供了社会考察、实际调研的机会。在此期间，老培根退休，于 1579 年 2 月忽然病逝。惊闻父亲的死讯，培根立即返回英格兰。随后，他返回格雷律师学院继续学习法律。很显然，老培根安排了儿子重返格雷律师学院之事，并打算监督他学习法律及处世方法，以期能继续自己的事业。但是，老培根没能看到这一天便撒手西去。这对培根而言是个极大的损失。年纪轻轻便痛失严父的悉心指导和监督，使得他日后犯下了不可原谅的受贿之罪。

到了 1582 年 6 月 27 日，培根取得律师资格。两年后，他当选为国会议员，并在以后的几次选举中获得连任。在荣任议员之后，年轻气盛的他当即投入社会事务，并于同年向女王提出有前瞻性的要求给予新教徒和天主教徒同等地位的建议，从而触犯了女王，导致他在都铎王朝时期一直不受重用。1586 年，培根有幸成为格雷律师学院的荣誉讲师，并于第二年被选为助理讲师。在接下来的岁月里，他作为一名认真勤奋的律师活跃在律师界。

1589 年培根荣任格雷律师学院的学监，并在日后担任了该学院的司库要职。第二年，他的好运又来了，出任女王的特别顾问。自负的培根并不满足于此，他要在政治上发挥自己的才能。经济上一直处于负债地位的他，需要高官厚禄来维持自己庞大的经济支出。因为培根天性豪爽，喜欢奢靡的生活，而其父清廉又早死，使他没有一个坚强的经济后盾。在此期间，他投靠当时红极一时的女王宠臣艾塞克斯伯爵，二人成为莫逆之交。但是由于政见不和、派系争斗、过于自负及招人嫉妒等种种原因，在都铎王朝时代，他在仕途上一直不是很得志。在这一阶段，他只能在律师这个行业中施展才华。但在他此时的心目中，法律实践并不比法学教育更重要。因此，他开始潜心学术，并小有成就，在 1597 年完成了颇有价值的《法律箴言录》（*Maxims of the Law*）。

1603 年，伊丽莎白女王去世，都铎王朝寿终正寝。她的侄子苏格兰国王詹姆士六世继承王位，称为英格兰的詹姆士一世，开始了斯图亚特王朝在英国的统治。这对培根的官场生活来说不啻是个好消息，因为这下子他就可以不再面对一直不欣赏他的伊丽莎白女王及其宠臣。虽然说他曾经得罪过詹姆士一世，但不管如何，这还是一个很好的重新洗牌机会。因此，他重新燃起从政的欲望，并四处奔走，给政要们写信，甚至直接写信给国王，写书送给他，并极力为国王个人及其统治歌功颂德，以期得到重用。

功夫不负有心人，培根的各种努力得到了丰厚的回报。他开始青云直上，前途一片光明。1607 年，他被任命为副检察长，到了 1613 年，如愿以偿地扶正，成为检察长。在此后不久，他与爱德华·科克大法官发生冲突。在对一名教士被指控为叛逆犯的程序上，他们的争论发展到白热化的程度，并进一步发展成普通法和衡平法哪个效力优先的冲突。培根站在国王的立场上，为王权的扩张立下了汗马功劳。最后，在 1616 年，科克因为拒绝接受“关于解决法院之间管辖权问题属于国王职权”的决定而被解除职务。

与科克的惨境相反，培根这段时间似乎一切都很顺利。他在 1617 年后荣任掌玺大臣，这个职位他父亲当年也担任过。一年之后，也就是 1618 年，他出任英格兰的大法官。此时的命运女神好像十分垂青于他，在等级上，培根于 1618 年被封为维鲁兰男爵，并于 1620 年被册封为圣·阿尔本斯子爵。

当然，这一切的获得需要以培根为国王提供加倍的服务为基础。培根深知这一点，他努力为国王工作，为国王的专制统治效力。由于詹姆士一世来自没有议会民主传统的苏格兰，因此他的统治不受新兴资产阶级民主派的喜欢。而培根的所作所为就成为他们的眼中钉、肉中刺。他们还没有胆量和力量与国王进行全面的较量，所以就挑中培根作为靶子，以此间接地打击国王的势力。

在 1621 年召开的国会上，议员将多年的积怨发泄到培根身上，他被指控在案件审理中收受诉讼当事人的贿赂。这种状况在当时的司法界是一种普遍且长期存在的现象，而国会却据此对他进行弹劾。可见在当时，培根除此之外并无大错。而国会偏偏拿其开刀则表明了他是一个坚定的维护王权者。尽管培根一直极力申辩并四处活动，而且詹姆士一世也亲自到国会为他求情，但是所有的努力都不能缓解议员的满腔怒火。最终，在 1621 年 5 月 3 日，国会通过了对他的判决。培根被判罚金 4 万英镑，监禁于伦敦塔，永远不得担任官职，永远不得担任国会议员。所幸的是，国王立即赦免了他的监禁，并豁免了他应缴的罚金。经历了这个巨大的挫折后，培根不得不永远退出官场。但是，从长久来看，这反而是件好事。因为，培根可以从此集中精力进行学术研究，这为他日后的写作创造了很好的条件。

培根是一个多产的思想家。他在文学、史学、哲学及法学上都有所创见。他的文学名著有《论说文集》（*Essays*），于 1597 年出版，后又多次修订重版，是关于探讨人生问题的哲理书，思想深邃、文笔优美。《学术的进展》（*Advancement of Learning*）是一本关于知识论方面的著作，在欧洲学术史上占有重要的地位，其中关于科学的分类及由此建立的科学体系的新结构，提供了当时人们不曾设想过的科学知识的全图。17 世纪英国皇家学会的建立、18 世纪百科全书的编纂都从中受到巨大的激励和启迪。《新工具》（*Organum*）一书以概括的、简洁的结论式的箴言体裁来表达培根的哲学思想。在历史学方面，培根的名著有《亨利七世的历史》（*History of Henry the*

Seventh），通过对英国都铎王朝的开创者亨利七世时代的研究，探讨当时的王权强盛与国力强盛的关系及其他政治社会关系。他的法律著作不少，主要有《论增加》（*De Augmentis Scientianum*）、《法律箴言录》、《法律的使用》（*Use of the Law*）及《英格兰法和苏格兰法律提要》（*Digest of the Law of England and Scotland*）等。

培根在英国法律史上的地位，除了他的法学著作外，更重要的是来自他在各方面的法律实践，多年的律师和法官生涯使得他能够将理论结合实践。而作为“王权至上”理论的有力鼓吹者，使他于 1615 年与崇尚民权的科克大法官在争论中作为交战双方的主将正面交锋。

当时，科克任普通法院的首席大法官。按照科克的观点，普通法在英国具有最高的效力，国王应当遵守普通法，而没有权力修订或限制普通法，即“国王在法律之下”；依据这样的逻辑，法官除了服从普通法之外，不受任何机关和个人的约束及控制，他们是普通法的唯一阐述者。而詹姆士一世的观点是“君权神授”及“君权至上”，国王在法律之上，任何官员和臣民都应当服从国王的命令。因此，二者之间的冲突是不可避免的。此时，培根站在国王的立场上，对科克进行批驳，为国王辩护。他还为詹姆士一世出谋划策，使科克被调离普通法院，改任王室高等法院的首席法官，为国王压服不逊的普通法院体系出了大力。由于科克仍然不屈服，他最终被免职。

培根在论战中及日后的言论中都表现出浓厚的保皇色彩。他认为国王的“绝对权力”应当支配法院，即“国王在法律之上”。他提出了“绝对权力”的概念，在事实上为詹姆士一世扩张君权的言行提供了法律上的依据。首先，培根认为“绝对权力”这个概念并不是他发明的，而是自古就有，早在15世纪的《法律年鉴》中就已经出现。他列举了1469年《法律年鉴》中大法官的一段关于“绝对权力”的阐述。这样，他就为“君权至上”的理论找到了历史依据。其次，他故意转换“绝对权力”的内涵。将《法律年鉴》中的本来只是法律救济程序概念的“绝对权力”偷换成政治概念，以便为当时的政治斗争服务。在培根的眼里，“绝对权力”已经是一个强调国王的权力不受限制，国王在法律之上的依据。总之，在培根看来，“绝对权力”是存在的，并且只是国王的绝对权力而不是法律的绝对权力，更不是国会和人民的绝对权力。这场争论以王权的胜利为结局，这场争论在英国法制史上有两个重要的结果。

其一是确立了衡平法院判决的效力优于普通法院判决的原则。由于国王在斗争中支持其一手扶持起来的衡平法院，以对抗离心力渐强的普通法院，衡平法院大获全胜。国王最终裁决：“在今后的案件中，如果普通法与衡平法的规则发生冲突，衡平法优先。但是，衡平法必须尽可能地遵循普通法规则，只有在普通法未能提供足够的救济时，衡平法才能干预普通法。”这实在是争议刚刚开始时没有意识到的一个结果（正如美国1803年马歇尔大法官所判的“马伯里诉麦迪逊”一案无意中在实践意义上完善了美国的“三权分立”原则一样），是历史无意之作，却对后来几百年的英国法制产生了深刻的影响。

其二是王权和民权两种互不相容的力量进行了一次面对面的大论辩。在以往，英国也有不少关于“君权至上”和“民权至上”的著作与言论，有的还很有分量。但可惜的是，双方没有进行正面大交战，只是各自阐述而已。而这次争论，双方主要人物培根和科克出场激烈论战。在理论上，保皇力量和民权力量彻底决裂了。可以说，这是 20 多年后英国资产阶级革命的斗争双方在法律思想上的一次初步交锋（也可以说是一次演习）。争论的结局使资产阶级进步学者逐渐意识到国王要的是绝对专制统治，而和平斗争是没有用的，从而萌生了放弃和平斗争转而从事暴力革命的想法。这不啻是一次使资产阶级头脑清醒的教育。

11

格老秀斯（Grotius）

1583—1645

对于爱穿木鞋的荷兰人来说，格老秀斯那聪明的太太帮助丈夫逃出监狱的惊险故事，远比他本人那些法律著作和理论要有趣得多。

1618 年，格老秀斯因为主张宗教宽容，卷入了当时的一场政治与宗教冲突。尽管他的家人和朋友都劝他放弃斗争，但他仍坚持他的和平主张。同年 7 月 31 日，荷兰发生政变，加尔文派摩里斯亲王执政，镇压了亚美尼亚派，格老秀斯也被捕入狱，他被判处终身监禁，剥夺一切财产，关押在一个城堡监狱中。1621 年，格老秀斯那位勇敢而聪明的妻子将他藏在一个大木书箱中，冒险运出了监狱，并帮助他辗转流亡到了法国。从此，格老秀斯开始了他长达 20 多年的海外流亡生涯。正是在这段颠沛流离的流亡时间内，格老秀斯写下了国际法史上的辉煌巨著《战争与和平法》(1625)，他也因此被后世尊为“国际法之父”。

胡果·格老秀斯是近代资产阶级自然法理论的奠基者和国际法的创始人。他出身于荷兰德尔弗特城的一个议员家庭，他的父亲祖籍是法国，是当地著名的律师，曾担任过莱顿市的议员和莱顿大学的校长。格老秀斯自幼聪慧，有“神童”之誉，他14岁进入大学攻读数学、哲学和法理，16岁就随当时的国务活动家巴尼威尔特代表荷兰出使法国，被当时的法国国王亨利四世称为“荷兰的奇迹”，归国后荣获了奥尔良大学法学博士学位，并在海牙担任律师职务。20岁时，他被任命为官修《荷西战史》总编辑。25岁时，他担任荷兰国库的总辩护律师。32岁时，他作为荷兰外交使团的一员出使英国参加谈判，联合英国共同反对西班牙的海上霸权。回国后不久，他因卷入当时的政治与宗教冲突而被捕入狱，3年后在妻子的帮助下越狱并成功逃亡法国，开始了流亡生涯。1634年，格老秀斯被瑞典任命为驻法国全权公使。1644年，他接收瑞典女皇克里丝蒂拉的召回信，全家迁到了斯德哥尔摩。1645年，格老秀斯在比利时因病逝世，享年62岁。

格老秀斯的主要著作有《论海洋自由》（1609）、《战争与和平法》（1625）、《捕获法》（1605年脱稿，1868年出版）、《荷兰法律导论》（在被监禁时期所写）等，他的法律思想主要表现在自然法、国际法和国家与主权学说等方面。

关于自然法理论，格老秀斯在《战争与和平法》的序言中说：“我看见现在奉行基督教的各国，战争的放肆虽在野蛮国亦被认为可耻。只要有所借口就开始战争，或者一点理由都没有就开始战争；战端一开便把神法和人类法一起丢开，好像人人都有肆无忌惮地触犯一切罪恶的权利。”格老秀斯重申以人类普遍的理性作为最高法则——自然法，他认为“自然法是真正理性的命令，是一切行为的善恶的标准”，并且认为自然法是永恒的、不变的，上帝也得受自然法的支配。他说：“上帝自己不能使二加二不为四，所以也不能把理性上认为恶的变成善的。”在17世纪、18世纪古典自然法思想家中，格老秀斯第一个使自然法概念摆脱了宗教神学的束缚，恢复和发展了自然法的世俗观念。[1]

格老秀斯认为，自然法的效力，一不靠权威，二不靠强制，只因为人类生来就有理性，而自然法寓于理性之中，所以凡是有理性的人类都会自觉受自然法的支配。

格老秀斯的自然法理论重视应用的效果，他研究自然法理论的目的在于应用。[2]《战争与和平法》一书原意是根据自然法来阐明战争的动机、方式和结局等关系。对于实际战争中的各种复杂情形，他提出了许多合乎自然法的人道主义的看法，诸如：自卫战争是适合自然法的；在一定条件下，人民反对统治者的战争是合理的。他还探讨了财产所有权、政府、婚姻和奴隶问题，以及对契约及其诺言的约束力等，确定了许多重要原则。

格老秀斯把法律分为自然法和制定法两种，又把制定法分为国内法和国际法两种。首先，自然法与国内法的关系。他认为自

1 郭成伟主编：《中外法学名著指要》，中国法制出版社2000年版，第295页。
2 张宏生主编：《西方法律思想史》，北京大学出版社1983年版，第145页。

然法的特征是理性，制定法的特征是意志，但国内法虽然是由于意志、契约而发生的义务，而契约的效力却是从自然法而来的，所以国内法归根结底是由自然法产生的。其次，自然法与国际法的关系。他认为自然法是从理性发生的，国际法是从共同的契约发生的，是自然法在国际关系上的应用。照此说来，国际法和国内法都根源于自然法，因为一切法律的渊源都是理性。

格老秀斯在国际法上的重大贡献，集中体现在他的巨著《战争与和平法》一书中，此书共分三编，主要研究国家间的战争与和平法规问题。在序言中论述权利和法律的起源。第一编，论述战争是否合乎正义，并解释主权的意义；论述正义战争与非正义战争、公战与私战的区别；论述何种国民、何种国君享有全部主权，何者享有一半主权，何者能转让主权，何者不能转让主权；最后论及国民对于国君的权利和义务。第二编，论述战争的起源；何谓公物，何谓私产；何谓对人的权利，何谓所有权的义务；何谓皇帝继承法；何谓公私誓言；何谓损害赔偿；何谓使节的尊严；何谓死者掩埋权；何谓刑罚的性质。第三编，论述战时的合法行为；一种认为可以免罚，如对方为外国人，也可以视为合法；另一种认为完全无罪。编末论及和平的种类和战争条约等项内容。格老秀斯把国际法从神学桎梏中解放出来，使之根植于近代自然法，并在此基础上形成了独立的法律部门，从而对世界各国之间的政治、经济关系问题的处理产生了重大的影响。

格老秀斯把国际法看作制定法的一种，他对国际法的概念和含义作了详尽的解释，认为国际法就是一切国家或者多数国家合意采用和制定的一种法则。个人和个人之间要想获得相安和幸福，就得制定国内法；国家与国家之间要想获得相安和幸福，也得制定国际法。

格老秀斯从国际法角度出发，并不认为战争都是不正当的，如果为和平而战，为保卫生命财产而战，他都认为是正当的战争。格老秀斯并不反对一切战争，只反对无理由的战争，并不主张用不抵抗主义来消灭战祸，而主张用抵抗主义来制止战祸。归根到底，格老秀斯并不是不要战争，只是不要不合理的战争。他在这本书中提出支持正义战争的著名理论。按照他的观点，如果没有法庭对争执的问题作出裁决，战争作为达到正义的手段是可取的。当然，这类案例大多数属于国际纠纷，如各殖民地对西班牙的反抗。争执一方可以用武力保卫自己的财产和权利，夺取属于自己的东西，或者惩罚犯罪行为。因此，战争实质上是由于缺乏能够处理该案的法庭而诉诸武装部队进行的诉讼。

关于海洋的自由航行权问题，也是国际法的重要范畴，格老秀斯在《论海洋自由》一书中作了详细的论述。他从自然法理论出发，论证海洋同空气一样是全人类皆可自由利用的东西，任何国家都不能据为私有。

此外，格老秀斯对于其他一些国际法问题的研究也作出了巨大的贡献，如他强调在国际关系中的“诚实”原则。同时，他对于“中立”的讨论也是很有意思的。他认为，中立者应该不做“帮助恶者”的任何事情，而应该支持正义事业，这样的说法对于中立法的后来发展也是很有意义的。[1]

格老秀斯把人类社会分为自然的社会和人为的社会两个阶段，他认为自然的社会只受纯粹的自然法支配，一切个人的权利都由各人自己行使，并且人人都有保持正义的权利。因为“公共法庭不是自然的制度，只是人类的创造”。可是进入“人为的社会”，为保护公共的安宁考虑，这种权利便受到主权者的法令的支配。这种“人为的社会”是怎样组织起来的呢？他认为：“原始的人类不是由上帝的命令，只是他们从经验上知道孤立的家庭不能抵抗强暴，因而一致同意地结合起来组成市民的社会，由此生出政府的权力。”[2] 这就是承认契约为政治社会（国家）成立的渊源。

关于主权的定义，格老秀斯认为，凡行为不受别人的意志或法律支配的权力就叫主权。所谓政治权力，就是统治一国的道德的能力。一切职权都是在这种权力之下的，广义来说，这样的最高权力为社会全体即国家所有。至于狭义的主权，却掌握在被人民的法律或习惯所公认的一个人或一个集团手中。他极端反对主权在民的学说，认为那种官逼民反、推翻君主权的主张是要产生许多弊病的。所以，他主张人民全体需要依他们自己的行为把他们的权力让给一个人或一个集团所有。古来许多国家都依合法的战争而取得政权。政权也和土地所有权、奴隶所有权一样，可以

1 郭成伟主编：《中外法学名著指要》，中国法制出版社 2000 年版，第 304 页。
2 法学教材编辑部编：《西方法律思想史》，北京大学出版社 1983 年版，第 50 页。

依一定的条件转让给别人。

格老秀斯还反对民权高于君权论。人为君臣的分位，最初固然是由任意契约成立的。但是一经成立之后，人民便发生永久服从君主的关系，因此，君主不必永久地服从人民的意志。君主不单为人民的福利而存在，有许多政府是以治者和被治者的共同利益为目的存在的。

格老秀斯不但反对人民在君主之上的学说，并且反对君民互相服从的学说。许多法学家认为君主统治正当，人民服从君主；否则，君主便服从人民。格老秀斯对此持反对态度，他认为人民对于国家的政体有自由选择的权利，既定之后，人民的职责就终结了，绝对无任何革命的权利。

格老秀斯不把人民看作自由人而看作奴隶，不把国家看作民意结合的表现而看作武力征服的结果。他常把政权当作征服他国而取得的“收益权”，可以作为永久性的财产权享受，纯属“世袭国”的观念。

格老秀斯的国家和主权学说是由欧洲的实际政治历史环境及其本人的阶级地位所决定的，在近代法律思想史上并不占特殊的地位。他的国家契约论对欧洲大陆各国的资产阶级思想家具有一定的进步影响，然而他的主权思想却偏于保守和反动，为英国君主立宪派学者所采纳[1]。

1　张宏生主编：《西方法律思想史》，北京大学出版社 1983 年版，第 153 页。

但无论如何，从整体上来说，格老秀斯在国际法上的影响是远远超过其他任何国际法学者的，他的著作仍然是国际法文献中的经典，他的名字已经成为国际关系中正义的象征。

12

苏支（Zouche）

1590—1660

被誉为“国际法的第二创始人”的理查德·苏支生于英国威尔特郡的安斯第，其父弗兰西斯·苏支是当地的一个贵族地主。

1607年，苏支有幸进入著名的牛津大学学习，成为新学院（New College）的学生，1609年成为该学院的特待校友，并于1617年获得辩护律师资格。1619年，他获得了民法学博士学位。第二年，他接替了约翰·普顿之位，担任牛津大学民法学教授之职。从那天起，他就一边在牛津大学从事教学工作，一边在伦敦从事法律实践活动。

1622年，苏支结婚，同时辞去特待校友的身份。1623年，他以特待校友的待遇进入瓦德汉学院。1625年，他受命担任圣·阿尔班学校的校长。在1621年和1624年，他两次被选为国会议员，并于1632年成为牛津教区的大法官。此外，他还参加了1629年至1633年的法典化活动。1641年，苏支荣任高等海事法庭的法官。

在内战期间，苏支作为一个同情王室的人受到不少敌视。这使得他不得不屈从于议会派来的视察人员，后者要求对大学进行改革。克伦威尔上台后，苏支因为其保皇色彩而从法官位置上被赶了下来。他生命中剩下的时光是在牛津大学中度过的，即使在这样的情况下，作为学究的他还是不能获得当权者的欢心。但是，他作为牛津大学的教授还是有出风头的时候。1657 年，发生了著名的“邓·潘达里昂·萨（Don Pantaleon Sa）案”给了他一个施展才华的好机会。当时，葡萄牙大使的兄弟邓·潘达里昂·萨犯了谋杀罪，但是英国政府束手无策，不知如何处理。在接受政府的咨询后，苏支举法国国王亨利四世的先例，认为英国对大使的随员有管辖权，拒绝给予邓·潘达里昂·萨以豁免权，并将他判处死刑。苏支因处理该案件而名噪一时。

直到苏支临死之前的几个月，命运女神还没有忘记跟他开个玩笑。流亡在外的查理二世复辟后，长期受到排挤的苏支恢复了在高等海事法庭上的职务，但是仅仅过了一个月他就与世长辞。

由于苏支身处文艺复兴时代，而且精力旺盛，所以他的涉猎范围不仅仅局限于法学，在诗歌、戏剧、思想方面均有所成就。他在法学方面的著作很多，代表作是《法学要义》（*Elementa Jurisprudentic*）。[1] 但是，有关国际法的却只有 1650 年出版的《国际法及法院》一书。此外，还有《封建法》《宗教法》《海事法》

1 ［英］约翰·麦克唐奈、爱德华·曼森主编：《世界上伟大的法学家》，何勤华、屈文生等译，上海人民出版社 2017 年版，第 189 页。

《军事法》。[1]他的成名应当归功于《封建法》一书。在这本书里，他使国际法成为一个有机体系，并将战争法调整到国际法这个严密的体系之中。这些著作被德国著名法学家卡尔·冯·卡尔腾伯恩（Karl Von Karltenbom）称为“最早的真正的国际法教科书”。

有些学者认为苏支是“国际法的第二创始人”，其主要原因是苏支将国际法称为“jus inter genres”（国民之间的法律），而不像以往学者那样称为“jus gentium”（万民法）。这一术语的变更是一大进步。原因在于他所处的17世纪，“主权国家”观念已经深入人心。在当时的欧洲已经出现了像法兰西、英吉利和西班牙等王权强大的主权国家。而在此之前的中世纪欧洲，封建割据，王权式微，教会又以超国家的形态出现。而唯一作为罗马帝国形式上继承人的德国皇帝也是一个空架子，自身难保。因此，罗马帝国发明的“万民法”这个概念，在其崩溃后的一千年里还可以继续使用，不得不说是人类文明进化史上的悲哀。

文艺复兴以后，唤醒了欧洲人的国家意识，一个个拥有强大王权的国家出现了，它们之间的交往产生了新的法律关系，使得国际法的诞生成为可能。苏支身处这个时代，提出了崭新的概念，开创了全新的近代化国际关系理念，使国际公法作为一门新学科的形成成为可能。因此，称他为“国际法的第二创始人”是毫不过分的。

---

1 ［英］约翰·麦克唐奈、爱德华·曼森主编：《世界上伟大的法学家》，何勤华、屈文生等译，上海人民出版社2017年版，第189页。

在苏支的法律著作中，最重要的是他的研究方法，即对于法学全体范围有秩序地进行考察，对于其各部门进行详细的检讨。他将法律区分为权利（Jus）和救济（Judicium）。在解说法律各个部门时，也采用此类方法。在研究国际法时，他将平时法和战争法都分为状态（Status）、领土权（Dominium）、义务（Debitum）、义务违反（Delictum）四个方面。苏支将这个分类作为他研究问题的基本方法。凡是解决问题，必将其一一分成这四个方面，以进行研究。如平时问题可以分成状态（君臣之间的关系及国与国关系的地位）、领土权（占有及取得的方法）、义务（使节、公使、条约及同盟关系）和义务违反四个方面。战争问题也可以分成状态（武力种类和敌人的种类）、领土权（追捕及战后的恢复原状）、义务（军事协定、通行、休战、和平条约及同盟）和义务违反（违反军事协定、战争规则等）。其他问题也都分成这四个方面进行剖析研究。

在国际法的体系安排上，苏支提出了一项改进。他是把平时法和战争法截然分开而以平时法为主的第一个法学家。苏支的国际公法理论主要分为平时国际法和战争国际法两个部分。平时国际法的主要内容包括领土主权与国家政策、国籍与住所、公使与外交等几个部分；而战时国际法的主要内容包括战争、海盗与海洋法、中立与战时禁止品等几个部分。应该说，他的国际公法理论体系在那个时代是最全面的，即使置于现代来看仍可以说是比较完整的。

苏支虽然不否认“自然理性”的存在，但是把“同意”说成是国际法的唯一依据。他认为国际法是从国际实践的先例中推论而来的，由习惯和条约而产生国际法的渊源。所以，苏支将国际法描述成“已经被大多数国家接受为符合理性的法”。因此，他被认为是国际公法学早期的实在法学派的创始人之一。

苏支受到了罗马法的深刻影响，这可以从他在法学的研究上看出来。从他的立场、分类及观念中，都可以看到罗马法的痕迹。他习惯性地将查士丁尼《国法大全》中的民事权利和民事义务观念运用到国际法上，创设了国家之间的权利义务关系，使其等同于普通民事主体之间的关系。这实在是一种不合时宜的移植，是他的一个局限。在他的学说中我们可以时不时地看到罗马法的影子，看到古罗马著名法学家的论述。他曾探讨国际法的古代起源，认为应该是源自罗马法中的万民法及交战法。

同那个时代的很多法学大师一样，苏支的学识渊博，在法学上和文学上都有过人的才能。他的法学理论在其生前和死后都很受学术界的重视。因此，瑞士法官利维埃（Rivier）这样评价他：“他是一位聪明睿智、学富五车、多才多艺的著名法学家，是一部活的潘德克吞法典，他是一位罗马民法学家、封建法学家、国际公法学家，同时还是一位诗人，最为重要的是，他的攻击法这一学科的重要奠基人之一。”[1] 英国著名的考古学家安东尼·伍德（Anthony Wood）也曾称赞：“他是一个名副其实的艺术家，一位思维缜密的科

1 [英] 约翰·麦克唐奈、爱德华·曼森编：《世界上伟大的法学家》，何勤华、屈文生等译，上海人民出版社 2017 年版，第 207 页。

学家，一位专业的历史学专家；在罗马法的理论和实践方面，他是当时的领军人物。”[1] 在西方国际法学界，大家都将苏支当成是国际公法实在法学派的重要代表人物。

1 ［英］约翰·麦克唐奈、爱德华·曼森编：《世界上伟大的法学家》，何勤华、屈文生等译，上海人民出版社 2017 年版，第 187 页。

13

普芬道夫（Pufendorf）

1632—1694

萨缪尔·普芬道夫，1632 年 1 月 8 日生于德国开姆尼茨，父亲是路德教会的牧师。普芬道夫在格里马受过启蒙教育后，被送到莱比锡学习神学。由于神学教义枯燥乏味，迫害异教徒之风盛行，他转而学习哲学、历史学和法学[1]。

1656 年，普芬道夫来到耶拿，遇到德国著名的数学家、哲学家、学者埃哈德·韦格尔，在韦格尔的介绍下结识了哲学家笛卡尔，也开始接触到笛卡尔的论证方法[2]。1658 年，他在瑞典驻丹麦大使科耶特家中任家庭教师。瑞典和丹麦之间爆发战争后，科耶特设法逃走，但他的所有随从包括普芬道夫全部被捕入狱，监禁了 8 个月。

1 From The internet Encyclopedia of Philosophy.

2 Sir John Macdonell and Edward Manson edite, *Great Jurists of the World*, Little, Brown and Company, 1914, p.593.

1661 年至 1668 年，普芬道夫在海德堡大学任教授，讲授自然法和国际法。此间，他接触到一些知名人士，如波以聂柏格，普芬道夫非常尊重这位政治家。在他撰写巨著《自然法和万国法》的过程中，波以聂柏格为他提供了大量的材料。1667 年，普芬道夫发表《现在的日耳曼帝国》，猛烈抨击神圣罗马帝国的法律。由于作品引起了强烈的反响和激烈的争论，他被迫离开了海德堡大学。

1668 年，普芬道夫受聘到瑞典隆德大学讲授自然法。此后的 20 多年，是他一生中学术生涯的黄金时代。在此期间，他发表了大量的作品，包括最著名的《自然法和万国法》8 卷本。1677 年，他成为斯德哥尔摩皇家史官，致力于编写从古斯塔夫二世阿道夫到查理十世古斯塔夫时期的瑞典史。1688 年，他去柏林担任勃兰登堡选帝侯的史官。1694 年普芬道夫被瑞典查理十一世封为男爵，并于同年 10 月 13 日去世[1]。

普芬道夫一生的研究涉及各个领域，他对哲学、伦理学、社会学、经济学和政治学的兴趣显然分散了他进行法学研究的精力，但如果不了解反映人类缤纷生活的各个分支学科，一个单纯的法学家确实很难拥有进行法学研究所必需的敏锐的观察力、穿透力和臻于完美的研究技巧。普芬道夫对法学的贡献主要表现在他对自然法的捍卫上，作为古典自然法学派的首要代表，其著作充斥

---

1 《不列颠百科全书》第 14 卷，美国不列颠百科全书公司编著，中国大百科全书出版社不列颠百科全书编辑部编译，中国大百科全书出版社 1994 年版，第 14 页。

着自然法的思想。

普芬道夫的主要法律著作有2卷本《法学概要》（*Elementa iurisprudentiae universalis Libri* Ⅱ，1660）、8卷本《自然法和万国法》（*De iure naturae et gentium Libri* Ⅷ，1672）、《现在的日耳曼帝国》（*De statu imperii germanici*）、《论人类和公民的自然法义务》（*De officio hominis et civis prout ipsi praescribuntur lege naturali*，1673）等。这些作品除了具有深刻的法哲学价值外，对德国近代私法的法典化和体系化也作出了贡献。在普芬道夫作品的影响下，当时德国各邦国编纂的法典都设置了“总则篇”。[1]

《自然法和万国法》是普芬道夫的一部巨著，本书在自然法概念的基础上，描述了整个法学体系，包括私法、公法和国际法。第1卷主要论述了法的基本概念和分类、人作为自然和道德的存在及神的创造物、社会、权利、责任、制裁等；第2卷进一步分析了自然法的内涵、法律的基础、习惯的效力、自然法和制定法的关系等；第3卷至第7卷则在上两卷论证的观点和结论的基础上，对私法的各种问题进行了详细的论述；最后一卷简要讨论了君主政权问题。在该书中，他探讨了人类的本性，而对人性研究的结论是普芬道夫自然法学理论的基石。

《法学概要》看起来几乎是一本法哲学著作，作者用欧几里得式的数学论证方法，推理出某些法学结论；从基本的法学概念入

---

1 参阅何勤华主编：《德国法律发达史》，法律出版社2000年版，第80页。

手，通过观察、论证和分析，提出一些主张；以人的理性、意志自由、自爱及寻求社交的本能为逻辑起点，演绎出如下结论：每个人都不可避免地要寻求自我保护，但这种自我保护不得损害他人及社会的安宁。[1]

《论人类和公民的自然法义务》，最早在瑞典隆德发表，是普芬道夫在隆德大学任教期间的作品。该书可以说是一部以义务支撑起来的整个法律体系的宏伟大厦。虽然于 300 多年前问世，但其中关于国家建立的理论、统治者和国民相互之间应尽的义务和国际法理论，至今仍令人深思。本书共两卷。第 1 卷共 17 章，从人类的行为展开论述，通过对人类行为规则的一般性概括，总结出一般法的概念；继而从自然法的角度，谈到人对上帝的义务或自然信仰，衍生出人的对己义务、普遍义务、语言使用义务、起誓义务、所有权获取义务等；最后总结出有关价值、合同、契约、债务、解释等相关理论。第 2 卷共 18 章，从人的自然状态延伸到人的婚姻义务、父母与子女的义务、主人与奴仆的义务；继而由此推及国家的建立，论述国家建立的动因、内在结构、主权职责等；再由此论述主权者的义务、特殊权力（生死惩戒权、国内财产享有权等）、功能等；最后论述公民的义务[2]。

作为“自然法之父”和国际法鼻祖格老秀斯的忠实信徒、霍

1 Sir John Macdonell and Edward Manson edite, *Great Jurists of the World*, Little, Brown and Company, 1914, p.310.

2 Samuel von Pufendorf, *De Officio Hominis et Civis Juxta Legem Naturalem Libri Duo* (*1682*), the tranlation by Frank Fardner Moore, Oxford University Press, 1964, catalogue.

布斯理论的继承者，普芬道夫试图把自己的理论建立在对二者的有机结合上。

作为古典自然法学派的首要代表人物，普芬道夫的自然法理论建立在他对人类本性的认识之上。他认为人具有自私、自爱的本性和恶意、侵略、伤害他人的倾向。普芬道夫的上述理论显然是对霍布斯理论的继承。

关于人性的另一面，普芬道夫和格老秀斯的观点又极为相似。他认为，人类同时具有寻求自我保护的本能和由此产生的与同类联合过安宁生活的强烈愿望。自然法是人类这种二重性格的表现。与人性的这两个方面相一致，自然法有两个基本原则：让每个人尽其所能去保护自己的生命和财产；任何人都不能扰乱社会。“如果每个人都专注于保存自己，人类社会就不受扰乱。[1]

在普芬道夫看来，自然法的基础有两个：一个是人类生活在社会中的必要，另一个是人类有待法律调整的不友善倾向。人类自我保护的本能是自然法的渊源，人类仰仗社会交往才能保护自己，所以人类必须交往，必须做社会人。他认为自然法的知识要求人类履行三种义务：对上帝的义务——对上帝的信仰和崇拜；对他人的义务——不伤害他人；对自身的义务——来源于前两项义务——只有照顾好自己，才能履行好对上帝和对他人的义务。正因为负有各种各样的自然法义务，所以人类有必要组成社团乃至国家以

1　参阅何勤华著：《西方法学史》，中国政法大学出版社 1996 年版，第 193 页。

求自我保护。当人类选择社团生活时，必须承受三方面的损失：失去自由、为公共利益放弃个人利益、与自身本性发生冲突。而人类选择社团生活的唯一好处就是自我保护。

普芬道夫认为，组成一个大的社会共同体，成立有效的政府，是阻止人类个体伤害他人的唯一方式，因为当伤害行为发生时，上帝惩罚的脚步总是姗姗来迟，而良心自责的力量又太过微弱，只有政府才能及时地、强有力地阻止伤害行为。

普芬道夫的上述理论与格老秀斯的区别在于：后者认为是人类的理性和交往欲望促使人类社会化、建立国家、制定法律；而前者认为人类自私的本性和与生俱来的不友善倾向注定人类不可能因爱好交往组成国家，只可能因其自私和自我保护组成社会团体。普芬道夫和霍布斯的区别不大，只是前者把国家当成一种自我保护的工具，而后者则把它当成一种预防性的联盟。

作为 17 世纪德国著名的法学家、国际法专家、法理学家、历史学家、德国古典自然法学派的主要代表，普芬道夫的思想和著作对德国和世界法学界产生了巨大影响，其著作多次再版，并译成数国文字；对他著作的评论、摘要介绍也大量出版，在将近一个世纪里，欧洲大陆尤其是德国的大部分国际法和自然法专家都承认他在该领域的领导地位。虽然就其在法律方面的天赋、思想的深邃度、观察研究时的穿透力及学识的渊博方面，普芬道夫还不能与他的前辈格老秀斯媲美，同时，他的思想中还残存着一些现在看来不革命的因素，比如，他认可奴隶身份的合法化等，但他在自然法基本原则的基础之上，第一次详细、系统、逻辑、科学地阐述了整个法律体系，[1] 仅此一点，就足以使他在法学领域享有崇高的地位。

1 Sir John Macdonell and Edward Manson edite, *Great Jurists of the World*, Little, Brown and Company, 1914, p.343.

14

莱布尼兹 (Leibnitz)[1]

1646—1716

戈特弗里德·威廉·莱布尼兹，1646 年 7 月 1 日出生于德国东部城市莱比锡的一个书香之家，父亲弗里德里奇·莱布尼兹是莱比锡大学一名非常称职的哲学教授，基督教徒，对家庭尽职尽责。母亲凯瑟琳娜·施穆克是一名律师的女儿，是弗里德里奇的第三任妻子。

莱布尼兹 6 岁时父亲就去世了，母亲不仅把小莱布尼兹养大成人，还教给他许多道德、宗教知识，这也许是他人生道路和哲学生涯的第一课。

莱布尼兹 7 岁进入莱比锡的尼科莱学校学习拉丁文，而此时

1 莱布尼兹有时在文章中署名 Leibnitz，有时署名 Leibniz，参阅 Sir John Macdonell and Edward Manson edite，*Great Jurists of the World*，Little，Brown and Company，1914，p.283。

他已开始阅读附详解的李维[1]的《罗马史》(编年史)。莱布尼兹8岁时获准自由出入父亲的图书室，他在那里阅读了大量的拉丁经典名著和经院哲学家的著作，在一种强烈的阅读其父藏书的愿望驱使下，12岁时他的拉丁文和希腊文已通过自学达到相当高的水平。随后他在学校学习了亚里士多德的逻辑学和分类学理论，但他显然对亚氏的体系不满，并试图改进。在这一阶段，他除了完成学校功课外，也开始接触到天主教徒和新教徒的形而上学方面的哲学著作。

莱布尼兹15岁进入莱比锡大学学习，此间，莱布尼兹的哲学知识进步不小，可该校的数学教学却不尽如人意，他的数学成绩平平。除此之外，学校还开设一些诸如拉丁语、希腊语和希伯来语的公共课程。莱布尼兹17岁以论文《个体性原则的形而上学争论》(*Disputatio metaphsica de Principio Individui*) 取得莱比锡大学的哲学学士学位，这篇论文主要探讨了个体存在的价值。

1663年夏天，莱布尼兹到耶拿大学进行3个月的学习，此间他结识了埃哈德·韦格尔[2]。从这位坚持认为数字就是宇宙最基本的概念的老师那里，莱布尼兹意识到将数学式的精确论证方法运

1　李维，古罗马历史学家（公元前59—公元17），著《罗马史》142卷，今存35卷。该书既是研究古罗马史的重要文献，又是文学名著。西方人学习拉丁文，常以此为读本。李维作为享有盛誉的历史学家，对政治、军事知之甚少，其历史著作的准确性常受到质疑，但对历史人物性格入木三分的刻画、对历史事件栩栩如生的描述及其浪漫而又自由自在的写作手法仍使其蜚声文坛。参见 Encyclopedia.com；Electric Library's Free Encyclopedia Livy。

2　埃哈德·韦格尔，17世纪德国著名学者、数学家、哲学家，耶拿大学数学教授，莱布尼兹非常尊敬的老师。1663年夏天，他在耶拿大学教莱布尼兹数学和哲学。参阅 *Bicgraphieal Dictionary of Mathematicians*（vol. Ⅲ）. New York.Chaarles Scribers Sons。

用到诸如逻辑、哲学等学科的重要意义。同年 10 月，莱布尼兹返回莱比锡大学开始学习法律并取得法学学士学位和哲学硕士学位。在他提交硕士学位论文几天之后，他的母亲去世了。

1666 年，他发表了《组合的艺术》(*Dissertatio de arte Combinatoria*) 一文。在这篇论文中，莱布尼兹试图把所有的推理和发现简化成一些诸如数字、声音和颜色等基本元素的结合。

由于莱布尼兹撰写的许多法学和数学论文引起美因兹选侯（德国有权选举神圣罗马帝国皇帝的诸侯）的前任首相、德国大政治家波以聂柏格的注意，随后几年莱布尼兹便受聘于这位政治家，从事科技、政治、文学、法律等工作，也成了政治家的秘书和法律顾问。在此期间，他还被美因兹选侯申博恩任命为高等上诉法院的法官，并协助修订罗马民法典以适应美因兹侯国的需要。

1672 年，莱布尼兹出使巴黎，劝诱法国进攻埃及，借此转移路易十四的注意力，减少法国对德国的威胁。由于种种原因，此行的政治目的并未达到，但莱布尼兹借此机会结识了大量的知名学者，如哲学家马勒伯朗士、数学家惠更斯。莱布尼兹在数学上的成就与惠更斯的帮助密不可分。

1673 年，莱布尼兹以美因兹选侯外交使节团成员的身份造访伦敦，结识了数名重要科学家，包括化学家波义耳和皇家学院秘书奥顿伯格，并于同年被选为英国皇家学院院士[1]。

---

1 参阅《大美百科全书》第 17 卷，外文出版社 1994 年版，第 113 页。

返回巴黎之后，莱布尼兹就听到美因兹选侯去世的消息。此后的几年，他的兴趣明显转向数学和自然科学，并开始了对无穷小算法的研究，和牛顿共同奠定了微积分学的基础。

1676 年，莱布尼茨离开巴黎而转任职服务于汉诺威的约翰·弗里德里希（Johann Friedrich）公爵。于上任时，顺道于海牙拜访斯宾诺莎，与其一同讨论哲学数天。之后莱布尼茨就到汉诺威管理图书馆，并担任公爵法律顾问。从 1676 年开始直至 1716 年与世长辞，莱布尼茨一直生活在汉诺威。期间他曾为完成族谱研究而游历意大利。1700 年，他说服勃兰登堡选帝侯弗里德里希三世于柏林成立科学院，并担任首任院长。

莱布尼兹一生不仅兴趣广泛，而且对每个领域都有非常深入的研究。他在数学上的贡献足以使他跻身于一流的科学家行列，他最早发表微积分的研究成果、创立了二进制，为现代计算机科学的发展奠定了坚实的基础；他在物理学领域也是硕果累累，发表了《物理学新假说》，提出了具体运动原理、抽象运动原理和能量守恒定律的雏形；他的哲学著作《人类理智新论》《神正论》《单子论》等构建了他自己独特的哲学体系。除此之外，莱布尼兹还是著名的外交家、政治家、逻辑学家、历史学家、法学家。费尔巴哈在他的《对莱布尼兹哲学的叙述、分析和批判》中作了这样的描述：“通常，人们只禀赋有这种或那种天才；可是，莱布尼兹却集各种天才于一身。”莱布尼兹本人也说：在他一生中，“始终怀着强烈的求知欲”，“在各个知识领域，只要我开始与它有所接触，往往在熟悉它的现有情况之前，我已有一种寻求新事物的倾向”。“只要我研究任何一个问题，我总能够发现某种新东西。”[1]

莱布尼兹与法律的渊源从他出生时就已开始，他的外祖父是一名律师和刑法、教规精要的编纂者，并且特别热爱学习法律。一旦投入法律学习之中，他就会忘记一切，这种兴趣持续了一生，从未间断。莱布尼兹的公职生涯也是以法律为主，从莱比锡大学取得法学学士学位到阿尔道夫大学授予其法学博士学位，从美因兹侯国高等上诉法院的法官到汉诺威法院的顾问，他从未离开过法律。

莱布尼兹的法学思想不仅仅体现在他的法学作品里，像 16 世纪至 18 世纪的其他两位重要的法学家和思想家培根和维科一样，他的法学概念非常宽泛。在他的作品中，伦理学、神学和法学没有明显的界限。作为一个政治家，他的许多政治作品也关乎法律。莱布尼兹一生的主要法学著作有以下几个。

（1）《法学中的难题还是有趣的哲学问题》(*Specimen Difficultatis in Jure*, *seu Quostions Philosophicoe amoeniores*, *ex Jure Collectoe*, 1664)，这篇文章是莱布尼兹的哲学硕士学位论文。在这篇文章中，他探讨了 17 个问题，其中包括哲学和法学的关系问题，以及一系列逻辑学和形而上学的哲学问题。

（2）《论法学中的难题》(*De Casibus Perplexis*, 1666)，这篇文章是莱

1 [德] 费尔巴哈著：《对莱布尼兹哲学的叙述、分析和批判》，涂纪亮译，商务印书馆 1985 年版，第 17 页。

布尼兹的法学博士学位论文。[1]针对某些法律难题，有人认为根本找不到解决的办法，有人认为可通过抽签解决，还有人认为应由公断人决定，而在本文中莱布尼兹则认为没有解决不了的法律难题。

(3)《论法学教学的新方法》(*De Nova Methodo discendoe docendoeque Jutisprudent ioe*, 1667)，这是莱布尼兹主要的法学著作。著作的第一部分论述了教育的基本理论，他把法学学习分为三个阶段，即基本知识的掌握阶段、法律解释阶段和法律辩论阶段。莱布尼兹尤其注重法学教育中的模拟法庭辩论，他认为这是为实际应用法律所做的绝妙准备。在著作的第二部分，他详细论述了法学问题。莱布尼兹一直坚持法学和神学的某种类似，在这本著作中他又把神学的分类方式引用到法学的分类上，他把法学分为实在法学、历史法学、解释法学和法律辩论。实在法学部分主要论述法的制定和实施；历史法学部分分为国内法和涉外法，前者主要论述国内法的实质，后者主要论述涉外法的渊源；莱布尼兹从哲学等角度对解释法学进行了更为详细的分类；法律辩论部分主要论述了法逻辑学、法学词汇的形成等。

(4)《万民法文集》(*Codex Juris Gentium Diplomaticus*)，这是莱布尼兹的一本论文集，文集的开篇论述了国际法的有关问题。他的有关国际法观点在另一篇论文《万民法增补文集》(*Mantissa Codicis Juris Diplomaticide*)中得到了进一步的论述。

莱布尼兹一生的主要法学著作还包括《法学说的实证》(*Specimen*

---

1 《不列颠百科全书》第9卷，美国不列颠百科全书公司编著，中国大百科全书出版社不列颠百科全书编辑部编译，中国大百科全书出版社1994年版，第539页。

Certitudinis seu Demonstrationum in Jure exhibitum in Doctrina Conditionum）、《政治选择的基础》（*Specimen Demonstrationum Politicarum pro eligendo Rege Polonorum*）、《修订〈民法大全〉的理由》（*Ratio Corporis Juris Reconcinnandi*）等。[1]

莱布尼兹兴趣爱好十分广泛，他越过各个学科之间的界限，寻求知识世界的和谐统一。几乎所有的莱布尼兹法律作品的读者，都会被他的法律务实精神所打动。他从不故弄玄虚、卖弄文采，而总是带着一种寻找事物本来面目和自然规律的热情研究法律。他轻视那些只忙于法律文本而从不看历史生活现实的律师，他谴责那些偏好展示毫无用处的知识而从不抬头看世界的学究，他甚至不能原谅格老秀斯对他那个时代的有些客观实际的忽视，他坚信理论联系实际才是法律发展进步的必由之路。

正是由于他的务实精神，莱布尼兹非常反对法律的不确定性，同时也讨厌那些窃喜于法律的不确定性的法官，他甚至极端地认为拥有不确定的法律还不如拥有不公正的法律。也正是源于他的务实性，他忍受不了法院注重繁文缛节的拖延作风，认为法院经常在双方当事人已经死亡或他们改变主意后才会作出判决。

作为倡导法律改革的先驱，莱布尼兹认为法律体系的最本质的优点是简单明了；随着新的社会关系的产生，不能仅靠赋予旧法以新意来改善法律，比如不能用对合伙法作扩大解释的方式替代公司法的制定，因为这样并不能从实质意义上满足商业发展的

1 Sir John Macdonell and Edward Manson edite, *Great Jurists of the World*, Little, Brown and Company, 1914, pp.287—292.

需求。所以，他主张对罗马法进行修订，以适应当时社会的需要，而不仅仅是解释罗马法。他提出许多改革的建议，有的已经实现，有的至今还是梦想和希望。有些超前的极具预见性的建议，一个多世纪以后由边沁再度提出。[1]

莱布尼兹对客观世界的注视并不仅仅停留在事物的表面，他认为法学不能脱离哲学，以刑罚为例，不深入了解社会深层的伦理学和哲学问题，就很难建立一种奏效的刑罚体系。只有对人性进行深入了解，才能确定什么是应该惩罚的。也只有这样的刑罚体系才是务实的、有效的。但他那个时代的法律并不是这样建立起来的，莱布尼兹觉得当时的法律像是一堆大大小小、凌乱不堪的干骨头，松散地一卷一卷装订在一起。他于是着手整理、净化，也因此带来了法律的复兴[2]。

1600 年至 1800 年，自然法在德国得到了发展，这种被称为“人类普遍的正义的理性之法”背后的哲学理念，是启蒙运动的先声。莱布尼兹、牛顿、笛卡尔[3]、康德都是倡导这种理性之法的先锋。

17 世纪上半叶，许多学者开始著书探讨国际法问题，现代意义上的国际法规则，从一定程度上讲，最早就是由 17 世纪的法学家制定的。这批国际法的奠基者包括格老秀斯、普芬道夫、莱布

1 Sir John Macdonell and Edward Manson edite, *Great Jurists of the World*, Little, Brown and Company, 1914, pp.284–287, p.295。

2 Sir John Macdonell and Edward Manson edite, *Great Jurists of the World*, Little, Brown and Company, 1914, p.294。

3 笛卡尔（1596—1650），法国哲学家、解析几何学的奠基人，提出“我思故我在”，主要著作有《几何学》《方法谈》《哲学原理》等。

尼兹、宾克斯胡克、瓦泰勒等。莱布尼兹自取得阿尔道夫大学的法学博士学位后，参与了大量的国际交往和政治活动，他的许多论述政治问题的文章都涉及国际法问题。

莱布尼兹在欧洲闻名遐迩，他个性安详、爱好和平又极具个人魅力，但其晚年生活（1709—1716）却是一杯苦酒。由于莱布尼兹先于牛顿发表了微积分的研究成果，有人怀疑他看到了牛顿关于微积分理论的手稿，剽窃了其中的主要思想，当时欧洲爆发了一场“谁是微积分最早发明者”的大论战，论战在莱布尼兹死时一度中断，其后又持续数年。莱布尼兹的一名送葬者说：“他其实是这个国家的荣耀，而今天却像个强盗般入土。”[1]

1 《大美百科全书》第 17 卷，外文出版社 1994 年版，第 113 页。

15

维科 (Vico)

1668—1744

维科，意大利著名法学家，1668 年 6 月 23 日生于意大利那不勒斯，其父安东尼奥在横穿那不勒斯旧城区的一条弯弯曲曲的窄小街道上经营一家小书店。维科童年时代家境贫寒，他在 8 个孩子中排行第 6。7 岁时，不幸降临到这个贫穷的孩子身上，小维科从梯子上摔下来，造成颅骨骨折，致使他辍学 3 年。康复后返回学校，他性格忧郁，但学习非常认真，他决心要把失去的时光夺回来。由于学习努力，成绩优秀，返校不久，他即进入高年级学习 (1679)。

1680 年，维科转入耶稣教会学校学习文法和拉丁文，1681 年开始学习哲学。由于觉得老师对自己不公，他离开了学校，并开始努力自学。维科一旦投入学习，就忘记了时间，母亲多次早上起来发现他还在专心致志地读书。为了更好地学习，维科经常去听演讲。有一次，他偶然在皇家学院听了一场法学讲座，当时做报告的教授正在向听众推荐瓦尔泰斯，称他是法律的最佳阐释者。听完报告，维科强烈地想阅读这位有名的法律阐释者的著作，他请求父亲为其要一本书，这位名家看着维科可爱的样子，就送给他一本著作作为礼物，这件事激发了维科学习法学的兴趣。他从不错过弗朗西斯科·维德的私法课，并学习了瓦尔泰斯的民法和卡尼西斯的教会法。

学完法学基础课程后，维科师从那不勒斯的著名律师维基欧，打算从事律师工作，并在 16 岁时帮助父亲进行了一场成功的诉讼。由于他的身体状况不佳，加之性格原因，维科并不情愿参与吵吵嚷嚷的法庭争论，于是他渐渐把精力放到了写作上，他选择的律师职业也因此没再取得任何进展。[1]

一个偶然的机会，维科结识了伊斯奇亚的大主教罗卡，罗卡被他的法律教学方法所打动，邀请他到沙来诺附近的瓦图拉的罗卡家族做家庭教师。在任家庭教师的 9 年（1686—1695）间，维科终于拥有了充足的时间学习，他在罗卡家的图书馆里学习法律和文学。[2] 1689 年，他进入那不勒斯大学学习，并于 1694 年获得那不勒斯大学法学学士学位。大学期间，他阅读了大量的拉丁文作品和意大利人文主义著作。

维科于 1694 年回到那不勒斯。1697 年谋求市政公职失败后，

1　Sir John Macdonell and Edward Manson edite, *Great Jurists of the World*, Little, Brown and Company, 1914, p.347-351.

2　《大美百科全书》第 28 卷，外文出版社 1994 年版，第 127 页。

维科于1699年被那不勒斯大学聘为文法学教授（1699—1741），同年与德斯蒂托结婚，他的新娘几乎连自己的名字都写不出。他们共生育了8个子女，其中3个出生不久就夭折了。1709年，他开始阅读格老秀斯的著作。维科一生中受到的另一个打击是1723年寻求民法学教授席位失败。虽然他知识渊博、才学出众、著作丰厚、享有盛誉，但终因他没有个人和家庭背景而输给一个能力远不及他的对手。这个打击促使维科转而从事修辞学研究，并写下他一生最重要的著作，也是他对世界文学的最大贡献——《新科学》（*scienza nuova*）。1735年，他被波旁亲王卡洛斯（西班牙查理三世）任命为那不勒斯新王国的皇家史官，这时他的健康状况每况愈下。1744年1月20日，维科结束了多灾多难的一生，意大利也因此失去了一位伟大的学者。维科逝世时，他的伟大力作《新科学》最后定本正在付印中。

维科一生的主要著作有《关于各民族共性的新科学法则》（*Principi di scienza nuovad' intomo alia commune natura delle nazioni*，1725，简称《新科学》）、《普遍权利》（*Diritto Universale*，1720—1722）、《论人文学科的教育》（*On Humanistic Education*）、《维科自传》（*The Autobiography of Giambattista Vico*）。

《新科学》是维科一生最著名的著作。在这本著作中，维科提出了他的历史循环论。该理论认为，人类社会的发展经历了三个阶段：第一阶段是“神的时代”，在这个时代产生了家庭和其他一些基本的社会制度；第二阶段称为“英雄时代”，在这一历史阶段平民被占有支配地位的贵族阶级征服，受其统治；第三阶段则是“人的时代”，平民阶级通过反抗，终于赢得平等，同时，人类社会开始瓦解，回归到原始状态下的“野蛮时代”。由“野蛮时代”到“文明时代”再复归到“野蛮时代”，人类社会就是这样不断循环发展的，并且每一次循环都从一个更高的层次重新开始。[1]

维科提出的循环论是人类认识领域的巨大财富，在人类历史上，维科是第一位清楚地表述出这种历史按照一定规律演进思想的哲学家。《新科学》一书曾得到德国作家歌德的高度评价，法国实证主义哲学家孔德也对他的循环论大加称赞，从经济学的角度解释历史的马克思亦得益于维科。从某种意义上讲，《新科学》不愧是一部划时代的著作[2]。

如果说《新科学》是维科一生最著名的著作，那么《普遍权利》则是他最重要的法学著作。《普遍权利》是由学者命名的一部维科文集，共 3 卷：第 1 卷大纲和《普遍权利的终极法则及唯一目的》(*De uno universi Iuris principio et fine uno*，1720)、第 2 卷《法学家坚守的信念》(*Constancy of the Jurist*，1721)、第 3 卷《注释和专题论文》(*Notes and Dissertations*，1722)。其中，第 1 卷共 222 章、第 2 卷共 58 章、第 3 卷包括注释和 13 篇专论[3]。

维科从历史学和哲学的视角，首先论述了人类的本性，接

1 From online Encyclopedia 2001（http：//encarta.msn.com）.

2 《不列颠百科全书》第 17 卷，美国不列颠百科全书公司编著，中国大百科全书出版社不列颠百科全书编辑部编译，中国大百科全书出版社 1994 年版，第 506 页。

3 Giambattista Vico，*Universal Right*，Translated from Latin and Edited by Giorgio Pinton and Margaret Diehl，Editions Rodopi B.V.，2000，catelogue.

着又分析论证了法学的基本问题和深层理念基础，包括公平、正义、自然法则、自然权利、法的确定性、法的正义性、法的精神、法理、法哲学等。维科在论述中，把希腊、雅典、罗马法律史作为重要的论据。在维科看来，希腊人注重法哲学，雅典人只讲实用，只有罗马人能二者兼顾。罗马的执政官既深谙法理又兼有市民法智慧，既是哲学家、修辞学家又是实用主义者。而这些在维科看来正是一个真正的法学家应具备的素养。他认为，为了寻求真理，法学家不仅要注重研究实在法和它背后的哲学原理，还必须对历史事件进行研究，探究法学原理的起源及不同时代人们对它的态度，这种综合考察的方法才是法学研究的点金术。

维科在竞争法学教授席位前，阅读了格老秀斯和霍布斯的法学著作，并深受影响，格老秀斯提出的“人性是权利之母”的理念被维科作为其法哲学和历史哲学的基础。在社会形成的动因问题上，维科认为，人类结合起来根源于两种需要：一是人类需要通过与同类的交流得到智力支持，探索真理；二是人类需要联合起来与自然抗争。社会就是这种物质和精神的交易所，法律的功能即在于保证这种交换的公正[1]。针对霍布斯提出的人有不伤害他人的义务，维科认为，要做到彻底的公正，人除了做到不伤害他人外，还要在思想和行为上帮助他人。

---

1 Sir John Macdonell and Edward Manson edite, *Great Jurists of the World*, Little, Brown and Company, 1914, p.367.

《论人文学科的教育》收集了维科的 6 篇演讲文章，包括《论我们这个时代的学习方法》(*On the Study Methods of Our Tune*, 1708—1709)、《论古代意大利人的智慧》(*On the Most Ancient Wisdom of the Italians*) 等。[1] 这些论文发表于 1699 年至 1709 年，是维科的早期作品，代表他一生孜孜以求的教育思想的雏形。在《论我们这个时代的学习方法》中，维科主张人文学科的学习方法不应像笛卡尔哲学主张的那样进行干巴巴的分类，仅把了解旧知识的梗概当作学习，而应进行综合知识的学习，充分发挥人类的记忆力和想象力。文中，他还特别论述了法学的学习方法。[2]

作为意大利著名的哲学家、法理学家、历史学家和修辞学家，维科在其坎坷的一生中为人类作出了杰出的贡献，只是他的贡献在他死后又被埋没了将近一个世纪。《新科学》在 1827 年法文版出版之前，就像它的著者一样一直默默无闻。但是金子总会发光，《新科学》的价值最终被发现、认同，并且影响了世界哲学史上许多举足轻重的人物，诸如孟德斯鸠、卢梭、黑格尔、马克思等，维科也和其划时代的著作一起被载入欧洲文化史册。

---

1 Translated with an Introduction and Notes by L.M.Palmer.Cornell University Press：Ithaca and London，1988.

2 Translated with an Introduction and Notes by Elio Gianturco.Comell University Press：Ithaca and London，1988.

16

宾克斯胡克（Bynkershoek）

1673—1743

荷兰著名国际法学家宾克斯胡克1673年8月19日出生在荷兰泽兰地区美丽的小城米德尔堡，他的家庭是典型中产阶级家庭的代表，父亲是一个出名的帆船制造商，母亲对家庭尽职尽责。

宾克斯胡克早年就被父亲送进家乡的拉丁语学校，他很快就因聪明和勤奋成为全班最优秀的学生。他不仅学习拉丁语，还遵照父亲的意愿学习数学和希伯来语。1689年，他进入弗兰内卡尔大学学习神学，后来校方的两名教授对当时的一条难以理解的教义发生了争论，宾克斯胡克毅然决然地站在了自由主义者一方，这也促使他放弃神学，转而学习法学。从此，他以巨大的热情投入罗马法、荷兰法和公法的学习之中，并且取得了惊人的成绩。

当时小而偏僻的弗兰内卡尔大学最突出的装饰品就是才华横溢的学者，其中包括当时已闻名欧洲的乌尔里克·休伯。宾克斯胡克很快赢得了他们的注意和好感，并得到他们的悉心指导。1694 年，宾克斯胡克取得了法学博士学位，其博士论文《论契约的补充简约》(*De pactis juris stricti contractibus in continenti adjectis*) 得到了乌尔里克·休伯的高度评价。21 岁离开弗兰内卡尔大学时，他不仅已奠定了坚实的法学基础，而且精通法学的各个部分。虽然他常常因为观点不同和教授争得面红耳赤，但教授依然非常喜欢他。

大学毕业后，宾克斯胡克成为海牙的一名律师，他的渊博知识和诚实信用使他享有很高的声誉，也因此吸引了大量的当事人。1704 年他应邀担任荷兰、泽兰和西弗里西亚最高法院的法官。随后，他娶了来自东印度群岛的一个孤儿拜坦赫姆为妻，他们婚后生育了 13 个儿女，其中包括 11 个女儿和 2 个儿子，其中只有 6 个女儿寿命长过她们的父亲，其他 7 个孩子均在宾克斯胡克逝世前去世。

1723 年，最高法院院长的位子空缺，宾克斯胡克经过两次努力终于在 1724 年获得成功，他成为在过去的 150 年中来自泽兰地区的第一位担任最高法院院长之职的人。最高法院院长的职位成了他展示自己领导才能和广博法律知识的舞台，他的智慧、正直和无私使他成为众人注目的焦点人物，他充满睿智的判决使他的影响力已远远超越了法庭，人们乐于向他请教各种各样的问题并聆听他的教诲。宾克斯胡克于 1743 年 4 月 16 日结束了他光辉灿烂、骄傲高贵的一生，虽然晚年受到哮喘和弱视的折磨，但直到生命的最后一刻，他的神志一直清醒。

宾克斯胡克一生的主要著作有《论公法问题》(*Quaestiones juris*

publici，1737）、《海上主权论》（*De Domino Maris Dissertatio*，1702）和《论使者法庭》（*De foro legatorum*，1721）。[1]

《论公法问题》出版于1737年，是作者生平最重要、涉及内容最广泛的著作，全书共两卷，总计50章，每卷25章。第1卷主要论述战争问题，第2卷主要论述公法其他方面的问题，这本著作充分表达了宾克斯胡克对他那个时代大大小小、方方面面的国际法问题的观点。

第1卷宾克斯胡克依次论述了战争的概念和内涵，未经正式宣战而发动的战争是否合法，战争中中立国地位，战利品所有权的确定问题，交战国一方对动产的夺回，战争中对不动产的占有限制，爆发战争时对敌方财产的没收问题，在中立国领土袭击敌方是否合法，战争对中立国的影响，战时禁运，向被包围地区运送货物是否合法，非禁运物品是否应因禁运而被征收，在敌方船只上发现的中立国货物、战利品被运往中立国后是否受战后财产恢复权的限制，关于战后财产恢复权的种种问题，关于海盗，战时非特许攻击敌方商船的民船是否可以因攻击敌方商船而取得财物的所有权，给敌方货物保险是否合法，在中立国招募士兵是否合法，尼德兰合众国的单个地区是否拥有宣战权，报复许可等关于战争的形形色色的问题。

第2卷主要论述了使者的权利、合众国的单个地区是否有权

1 《不列颠百科全书》第3卷，美国不列颠百科全书公司编著，中国大百科全书出版社不列颠百科全书编辑部编译，中国大百科全书出版社1994年版，第282页。

派遣使节、大使是否可以接受驻在国的礼物、国际条约的约束力、未经主权国允许城市是否可以修筑城池、法官对流放地的指定权限、关于财税的各种问题、合众国成员意见分歧的协调方法等。

关于不宣而战是否合法的问题，在当时战争法领域争论比较激烈。格老秀斯认为，根据习惯法发动战争之前应当宣战。当时的许多著名法学家包括普芬道夫和休伯都赞同这种观点。而宾克斯胡克在第 1 卷第 2 章中却旗帜鲜明地反对上述主张。他认为，宣战是多余的，只不过是一种繁文缛节、自欺欺人，伴随宣战而来的是势不可当的进攻。所以，除非交战国双方有约在先，否则没有必要先宣后战。他还从习惯法的角度进行了论证，指出历史习惯上罗马人和希腊人在战争之前一定正式宣战，宣战形式或通过官方使节，或通过一纸公文。欧洲国家大体上沿袭了这种习惯。但犹太人和马其顿人习惯于不宣而战。

虽然中立国的概念在古希腊就有，但关于中立国的法律问题，即便是格老秀斯也没能作出清楚、系统的论述，这一点是格老秀斯著作中最令人不满的部分。[1] 宾克斯胡克在这方面的贡献无疑提高了他的声望。他指出："中立国是指不属于交战国任何一方并且不对交战国任何一方负有条约义务的主权国家。关于在处理中立国与交战国的关系时，中立国的哪些行为合法，不应当为哪些行为，有人也许认为中立国可以为在和平时期合法的一切行为……

1 Sir John Macdonell and Edward Manson edite, *Great Jurists of the World*, Little, Brown and Company, 1914, p.408.

但是我不赞成上述观点……中立国应尽一切努力防止卷入战争，也不能表现出对交战一方的偏爱和对另一方的偏见……这是中立国唯一正确的行为……战争的公正与否与中立国无关，从某种程度的公正出发，对交战国任何一方的行为作出肯定与否定、公正与否的评价，并非中立国的本分。中立国不应给交战国任何一方提供任何伤害交战另一方的援助……”[1]

宾克斯胡克认为，他提出的上述中立国不应援助交战国任何一方的观点，不仅符合理性也符合习惯法。他甚至认为违背上述规则就意味着干预交战国事务。他同时主张中立国和交战国任何一方的商品贸易权不应受到限制，但中立国无论如何不能向交战国任何一方提供诸如大炮、造战船原料等用于战争的货物。

著作的第 2 卷第 10 章可以说是本卷的精华。该章主要论述了国际条约的约束力问题。宾克斯胡克认为正如私人协定受民法保护一样，国际条约应当严格遵守，主权国家应当讲求信誉，信誉是社会的基础，如果没有信誉，所有的国际交往甚至国际法本身都将不复存在。

现在“有约必守”作为一条国际法原则在国际社会已习以为常，但宾克斯胡克在 200 多年以前作出这样精辟的论述，不仅表现出他对罗马法理解之深刻，而且展示了他在公法方面的才华。虽然作者在探讨公法问题、着手写作《论公法问题》时，曾发誓

1 Cornelis van Bijnkershoek, *Quaestiones Juris Publici*, translated form Tenney Frank, London: Humphrey Milford, 1930, p.81.

把罗马法放在一边，但从他的上述论述来看，即使讨论公法问题，他也难逃罗马法的樊篱，这也许是罗马法在他那个时代、在他那个国家太过风靡的缘故。

《海上主权论》是作者最著名的著作。在这本著作中，宾克斯胡克以毫无偏见的态度探讨了 16、17 世纪最具争议的问题——海上主权问题。宾克斯胡克冷静分析了究竟在什么情况下的海域才可能成为一个主权国家的领海。格老秀斯和普芬道夫认为任何国家都有在公海自由航海、经商和捕鱼的权利。宾克斯胡克赞同他们的观点，并在他们的基础上在该书第 2 章详细、具体地探讨了沿海国家对比邻海域的主权问题[1]。

宾克斯胡克认为所有权必须以占有为前提，而占有只有在主张对该物拥有所有权的人能够彻底控制该物时才存在。所以他进而认为一个国家只能对其能在海岸控制到的比邻海域主张海上所有权，他反对有些学者认为沿海国家可以对相邻海岸线 100 英里的海域主张海上主权的观点。宾克斯胡克是第一个解决邻海国家主张海上主权的海域范围问题的学者，他提出的射程规则（cannon-shot rule）当时不仅被他本国的立法所采纳，还出现在国际文件里[2]。

作为荷兰杰出的法学家，宾克斯胡克从他的荷兰前辈格老秀斯那里既有继承，也有批判。他在著作中多次引用后者的论述，

1　Sir John Macdonell and Edward Manson edite, *Great Jurists of the World*, Little, Brown and Company, 1914, p.398–400.

2　Sir John Macdonell and Edward Manson edite, *Great Jurists of the World*, Little, Brown and Company, 1914, p.401.

也多次驳斥后者的论述。与格老秀斯相比，宾克斯胡克的法学著作少了许多哲学和伦理学的色彩。他的确既不是哲学家也非伦理学家，而是纯粹的沿着实证主义路线行进的法学家。宾克斯胡克不像格老秀斯那样关心战争的公正性，他认为不宣而战发动战争同样合法，他承认交战国对敌国国民和财产的无限权力，并多次宣称公正和人道是两个完全不同的概念，不仅界限分明，而且毫无关联，他坚持把理性作为国际法的灵魂。

作为一个在荷兰最高法院工作了 40 年并且担任了 19 年院长的法学家，宾克斯胡克在其法学研究和著作中处处体现出解决实际问题的智慧，他提出的炮弹射程规则就是典型的例证。其著作常常对一些有争议的论题进行详细、具体、充分的论证，但最终没能构成法学体系的宏伟大厦。

17

孟德斯鸠（Montesquieu）

1689—1755

查理·路易·孟德斯鸠是18世纪法国著名资产阶级启蒙思想家，古典自然法学派的代表人物，资产阶级法学理论和“三权分立”学说的奠基人。

1689年1月18日，孟德斯鸠出生在法国波尔多附近的拉柏烈德庄园。那时候他的名字是查理·路易·德·色贡达。色贡达家族是贵族世家，两代服务于纳瓦尔朝廷。纳瓦尔王国在9世纪建国，到17世纪初已完全成为法国的一部分。孟德斯鸠的高祖父购买了“孟德斯鸠领地”。纳瓦尔国王亨利三世，也就是后来的法国国王亨利四世，把这块领地辟为“伯爵辖地”，以酬其先祖服务朝廷的功劳。孟德斯鸠的祖父曾任波尔多高等法院院长，这是一个可以买卖的世袭职位，后由他的伯父继承。他的父亲拒绝了当教士的机会，选择了军人的职业。1713年其父亲病死。

1716年，孟德斯鸠继承了伯父波尔多高等法院院长的职务，并依遗嘱承袭了伯父“孟德斯鸠男爵”的称号，所以他的名字成为“查理·路易·德·色贡达·拉柏烈德和孟德斯鸠男爵”。这个称号标志着他贵族世家的出身。

他和加尔文教派的一位有钱的女子结婚，她带来了10万英镑的嫁妆。后来因为他不喜欢院长职务，又因为一时需要钱，就把该职务卖掉了。这个职务是一笔巨大财产，可卖到七八十万英镑。孟德斯鸠卖了多少钱，今已无考。但据估计为60万英镑。他每年从卖金得到的利息收入达2.9万英镑之多。这就使他的生活过得十分富裕。

孟德斯鸠年轻时专攻法律，也当过律师，又有政治经验，并且很喜欢历史、哲学、自然科学等多种学问。他既好学，又有经济能力和充裕的时间去周游列国，吸收经验和知识，从事著述，后来被选为法兰西学院院士。

1721年，孟德斯鸠化名“波尔·马多”发表《波斯人信札》。他在书中假托两个波斯贵族旅游欧洲时的通信，对当时的法国封建统治进行无情的抨击。该书出版后，风行一时，孟德斯鸠因此一跃而成为全国瞩目的人物。

1734年，孟德斯鸠发表了《罗马盛衰原因论》。该书是通过对罗马史料的研究阐发孟德斯鸠的法律思想，孟德斯鸠把它看作《论法的精神》提前发表的一部分。

1748年，孟德斯鸠经过20年时间终于完成了《论法的精神》一书。该书是孟德斯鸠政治法律理论的最高成就。这部气势恢宏的百科全书式的著作是继亚里士多德《政治学》以后，对人类法律文化产生影响的又一部惊世之作。该书发表后在国内轰动一时，多次再版，但也因此遭到教会等封建势力的猛烈攻击。

孟德斯鸠的著作还有《为论法的精神辩护与解释》《论一般的君主政体》等。孟德斯鸠于 1755 年 2 月病逝于巴黎。

孟德斯鸠生活在 17 世纪末和 18 世纪前半期，正值法国腐朽的封建主义和君主专制发展到最高峰急剧转向没落的时期，也就是 1789 年法国资产阶级大革命风暴席卷法国的前几十年。当时，法国社会各阶级矛盾非常尖锐复杂。国王路易十四生活骄奢淫逸，挥霍无度，宫廷和贵族的奢侈生活建立在苛捐杂税和残酷剥削之上，对广大民众的压迫是无所不用其极。再加上长期的战争、饥饿、疫病，真是民不聊生。广大民众特别是农民生活于水深火热之中，纷纷奋起反抗。资产阶级在经济上受到打击，政治上也遭到排挤。他们迫切要求推翻封建王朝的腐朽统治，将政权掌握在自己手中。孟德斯鸠的政治法律理论正适应这种时代的要求，反映了当时法国资产阶级的需要，成为他们在反封建斗争中的思想武器。

同时，17 世纪在英吉利海峡彼岸发生的英国资产阶级革命及 17、18 世纪欧洲启蒙思想家笛卡尔、洛克等人的哲学、政治、法律思想无疑也对孟德斯鸠有很大的影响。例如，他的三权分立学说除了受洛克的影响外，还是以英国革命后建立的君主立宪制为根据的。孟德斯鸠的思想涉及面非常广泛，包括政治、法律、艺术、经济、历史、哲学、美学等许多方面，其中以政治法律思想影响最为深远，下面仅就其政治法律思想作一简述。

第一，新颖的法学研究方法。孟德斯鸠对法学的贡献首先在于对研究方法的革新，他之所以能达到前人从未达到的高度也得益于其新颖的研究方法。孟德斯鸠所采用的法学研究方法主要包括三方面：首先，普遍联系的方法。孟德斯鸠认为，只有从事物的普遍联系中才能发现客观规律，寻找“法的精神”。其次，实证分析的方法。孟德斯鸠摒弃中世纪的经院哲学，代之以人类理性的伟大力量，他一反中世纪从神和从原则出发理解历史、研究法律的传统，开实证研究风气之先河。在《罗马盛衰原因论》中，他从罗马的民族性、政治机构、外部条件，而不是从神的意志来理解罗马的灭亡。《论法的精神》则是在对欧洲乃至世界各国的法制、风土人情、社会情况作了长达3年的综合考察，并对英国政治体制实地调查之后进行分析研究的产物。最后，历史、比较的方法。孟德斯鸠主张研究法学应重视运用历史的方法。《罗马盛衰原因论》就是其运用历史的方法进行法学研究的代表作。该书的中心思想不仅是描述罗马国家盛衰的历史，而且考察了罗马国家政治法律制度盛衰的历史原因及其教训。在《论法的精神》一书中，孟德斯鸠又进一步对具体法律制度，包括各个部门法律制度及其思想成因作出了历史的研究。同时，他也非常重视比较方法的运用，因此被公认为现代比较法学的奠基人。《论法的精神》一书就是其第一部运用完整的法学比较方法进行研究的巨著，该书将世界上各主要国家的法从历史、现实进行了反复的、交错的比较研究。

第二，一般的法、自然法与人为法。（1）一般的法。孟德斯鸠从广义上给法下了一个定义，大体上相当于人们现在所说的“规律”。严格说来，它不是一个实证意义上的法的概念，表现在它把意识形态范畴的法同客观规律混为一谈了。但是，孟德斯鸠的一般法概念至少表明，法的内容和作用都取决于它所调整的社会关系，法不是随心所欲的产物，而是一定社会关系的产物。尤其是孟德斯鸠把法反映的社会关系同人们的理性联系起来，为近代理性自然法学的诞生奠定了基础。（2）自然法。按照孟德斯鸠的观点，理性就是人类社会建立以前普遍适用的法，即自然法。而各国的法律则是这种理性在个别情况下的适用。他把自然法归结为四条：一是和平，二是寻找食物，三是自然的爱慕，四是希望过社会生活。（3）人为法。由于人类天生希望过社会生活，于是人们建立了社会和国家。国家建立后，人们在失去自身软弱和自然平等的同时，也使国与国之间、人与人之间处于一种战争状态。这种战争状态使人与人之间的法律建立了起来，也就是人为法。进一步说，所谓人为法，就是“一般地说，法律，在它支配着的地球上所有人民的场合，就是人类的理性；每个国家的政治法规和民事法规应该只是把这种人类理性适用于个别的情况”[1]。

第三，关于“三权分立”的学说。孟德斯鸠认为，为了保证政治自由，就必须予以分权，即将国家的最高权力分为立法权、

1 ［法］孟德斯鸠著：《论法的精神》（上册），张雁深译，商务印书馆1982年版，第16页。

行政权、司法权三种，它们应彼此独立，由不同的国家机关来行使。否则，当这三种权力，或三种权力中的两种掌握在同一机关或同一个人手中时，法律便会受到践踏，“自由也就不存在了”。孟德斯鸠认为，国家的立法权、行政权和司法权不仅必须各自独立，也应当彼此制约，如行政权在服从法律的同时，可拥有对立法的否决权；立法权不能干涉行政，但可以审查、监督其对法律的执行；等等。这样，孟德斯鸠在继承前人如洛克等人理论的基础上，以古代罗马、同时代的英国的统治形式和实践经验为根据，通过国家政体—政治自由—三权分立这一线索创造了完整、系统的三权分立理论，奠定了资产阶级宪政理论的基础。

18

朴蒂埃（Pothier）

1699—1772

罗伯特·约瑟夫·朴蒂埃出身于奥尔良的一个官宦世家，父亲是一位评定官。朴蒂埃曾在一所教会学院学习。在那里，他勤奋地学习了拉丁语、古典文学和古代哲学。毕业后，他进入了奥尔良大学法学院学习[1]，并于1720年继承了父亲的评定官职位。

1749年，在老朋友让内去世后，朴蒂埃受其好友、政府大臣德·阿居瑟之邀，接替了让内的教席，担任奥尔良大学的法国法教授。从这年起，直到1772年去世为止，他一直从事法律教学和实务工作，并在学术上获得了巨大的成功，发表了众多的私法学文献。

朴蒂埃在私法领域的代表作有《奥尔良习惯法》(1740)、《新编查士丁尼学说汇编》(1748)、《债权论》(两卷，1761)、《买卖契约

1 Sir John Macdonell and Edward Manson edite, *Great Jurists of the World*, Little, Brown and Company, 1914, pp.447–449.

论》(1762)、《定金设定契约论》(1763)、《租赁契约论》(1764)、《善意契约论》(三卷，1767)、《夫妻财产契约论》(两卷，1768)、《所有权与占有权》(两卷，1771—1772)等。此外，他还留下了众多关于生前赠与、遗嘱、继承、抵押权、不动产买卖、民事诉讼、代位继承等内容的手稿。[1]

有学者认为，朴蒂埃是当时法国私法学的集大成者，他将当时法国的主要法律渊源罗马法和地方习惯法融为一体，加以阐发，不仅对当时法国的私法理论界和法律实务部门产生了巨大影响，也为1804年《法国民法典》的制定奠定了基础。[2]

关于私法总论，朴蒂埃认为，受到习惯法调整的是进行民事生活的人，这些人组成了民事社会，他们享有各种权利，是这种社会的主体。民事主体的资格，随着人的死亡、从事圣职及被判处重罪而消失。与古代罗马和近代西方私法理论不同，朴蒂埃讲的民事社会，是由贵族、第三等级和农奴组成。因此，朴蒂埃讲的民事社会，实际上是当时法国封建专制社会的缩影。

与上述民事主体的身份相适应，朴蒂埃将财产分为有体物和无体物、动产和不动产，以及采邑(fief)和征收年贡的土地(censive)。前两对财产的概念是传统的罗马法上的，反映了当时新兴的资产阶级发展商品经济的要求；后一对则是当时法国封建社会特有的，

---

1 Sir John Macdonell and Edward Manson edite, *Great Jurists of the World*, Little, Brown and Company, 1914, P.467-468.

2 [日] 关口晃:《关于法国近世私法的一试论》，载日本法制史学会编《法制史研究》第14号别册，1964年。

带有时代的特色。因此，朴蒂埃的理论，既是当时法国社会的真实写照，又包含了近代资产阶级民法学的雏形。

关于人的能力，朴蒂埃认为，26 岁为成年，在此之前由家长监护。在权利能力方面，由于朴蒂埃讲述的民事社会是封建等级社会，所以各等级的人是有差别的，如贵族有免除公共负担（主要是人头税和赋课金）的特权；而在行为能力的行使上，每个成年人都一样，即都享有从事订立契约的能力（这也反映了当时新兴的资产阶级的法权要求）。

此外，在朴蒂埃的理论中，已接触到了法人的概念，但他是用依据法律设立之团体（corps）和共同体（communante）等来表示的。[1] 朴蒂埃认为，这种团体可以取得诉讼、订立契约、负担自己的债务等权利。它们是“观念人”（personne intellectuelle），作为进行各种行为的机关，拥有单个或复数的代理人，并制定有一定的监督和惩戒的规则。但在不动产取得方面，这种团体则受到来自司法机关及领主的限制。

关于物权，朴蒂埃对物作出了自己的理解和划分，在将财产分为有体物和无体物、动产和不动产的基础上，他进一步对不动产作了具体分析。一方面，他将为不动产经营而需要的财产视为动产；另一方面，又将设定定期金（rente constituee）和官职视为无体不动产。朴蒂埃认为，和土地这种有稳定收入的不动产一样，设定定期金也永远会带来收益即年额金（arrerages）；同时，设定定期金

---

1 ［日］关口晃：《关于法国近世私法的一试论》，载日本法制史学会编《法制史研究》第 14 号别册，1964 年。

在当时各家族的财产构成中占有重要比例。而官职作为一项个人财产，也同样如此。

在对物作出分类、阐述的基础上，朴蒂埃提出了著名的所有权定义和分类理论。他认为，所有权“就是随心所欲地处分物的权利。但这种权利不得侵害他人的利益和违反法律”[1]。这个定义，后来就成了《法国民法典》第544条所有权定义的原型。

朴蒂埃给所有权下了定义以后，又进一步将所有权分为直接的所有权（domaine directe，领主所有权）和有效的所有权（domaine atile，从领主所有权那里让渡来的所有权）。这种分类是朴蒂埃在理论上的一大创造，反映了当时专制时期封建社会财产等级的现状。

从所有权的理论出发，朴蒂埃对占有权作了精彩的论述。他认为，占有分为两种：一种是作为时效取得要件的占有，即应当产生取得所有权效果的占有；另一种是作为占有诉权及推定所有者的要件的占有，即以事实上的控制为内容的占有。

应该说，朴蒂埃的这种分类已经具有了近代资本主义占有制度的若干特点，虽仍保留了传统占有理论的残余，但已经比较严谨细密。西方学者认为，朴蒂埃的占有理论已经达到了足以与萨维尼的名著《占有论》相媲美的地步。[2]

关于债权。朴蒂埃首先认为，债的核心是契约，它是合意的

1 ［日］关口晃：《关于法国近世私法的一试论》，载日本法制史学会编《法制史研究》第14号别册，1964年。

2 Sir John Macdonell and Edward Manson edite, *Great Jurists of the World*, Little, Brown and Company, 1914, p.469.

一种，而合意是指为创设、解除或变更某种债务，两人或多人之间的同意。他认为，与古罗马时代强调契约的约束力的根据在于契约的要式（形式）不同，现在契约的约束力的根据在于当事人之间的合意。这种"意思主义"，为资产阶级的契约自由奠定了基础。

那么，在有关契约的各种关系中，是如何贯彻契约的"意思主义"的呢？朴蒂埃阐述了如下几个问题。

1. 契约当事人的能力。朴蒂埃指出："契约的本质，因为是已经看到的那样是'同意'，所以，（订立契约时）当事人能够作出同意是必要条件，为了能订立契约，当事人能够'运用理性'（usage de la raison）是必要条件。"[1]

基于此，朴蒂埃认为孩子、身心不健全者、狂者（fous）等是无能力者，而所谓不能够"运用理性"，是指被市民法规定为无能力者，如妻子、浪费人等禁治产者。

2. 合意的瑕疵。主要是错误，即关于标的物的目的性、标的物的主要特性、当事人的同一性等错误。基于错误的契约，毫无疑问是无效的。关于动机的错误，朴蒂埃介绍了两种对立的见解：一种认为动机的错误缺少了要件，因而合意是无效的，其代表人物是德国自然法学家普芬道夫；另一种则认为动机的错误并不影响合意的效力，如在遗赠的场合即如此。除错误外，自由的欠缺（受到胁迫、被强制）、诈欺、买卖契约中的不当提价等，也属于合意的瑕疵。

---

1 ［日］关口晃：《关于法国近世私法的一试论》，载日本法制史学会编《法制史研究》第14号别册，1964年。

3. 契约的效力。朴蒂埃认为，“合意仅涉及构成合意目的之事物，而且仅在契约当事人之间有效”是一个原则。[1]目前，被称为“近代法国法上的基本原则”之“契约相对性原则”，在朴蒂埃的这段话中已具雏形。从该原则派生出了“任何人不能为他人而作出约定”之原则。换言之，为第三人的契约这种法律构成在朴蒂埃的理论中尚未出现。

4. 契约的解释。朴蒂埃认为，契约解释有各种准则，它们是“在契约中，探寻契约当事人的共通的意思是什么比追究用语的语法、含义等更重要”“在契约用语具有两种含义时，与其在认为这种契约用语将不带来任何效果之含义上作出解释，不如在将其理解为它具有何种效果之意义上作出解释。”[2]现行《法国民法典》第1156条至1164条规定的解释准则即来源于此。

5. 损害赔偿。首先，在赔偿因不履行债务而产生损害之场合，朴蒂埃认为，并不是必须赔偿债权者蒙受的所有损失和失去的所有利益，而是应区分各种场合和种类，作出相应的赔偿。比如，债务不履行由债务者的单纯过失造成时，债务人仅就在缔约时，人们一般能够预见到的损害范围作出赔偿。这种预见损害一般是契约标的物自身受到的损害。其次，在债务不履行是出于债务者的故意时，与上述场合不同，债务者应对债权人的所有损失作出赔偿，即不仅

1 ［日］关口晃：《关于法国近世私法的一试论》，载日本法制史学会编《法制史研究》第14号别册，1964年。

2 ［日］关口晃：《关于法国近世私法的一试论》，载日本法制史学会编《法制史研究》第14号别册，1964年。

对契约的标的物，而且对相关的其他财产的损害也作出赔偿。最后，应当注意的是，朴蒂埃将债务不履行分为不履行和履行迟滞两种，前者就是不完全履行，如卖主将患有传染病的牛冒充健康的牛卖给买主，结果使买主自己的牛也传染上了疾病等。

在债权理论中，朴蒂埃最后对买卖契约、租佃契约、利息、准契约及侵权行为等作了具体分析。此外，朴蒂埃的私法学理论还涉及婚姻家庭法中如父权、夫权和继承权等诸多问题。

综上所述，朴蒂埃是法国中世纪后期一位杰出的私法学家，他的理论对 18 世纪末以后法国私法学的发展，尤其是以《法国民法典》为中心的资产阶级民法学的形成和发展作出了不可估量的贡献。

第一，朴蒂埃的作品，为《法国民法典》的条款提供了许多立法原型。如前所述，《法国民法典》第 544 条对所有权作出的规定，来源于朴蒂埃关于所有权的定义。《法国民法典》对契约解释的规定，如第 1156 条关于解释契约，应寻求缔约当事人的共同意思，而不是拘泥于文字；第 1157 条关于在一个条款中有两种解释时，应舍弃使该条款不能产生任何效果的解释，而采取使之可能产生某些效果的解释；第 1158 条关于在文字可能被作出两种解释时，应采取最适合于契约目的的解释等，均来自朴蒂埃对契约解释的阐述。此外，《法国民法典》第 516 条关于财产的分类，第 1101 条关于契约之合意的规定，第 1109 条关于错误、胁迫和诈欺的规定等，都不同程度地采纳了朴蒂埃的学说。

第二，朴蒂埃的作品成为《法国民法典》在整体上继承和发展法国传统法律文化的一座桥梁。众所周知，《法国民法典》既吸收了罗马法的成果，又在相当程度上继承了法国大革命前的习惯法要素。然而，它是通过什么途径和中介来吸收和继承法国历史上的罗马法和习惯法要素的呢？国外学者的研究成果证明，这一途径和中介就是朴蒂埃的私法学。

首先，朴蒂埃使罗马私法学的成果融入了法国习惯法之中。朴蒂埃虽是一位法国习惯法学的大师，但他最早的研究成果则是罗马法。从18世纪30年代初至40年代末的近20年中，他专心致力于罗马法的研究，1748年完成的《新编查士丁尼学说汇编》，成为当时法国研究罗马法的集大成之作品。[1]对罗马法的精深研究，使朴蒂埃在研究法国习惯法中的每一个问题时，都可以与罗马法进行对比，从而使罗马法与法国习惯法融为一体。朴蒂埃的研究为法国法学界提供了经过消化的罗马私法学成果，使《法国民法典》的起草者们得以在比较短的时间内完成这部历史的杰作。

其次，在法律的适用上，虽然自中世纪初叶起，在法国就形成了南北两个地区，即南部的成文法（罗马法）区和北部的习惯法区，但由于习惯法的发展和罗马法的复兴，到17世纪时，事实上罗马法已与法国的社会实际结合在一起了。而在习惯法中，也已经渗透并且充满了罗马法的原则和精神，这种状况也为路易十四时代

1 Sir John Macdonell and Edward Manson edite, *Great Jurists of the World*, Little, Brown and Company, 1914, pp.464—465.

(1643—1715) 民法 (1667)、刑事法 (1670)、商法 (1673) 等系统立法所肯定。[1]但是，由于大革命前法国未能消除法律的不统一局面，所以，在法的解释、说明和适用上，还是十分零碎、混乱的，而朴蒂埃作品的问世，在将罗马法和习惯法的结合、私法体系的建构和统一方面，都使法国的学术界达到了一个新的高度。从而，在他死后 40 年，法国就迅速建立起了以《法国民法典》为核心的比较完备的资产阶级私法学体系。

最后，在 15 世纪以后的法国，出现了研究习惯法的运动，至 16 世纪上半叶，这种研究达到了高潮，涌现了一大批习惯法学家，如查昂达 (Charondas，1536—1617)、雷内·肖皮安 (Rene Choppin，1537—1606)、夏萨纳克斯 (Chassaneux，1480—1541)、卢瓦塞尔 (Loysel，1536—1617) 和卢瓦瑟 (Loyseau，1566—1627) 及前述查尔斯·迪穆林 (Charles Dumoulin，约 1500—1566) 等，尤其是迪穆林，对当时法国的习惯法学进行了系统的整理、阐述，特别是他对巴黎习惯法的评注，被认为是当时“最伟大的业绩”，他的著作“是庞大的、研究中世纪后期法国法所必需的一座宏伟的宝库”[2]。但是，一方面，迪穆林的大部分作品当时未能公开；另一方面，16 世纪以后，法国习惯法又获得了重大发展 (路易十四时代达到了顶峰)。所以，迪穆林及同时代的法学家的作品还不能起到法国封建法学向资产阶级法学过渡的桥

1 Sir John Macdonell and Edward Manson edite，*Great Jurists of the World*，Little，Brown and Company，1914，p.461.

2 Sir John Macdonell and Edward Manson edite，*Great Jurists of the World*，Little，Brown and Company，1914，p.459.

梁作用。

担当这个桥梁的是过了一个多世纪的朴蒂埃。一方面，朴蒂埃生活的时代，法国的封建私法学已发展到成熟阶段；另一方面，罗马法的复兴，到 18 世纪也已经进入后期（即已经与社会实际相结合）；此外，法国资产阶级此时也已经逐步崛起，资产阶级启蒙思想家的理论已广为传播，而资产阶级的法权要求业已日趋明确。正是在这种大气候之下，加上朴蒂埃本人具有的条件，如出身官僚世家、精通罗马法、长期在大学里讲授法国法、长期兼任法律实务工作、和当时的各著名法学家保持着密切的联系及勤奋和天赋等，使他推出了众多的作品，成功地建筑起了私法学大厦。他“像提坦（Titans）[1]一样，辛勤地将当时法律的各个方面（罗马法和自然法的精神、法国的司法实践以及习惯法）融为一个完美的整体。……没有一个人能够完成这件事，而他作为一个伟大的思想家、法学家和司法工作者却做到了这一切”[2]。

1 提坦为希腊神话中的巨神之一，是天神乌拉诺斯和大地女神盖亚之子。

2 Sir John Macdonell and Edward Manson edite, *Great Jurists of the World*, Little, Brown and Company, 1914, p.476.

19

卢梭（Rousseau）

1712—1778

让-雅克·卢梭，一位以心灵的力量震撼整个时代的伟大的法国思想家，一位用反叛精神斩除旧罗网的杰出的思想启蒙者，一位饱含激情并且极具个性的卓越的文学家、演说家、教育家甚至音乐家；但是，毫无疑问，同时他也是那个时代世界上最孤独、最受非议和最受攻击的流浪者，尽管在思想上他坚定地捍卫着自己的家园。

卢梭1712年6月出生于美丽恬静的瑞士日内瓦。但是，非常不幸的是，9天之后，他的母亲就撒手西归了。他的父亲只是一个钟表匠，因而家境并不宽裕。父亲对他尚算和蔼亲切，但也时常粗暴，且总是东游西荡并不关心他的成长。如果说父亲尚有正面影响卢梭成长的爱好的话，那就是他极富冒险精神且嗜读成癖。少年时代甚至青年时期的卢梭，一直未体现其过人之处；相反，他生性羞涩，性格堪称平庸，而且缺乏意志力。父亲似乎乐于把自己的爱好传授给儿子——卢梭幼年即被送去体验各种冒险生活，也像父亲那样沉于幻想、喜爱游荡，并且慵懒、轻浮、健忘、见风使舵、没有进取心、满足于平庸的生活。

总之，除了对浪漫的音乐有兴趣外，卢梭一无所求。但是，卢梭也继承了父亲似乎唯一的优点——嗜读成癖。他才六七岁时，就像父亲一样沉溺于读小说，并且常常会和父亲一起读得通宵不眠，以至于父亲在早晨听到醒来的燕子的叫声时，会难为情地说："我们去睡吧，我比你还孩子气呢。"[1]但是这种可称为温馨的幸福也并不长久，10岁那年，父亲因与人决斗，远逃而去，扔下了孤零零的小卢梭一个人。

1728年，流浪中的卢梭与华伦夫人邂逅了。卢梭好像在她身上找到了自己一直在寻找的母爱。后来，卢梭和她在一个叫夏梅特的地方度过了三个醉人的夏天。少年卢梭一看见华伦夫人，就深深地迷恋上了这位年长于自己的妇女。也正是在这几年，卢梭研读了蒙田、巴勒和伏尔泰等人的著作。但是，正如以前一样，卢梭受的教育不系统，也不完全——更多的是凭自己的兴趣自学。"但他足够成为凭直觉进行推测的天才，他能把他从伟大学者像蒙田或波西艾使用的引证中和从他的瑞士乡下佬穆拉尔特讲解英国文学中所吸取来的东西加以消化活用。"[2]

---

1 ［法］罗曼·罗兰编选：《卢梭的生平和著作》，王子野译，生活·读书·新知三联书店1993年版，第6页。

2 ［法］罗曼·罗兰编选：《卢梭的生平和著作》，王子野译，生活·读书·新知三联书店1993年版，第9—10页。

1741 年，华伦夫人另有新欢，29 岁的卢梭只好带着 15 个银路易、一本小喜剧的手稿及一种新体系的乐谱赶往巴黎，想借此取得声誉和地位。但当时的卢梭好像并不是真正的音乐天才，他最多只算是个刚刚入门的作曲家，并且也没什么创见，尽管他很狂热地迷恋着音乐的精神。显而易见，卢梭很难在音乐方面出人头地。

这样，百无聊赖的卢梭只好在咖啡馆和沙龙里消磨时光。值得庆幸的是，他因此而结识了当时的许多学术界名人，如狄德罗等，也获得不少贵夫人的青睐。贵夫人为这个穷困潦倒的年轻流浪汉谋到了一个职位——法国驻威尼斯大使馆的秘书。但是，年轻气盛的卢梭同大使大吵一场之后，于 1744 年弃职返回巴黎。即使到了 36 岁，卢梭还在巴黎的穷酸文人堆里瞎混，依靠捡拾富人及其伙伴桌子上的面包屑过日子。

1749 年夏天，似乎注定要贫困潦倒一生、平庸无为一辈子的流浪汉卢梭突然间变成了天才。那天，据他自己说，在去探望因违法而被禁闭的狄德罗的路上，他边走边翻阅一本文学杂志，一下发现第戎学院征奖的公告——要求对“科学与艺术的进步是有助于伤风败俗还是移风易俗”给出答案。卢梭立即被“一千条光线刺穿了”，“大量的活思想”向他袭来，他呼吸闭塞，兴奋到了极点；他倒在大路旁边的一棵树下，在精神错乱中度过了半个小时。当他醒来时，外套的前面都被泪水湿透。

从那时起，卢梭进了另一个世界，变成了另外一个人。他感觉到他思想的闸门打开了，泻出真理的洪流。他很快就写出他的第一篇论文《论艺术与科学》。在该论文中，卢梭勇敢地向他那个时代的社会提出了挑战，揭露当时社会的腐败和不公平，他谴责科学、文学和艺术，因为它们已被权力所支配和制服，并且容许"把花圈覆盖在用以捆缚人民的铁链上面"。

卢梭获得了很大的成功。这篇论文荣获特等奖，在法国引起了轰动。从此，他声名大震，因为人民已经视他为一个腐朽文化的破坏者、社会的叛逆者和社会良心的守护者。但是，初出茅庐的卢梭所表现出来的更多的是反抗的激情和极富文采的笔锋，而在思想的深刻性和成熟性方面缺乏周密和细致，而这常常成为论敌借以攻击他的口实。

1753 年，卢梭写出他的另一篇著名的论文《论人类不平等的起源和基础》。卢梭认为，人类不平等的起源和基础有三项："法律和财产权的设立是它的第一项，地方长官职务的制定是它的第二项，合法的权力变成专横的权力是它的第三项。"[1] 为了有效地反对人类社会的不平等的根源和基础特别是暴君的专制统治，卢梭大胆地主张："以扼杀或废除暴君为结局的人民革命，亦如暴君昨天用以处置其臣民的生命、财产的那些行为，同样是合法的行为。因为他只靠暴力来维持，也只有用暴力才能推翻他。"[2] 在当时法国

1 [法] 罗曼·罗兰编选：《卢梭的生平和著作》，王子野译，生活·读书·新知三联书店 1993 年版，第 47 页。

2 [法] 罗曼·罗兰编选：《卢梭的生平和著作》，王子野译，生活·读书·新知三联书店 1993 年版，第 49 页。

王权还相当大的时候，散播这些思想可谓惊世骇俗。因此，这篇论文的“社会意义和革命剧烈程度远远超过了第一篇”[1]。

但是，正当卢梭声誉日隆之时，他却渴望“隐退和休息”。他言出必行。在一位贵夫人的资助下，他果真躲到一片森林里“庐隐”去了。朋友和同事对此极不理解。埋怨他这样必然会招来非议，或者滋长自己顽固不化的厌世情绪。但卢梭辩解说这是自己“难以抑制的爱自由的精神，什么东西也不能制服它，在它面前荣誉、幸运，甚至名望都不在话下”。他说自己爱自由的精神来自内心，并且是懒惰而不是骄傲，有时使得自己对承担最轻微的义务都感到害怕，例如说一句话、写一封信或作一次访问，自己都感到是一种折磨。

1761 年，卢梭在激情中完成了不朽的小说《新爱洛伊丝》。他本想通过“把性爱的幻想转向道德的目标”来恢复自己的名誉。可以肯定，对他的小说的高度道德水平已经没有争辩的余地。自由的热情和道德的说教在当时的公众舆论中取得了热烈的反响。但是，同时代的有才华的作家出于嫉妒而攻击他，伏尔泰也曾大肆激烈地反对他。不过，所有的批评最后都被淹没在公众的欢呼声中。

1762 年，卢梭出版了他极其重要的两部著作《社会契约论》和《爱弥儿》。尽管在今天看来，卢梭一生中最重要、最具思想性

---

1 ［法］罗曼·罗兰编选：《卢梭的生平和著作》，王子野译，生活·读书·新知三联书店 1993 年版，第 15 页。

的著作应该是《社会契约论》，但是在当时，影响更大的似乎是《爱弥儿》。在此书中，卢梭全面阐述了自然教育理论。他猛烈抨击封建教育对人的天性、对儿童个性的压抑和摧残，反对封建教育束缚儿童的自由、强迫儿童服从成人权威，指责搞强制灌输、机械记忆和严酷体罚的经院教育。

卢梭认为，人的天性是善良、美好的，教育活动要以人的自然本性为基础，遵循儿童自然发展的顺序和要求，并以发展儿童的自然本性为目的。强调爱护儿童，给儿童以充分的自由。要求摆脱使人堕落和腐化奢侈的城市生活，在大自然的环境中对儿童进行教育。因此，罗曼·罗兰称《爱弥儿》是卢梭“所写作过的最美丽的，最纯洁的和最仁慈的书”[1]。但是，也正是这本书，促成了他所谓“无神论者的狂热”和“盲目信从者的狂热”结成反对自己的联盟。

卢梭因为信奉自己的思想，因为挑战社会的黑暗和腐败，因为对权威人物和势力的叛逆而四面树敌，从政坛政要到学界权威，从舆论领袖到中产阶级。但是卢梭过了很长一段时间才认识到自己所面临的威胁和危险。果然，《爱弥儿》在荷兰出版不到20天，在法国还没有来得及发行之前，没有预先警告，国会就宣布要把这部书焚烧，并且也要把作者烧死。百般无奈之下，卢梭只好连夜出逃。但当他回到自己亲爱的祖国和“自由的土地”——

1 ［法］罗曼·罗兰编选：《卢梭的生平和著作》，王子野译，生活·读书·新知三联书店1993年版，第21页。

瑞士时，他曾极力赞美的日内瓦也下命令烧毁《爱弥儿》。卢梭激愤地说："整个欧洲针对我响起一片诅咒的声音，气焰之高无与伦比。我是一个异教徒，一个无神论者，一个疯子，一只凶猛的野兽，一只狼。"[1]

在卢梭眼里，整个世界都疯了，整个世界都联合起来反对他。首先是牧师。教堂的大门关闭起来不准他进去，不给他圣餐，讲道坛上谴责他是反基督者。其次是一般民众。卢梭走到哪里，石头就砸向哪里，甚至有人扬言要枪杀他。再次是自己的祖国驱逐他，宣称他是"行凶的力量"。最后，卢梭只好接受英国著名的思想家大卫·休谟的邀请，渡海到英国，但又受到大卫·休谟的冷嘲热讽甚至"出卖"。卢梭只好在极度的恐慌中逃亡到法国。本已严重的迫害性心理分裂症使得他精神几乎崩溃，以至于他在每一封信的结尾时都要不断地呼喊"我是无罪的"。他终于获准返回巴黎，但他此时只能住在一个简陋的小屋子里靠抄写乐谱挣钱糊口了。

1770 年，几乎是在山穷水尽的境地中，卢梭完成了《忏悔录》。但是，即使是朗诵他的这部书稿，也受到警察的干扰和禁止。警察后来拦截他的书信进行检查。卢梭简直疯狂到了极点，他感到自己在巴黎比鲁滨逊在孤岛上还孤独。他相信自己是被当作全世界的敌人监视着。想着自己的孤独、无助和绝望，卢梭只好向上

1 ［法］罗曼·罗兰编选：《卢梭的生平和著作》，王子野译，生活·读书·新知三联书店 1993 年版，第 23 页。

帝求援。于是，他把自己的书稿放到了巴黎圣母院高高的祭坛上去，可是他发现唱诗班的铁门已经关上，卢梭受到了最大的打击，因为似乎上帝也反对他。

1778 年，在生命中最后的日子里，卢梭在其最后一部著作《一个孤独散步者的遐思》中，显得温柔而阴郁，虽然神志似乎有些不清，但是他不再生气了。他只是觉得自己无比的孤独："这里，在人世间我是孤单一人，除了我自己，没有兄弟，没有邻居，没有朋友，没有交往。最喜欢群居和最爱人类的人已被完全一致地放逐了。"[1] 他觉得自己永远地安安静静地待在地狱的底层，是一个可怜的人，不幸的人……

1778 年 7 月 2 日早晨，一个孤独的人同时也是一个伟大的人在病痛之中不无遗憾地离开了这个给他带来太多苦难同时也使他千载流芳的人世。一个生前饱受教会、世俗仇视却给人类留下丰富思想遗产的人，是真的进入了地狱，还是升上了天堂?

---

1 [法] 罗曼·罗兰编选:《卢梭的生平和著作》，王子野译，生活·读书·新知三联书店 1993 年版，第 27 页。

20

瓦泰勒（Vattel）

1714—1767

瓦泰勒，瑞士国际法学家，1714 年 4 月 25 日出生于纽沙特尔公国境内的库维，父亲是新教的一位牧师，母亲是普鲁士财政官员的女儿。瓦泰勒从小就表现出对哲学的特殊兴趣，他最初在巴塞尔学习哲学的一般知识，后来又到日内瓦大学专修道德哲学，他成了莱布尼兹和沃尔弗[1]的忠实弟子。1742 年，他到柏林试图效忠弗雷德里克国王二世。遭到君王拒绝后，他来到萨克森邦国的首府德雷斯顿，在那里他的才华受到萨克森邦国大臣的高度赞扬。这位未来的法学家开始在纽沙特尔从事外交工作，他丰富的国际法知识也找到了施展的空间。

1746 年，瓦泰勒回到德雷斯顿，被奥古斯塔斯国王三世任

1　沃尔弗（1679—1754），德国哲学家、法学家、数学家，继承莱布尼兹的哲学并将其系统化，强调理性思想和数学方法，著有《全部数学科学的基础》《关于人类理智能力的理性思想》等。

命为使馆顾问，并于次年任命为邦国的全权公使派驻波恩，正是在波恩他完成了他一生最伟大的著作《万国法》（也译作《国际法》）。1758 年，他回到德雷斯顿，被任命为枢密院官员和政府首席顾问。

瓦泰勒直到 1764 年 1 月 27 日才结婚，新娘是定居在萨克森的法国贵族。次年，他的儿子出生。[1] 由于工作过度劳累，1766 年瓦泰勒身体差点崩溃，他不得不回到故乡纽沙特尔休养。1766 年秋天，他回到德雷斯顿继续工作，第二年不幸再次病倒，于是他只好又回故乡疗养，可惜为时已晚。瓦泰勒于 1767 年 12 月 28 日与世长辞，终年 53 岁。

瓦泰勒一生最著名的著作是《万国法》[2]，这本书最早版本是 1758 年在纽沙特尔出版的法文本，而美国的最早版本则是依照英国最早的版本即 1760 年版本印刷的，该书后来译成多种语言，并多次再版。

瓦泰勒的《万国法》建立在沃尔弗著作的基础之上，虽然他在很多地方批判了后者的思想，但他的确恰到好处地把沃尔弗的思想运用到政治和外交领域。瓦泰勒和沃尔弗有很多观点完全相反，比如，后者认为王国可以继承而前者认为王国并非家庭遗产，前者认为战争中使用有毒武器是公正的而后者反对使用毒器。他们之间最实质性的不同在于，沃尔弗认为整个世界是依据自然法则建立起来

1 Sir John Macdonell and Edward Manson edite, *Great Jurists of the World*, Little, Brown and Company, 1914, pp.478—480.

2 中国最早翻译的西方法学家的作品就是瓦泰勒的《万国法》。1839 年前后，林则徐为了与洋人打交道，“知己知彼”，曾委托下属将《万国法》节译成中文。

的一个大型共和国，世界上的每一个国家都是共和国的家庭成员，所以适用于自然人的市民法就是适用于世界这个大型共和国的万国法；瓦泰勒则认为调整国家之间的关系的国际法不同于调整人与人之间关系的市民法，因为国家和人毕竟是两种不同的客体，国际法既包括必然法也包括任意法，前者是人们别无选择、必须遵守的自然法则，后者则是通过国家相互之间签订条约或根据国际惯例产生的体现人们意志的法律。国际法以前者为主、后者为辅。[1]

关于国家统治权问题，瓦泰勒认为君主的统治权并非上帝赐予，也并非神圣不可侵犯。只要有正当的理由，任何时候国民都可以夺回本来属于自己的权利。王国并非任何家族遗产，它只能属于全体国民，任何人都不能拥有一个祖传的王国。[2] 人民既然可以建立政府就可以改变政府。

关于国家的义务，瓦泰勒认为理想的国家应当一切为国民的幸福着想，满足国民的生活需求、保障国民的人身和财产安全、保证国民受到公正待遇、保护国民不受外敌侵略。[3] 当然，国民也应为此而努力。

关于公正，瓦泰勒认为制定出好的法律和适当地执行这些法律是实现公正的关键。制定好的法律是立法机关的职责，适当执

1 Sir John Macdonell and Edward Manson edite, *Great Jurists of the World*, Little, Brown and Company, 1914, p.492.

2 Sir John Macdonell and Edward Manson edite, *Great Jurists of the World*, Little, Brown and Company, 1914, pp.490—491.

3 Sir John Macdonell and Edward Manson edite, *Great Jurists of the World*, Little, Brown and Company, 1914, pp.496—497.

行法律是法官的天职。为了保证公正，立法者既不能担任法官，也不能任命法官；法官应当由行政机关任命，但行政机关不能控制法官的判决，司法公正要求法官独立、终身制。法官的素质包括能力和美德，不具备这两种素质的人无权担任法官。任命缺乏这两种素质的人担任法官是对具备这两种素质的人的不公正，是对纳税人的欺诈、是通过打击对智慧和美德的追求使国家腐败。

关于教育，瓦泰勒的看法确实具有令人佩服的预见性。他认为，为了寻求全民族的幸福，国家应当让国民受到良好的教育，对年青一代的教育工作是政府的重要工作。虽然让子女受教育是父母的责任，但在一些情况下父母没有能力承担这些义务时，政府必须承担一些责任，因为受到良好教育的头脑有利于全体国民。他认为政府应当鼓励国民对科学、艺术和哲学的探讨，用实例和奖惩增强国民对美德的向往和对罪恶的憎恨，激发国民的爱国之心。[1]

关于中立国与交战国之间的商事行为，瓦泰勒认为，战争期间交战国与中立国之间的交易是不公正的。由于战争急需，中立国出售给交战国的违禁物品（用于战争的物品）远远高于它们的实际价值；同时，由于交战国的劳动力流向战场，中断了其他一些产品的生产，中立国把这些紧缺物品出售给交战国时无疑会抬高它们的价格。

瓦泰勒制定的计票规则非常有趣，他认为在对一个事情进行表决时，必须把所有相同意见计算在一起，以便作出正确的决定。

---

1 Sir John Macdonell and Edward Manson edite, *Great Jurists of the World*, Little, Brown and Company, 1914, p.500.

比如，对某一被告，如果有 4 个法官认为应当判处死刑、2 个认为应当处以流放、2 个认为应当处以 1000 克郎的罚金、2 个认为应当处以 100 克郎的罚金、3 个认为应当宣判无罪。那么，法院一定不能判决这个被告死刑，因为在 13 个法官中只有 4 个赞成死刑；但这个被告必须受到惩罚，因为在 13 个法官中有 10 个赞成惩罚，只有 3 个赞成无罪；法院应当判处该被告罚金，因为 13 个法官中有 6 个赞成死刑或流放，7 个赞成其他形式；法院应当判处被告较高金额的罚金，因为至少有 8 个法官赞成高额罚金。所以，根据少数服从多数原则，法院最终应当判处被告 1000 克郎罚金[1]。

瓦泰勒的作品带有强烈的功利主义色彩，从时间和思想的角度讲，可以说他是英国功利主义伦理学的代表边沁的前辈，他用几乎相同的语言阐述着“最大多数人的最大幸福”。但也许是瓦泰勒从事多年外交工作的缘故，其风格和边沁完全不同，他的作品语言优美温和，带着一抹感伤主义色彩，让人全然感受不到现实的苦涩。同时，在他的作品里，伦理、道德、人道也扮演着重要的角色。他甚至认为与其说法律是法律科学，还不如说它是伦理道德科学。他的人道主义理论基础建立在他的绝对权利基础之上，他认为向他人寻求帮助是人类的绝对权利，这种权利包含强制那些拒绝提供帮助的人履行帮助义务的权利。

虽然瓦泰勒的著作并不多，但他的思想非常深邃，现代国际

1 Sir John Macdonell and Edward Manson edite, *Great Jurists of the World*, Little, Brown and Company, 1914, p.485.

法领域至今还保留着其思想的不少痕迹。他的《万国法》无论是在当时的英国还是美国，无论是在政治、外交领域还是在国际法领域都有着深远的影响，他在著作中阐述的平等、自由的思想与美国《独立宣言》追求的理想不谋而合，他提出的反对中立国和交战国之间的商事行为的观点在美国被尊为权威。他的贡献和《独立宣言》一样永远闪烁着光辉。

21

布莱克斯通 (Blackstone)

1723—1780

威廉·布莱克斯通是英国18世纪著名法学家。他的父亲是从事丝织业生意的普通市民，不幸的是，在他还未出生时他的父亲就已经去世，12岁时，他的母亲也离开了人世。成为孤儿的布莱克斯通被舅舅托马斯·毕格（Mr.Thoma Bigg）抚养长大，[1] 1738年入牛津大学彭布罗克学院学习数学、逻辑学、建筑学、希腊和罗马的古典作品以及莎士比亚的作品。

1741年，布莱克斯通加入了“中殿法学协会”。1745年，成为民法学士。1746年，获出庭律师资格而开业。1751年，任大学校长法院的陪席法官。1753年6月23日，他回到母校牛津大学担任英国历史上第一位英国法讲座的教授，并且第一次用本民族语言英语讲授，从而名声大震，因为它“宣告了英国法的新纪

1 仝宗锦：《布莱克斯通的生平、著作和影响》，载《法律文化研究》2005年00期，第309页。

元的到来”[1]；1758 年，又担任“维纳讲座教授”；1761 年，担任国会议员；1770 年后辞去教授职务，担任民事诉讼法院和王座法院的法官；晚年致力于刑法方面的改革，如提出废除残酷的刑罚、改革监狱和矫正院的设施等。

布莱克斯通的主要作品有《英国法分析》（*An Analysis of the Laws of England*，1756）、《大宪章和森林宪章》（*The Great Charter and Charter of Forest*，1759）、《从 1746 年至 1779 年威斯敏斯特各法院判例报告》（*Reports of Cases Determined in the Several Courts of Westminster-Hall from 1746 to 1779*，1781）以及不朽的《英国法释义》（*Commentaries on the Laws of England*，1765—1769）等，而其法学理论的贡献主要集中在后者之中。

《英国法释义》一书是布雷克顿（H，D.Bracton，1216—1268）以来又一本系统论述英国法整体的著作，而且成就更大。该书不像大陆法系学者那样，仅把法学理论理解为法律条文的解释学，把法学限制在范围很小的法学家的圈子内，而是试图将法学从法学家的专有领域中解放出来，变为普通市民手中的工具。在该书中，布莱克斯通强调："英国法的知识，不仅对法律家，而且对所有有教养的英国人都是必要的。"[2]这在当时，无疑是一个伟大的主张。

除绪论以外，《英国法释义》分为人的权利、物的权利、私的违法行为（侵权行为）、公的违法行为（犯罪）等几个部分。这种分类是仿照罗马法的模式，但是具体内容，则是以英国法为对象的。如

1 J.H.Wigmore，*A Panorama of the World's Legal System*，West Publishing Company，1928，p.1094.
2 ［日］碧海纯一、伊藤正已、村上淳一编：《法学史》，东京大学出版会 1976 年版，第 232 页。

在人的权利这一部分中，除身份法之外，还包括了作为公的关系上的人的权利的国王的权能与个人的自由权，以及关于宪法的阐述；在物的权利中，也对英国封建制度作了论述。至 1780 年布莱克斯通去世，该书在英国已出了 8 版[1]。

布莱克斯通除了从事律师、法官及法律教育活动以外，对英国法律发展贡献最大的是他在《英国法释义》中阐述的法学理论，尤其是以自然法为核心的法哲学和私法学理论。

与洛克一样，布莱克斯通也深受早期资产阶级自然法思想的影响，尤其是德国自然法学家普芬道夫的思想，对他有很大影响。但与洛克不同的是，在布莱克斯通的法学理论中，他已经将自然法思想和历史主义结合了起来，即布莱克斯通在吸收自然法的同时，注意从历史的、发展的角度来观察、认识英国的法律。因此，在布莱克斯通的思想中，已经将自然法具体化，即将普通法看成自然法、理性法，因而带有了英国化的自然法特色。

在《英国法释义》第 1 卷中，布莱克斯通对法作了如下论述："在最一般、最概括意义上的法，指的是行动的规则，适用于整个自然界，不管是生物还是非生物、合理的还是非合理的。所谓法，是由某位上级规定下级必须遵从的行动的规则。在这个意义上，人们称法为重力的法、机械的法、动植物的法。但如果将法的范

---

1 Sir William Holdsworth, *A History of English Law*, Vol. XII, Sweet and Maxwell, 1977, p.712.

围限制得更小一点，那么，它是指人类行动和行为的规则，由以下几类组成：自然法——由造物主规定的、可以通过理性之光来发现的人类的行为规则；神的法或启示法——在《圣经》中可以看到，它是‘原始的自然法’(Original Law of Nature) 的一部分；人定法，它与前两种法律相对立；国际法——由于国家之间是平等的，所以国际法是不能由谁来命令的，它依据的是自然法的规则。共同社会之间的相互协定、条约、同盟、合意，其解释也依据自然法；国家法(Municipal Law) ——所谓国家法，‘是命令（做）正确的事、禁止（做）恶事，是国家最高权力规定的市民的行动的规则’。”[1]

由于成文法关系到每一个市民的切身利益，所以，布莱克斯通对其定义作了进一步的分析。他指出：这里的“规则”(rule)，不是针对特定的个人的一时的命令，而是永续的、统一的，并且是普遍的规定，它与“建议”(advice)、“劝告”(counsel) 不同。对后两者，人们可以遵守，也可以不遵守。而法是禁止性命令 (injunction)；规则也与契约不同，后者是由当事人作出的合意，而法是对当事人发出的命令。契约的用语是“我打算做此事，或不打算做此事”，而法的用语是“你应该做此事，你不应该做此事”[2]。

布莱克斯通认为，由于法是国家最高权力作出的关于市民行为的规则，因此必须要让国民知晓，其方法是多样的。在普通法的场合，可以通过长期的习惯和传统来告知社会；而制定法则是通

1 [日] 石井幸三：《布莱克斯通的法学思想》，载《龙谷法学》第10卷第3号，1979年。
2 [日] 石井幸三：《布莱克斯通的法学思想》，载《龙谷法学》第10卷第3号，1979年。

过政府文件或印刷物向社会公布。由于这当中的原则是必须向社会公布，所以事后法是必须予以禁止的。

布莱克斯通进一步指出，为了使法达到命令做正确的事、禁止做恶事的目的，法的内部构成应当是：(1) 宣言性的要素；(2) 指令性的要素；(3) 救济性的要素；(4) 制裁性和惩罚性的要素等。布莱克斯通认为，在上述法的 4 种要素中，最有效的是惩罚性要素，因为尽管法规定应该做什么、不应该做什么，但如果人们都不予理睬的话，那么它就等于一纸空文。由此可以看出，法与由国家的强制力实施的刑罚相连接，人定法的主要责任、义务也在于此。

在布莱克斯通时代，处理私法关系的法律主要是普通法和衡平法，所以，布莱克斯通的私法学理论首先是从对这两种法律的阐述入手的。他指出："英国的国家法，可以分为不成文法即普通法和成文法即国家制定法两种。普通法是不成文法中的一种，是普遍的习惯。在古代，它通过记忆和习惯而得以保存流传，现在我们则是通过包含了关于法律习惯的文书 (Monuments) 和证明书 (Evidences) 的法院记录、判决报告书、判决文书及著名专家学者的论文来保存这些习惯法，并使其流传下去。……但是，这里产生了这样一个问题，即这些习惯法是如何为人知道的？又是通过谁使其具有效力的呢？回答是，通过各个法院的法官，他们是法的受托者、法的代言人 (Orades)，因此，他们的先任的司法决定，是构成作为普通法之一部分的习惯的存在的最重要、最权威的证据，同样情况的诉讼被重新提起的场合，遵从以前的先例……是一个被确立下来的规则。……后任的法官，也被要求进行宣誓：不以他个人的感情，而是遵从全国通行的法和习惯来作出决定，不是发明法，而是维持、说明古法。但是，这个规则，在以前的判例很明显地是违反理性的场合，将是例外。……在此场合，以下之事便构成法的原理，即在先例和规则不是明显不合理和不公正的场合，（法官）必须遵从。……这与在（罗马）市民法上，皇帝决定的规则对将来也起导向作用是一样的。”[1]

初看，布莱克斯通的理论是保守的，但他对此又提出了以下近代的观点，即“法官只是宣告、表明法，而不是制定、改造法”。“判决由法官来表明、裁定，但这不是他们的决定和宣告，而是法的决定和宣告。”[2]

那么，这样的普通法和衡平法的关系如何呢？布莱克斯通认为，两者在四个方面是相同的：第一，衡平法院和普通法院一样，并无缓和普通法之严格性的权限；第二，两种法院都必须遵从立法者的意图来解释制定法；第三，对诈欺、偶发事故、信托，两种法院都有管辖权；第四，在衡平法院初期，虽然不适用遵循先例的原则，但经过弗朗西斯·培根和费因兹等人的努力，衡平法院与普通法院一样，也已经适用此原则了。

---

1 W.Blackstone, *Commentaries on the Laws of England*, Ⅰ. 引自石井幸三：《布莱克斯通的法学思想》（二·补完），载《龙谷法学》第10卷第4号，1979年。

2 ［日］石井幸三：《布莱克斯通的法学思想》，载《龙谷法学》第10卷第3号，1979年。

布莱克斯通指出，当然，普通法和衡平法之间还是有区别的，如衡平法院进行审判的方法，即证明方法、审理方法、救济方法及管辖问题等，与普通法是不同的。

在英国私法中，土地法历来是一个重要内容，对此，布莱克斯通作了详细论述。他指出，土地法理论是一个非常难的领域，对此，必须具备对“封（建）的性质和理论及封建法的一般了解”。当然，成为论述土地法之基础的，不是“古老的英国的土地保有状态”，而是“新的英国的土地保有状态”的理论，主要是利特尔顿和科克的理论。

布莱克斯通在对封建的土地法作出说明的同时，也开始注意近代资产阶级性质的土地所有状态。因此，他的土地法理论和传统的土地法理论已经不同。比如，按照封建土地法的理论，定期不动产权是属于人的财产的、带有不动产性质的动产。但在布莱克斯通的《英国法释义》（第 3 卷）中，定期不动产权未被放在人的财产的章节中加以论述，而是作为不动产权的一种，作为“自由保有权以下的不动产权”，置于不动产权的“期间的构成”中叙述的。

同时，在阐述土地法时，布莱克斯通还引入了罗马法的成果，将财产法分为不动产法和动产法（在英国封建土地法理论中，财产一直被分成物的财产和人的财产两类），这样，在论述动产时，也必然带来一些新的观念。布莱克斯通对此解释说，近年来，这种财产（动产）有了很大发展，出现了许多新的形态，而英国的法院，还是用传统的财产分类法（人的财产和物的财产）来处理，这显然是不适当的。因此，许多法官不得不借用罗马法的规则。

此外，布莱克斯通对封建的土地法理论阻碍近代资本主义商业迅速发展的局面进行了批判。比如，他对将土地置于长期流通之外而予以永久限制（买卖）的做法、对因封建长子继承制（无遗嘱继承）而产生的财产过分集中的缺陷，都进行了批判，并提出了改革的建议。

当然，受时代的限制，布莱克斯通对有些资本主义的经济关系的认识还是不很清楚的。比如，布莱克斯通认为，通过遗嘱来处理不动产，仅仅是与作为无遗嘱不动产继承相区别的、不动产取得方法中的一个方法，而不能赋予其独立的法的地位，等等。

总之，布莱克斯通私法学理论的功绩在于对自布雷克顿以来的英国封建普通法进行了系统的总结和理论阐述，并融入当时已经出现的资本主义法律关系，但对资本主义私法关系作出系统说明则超出了布莱克斯通的使命。

以上我们比较多地引用了布莱克斯通的法哲学和私法学理论。当然，这只是布莱克斯通法学理论贡献中极小的一部分内容。他作为英国近代法律史上承上启下的人物，在英美法律文化近代化过程中发挥了重要作用。

首先，布莱克斯通的理论在一定程度上影响了边沁和奥斯丁（John Austin）的学说的出台。

边沁是英国近代著名的法哲学家和法律改革家。由于边沁曾在牛津大学旁听过布莱克斯通的英国法讲座，因此，他也可以算作是布莱克斯通的学生。布莱克斯通的理论，在两个方面［自然法和普通法（判例法）的完美性质］影响（或刺激）了边沁的法学研究和法律实务活动。正是在反思、批判布莱克斯通的理论的基础上，边沁提出了法律改革的学说，并建立了功利主义的分析实证主义法学[1]。

奥斯丁是近代英国分析法学的主要代表。众所周知，构成奥斯丁学说的基础，是主权者命令说。他指出，法律是“在独立的政治社会中单个的主权者或拥有主权的集团，对其社会成员下达的直接或间接创设的一般命令”[2]。正是这种主权者的命令，构成了法学之对象的实定法。一般而言，奥斯丁的理论主要是继承了霍布斯和边沁的学说，但他的理论与布莱克斯通的关于法是由国家最高权力命令的规则的理论，关于法是命令做正确的事、禁止做恶事的观点，关于法的构成要素的学说之间的联系，显然是无法否认的[3]。

其次，布莱克斯通的理论，对美国资产阶级法的创建也产生了巨大的影响。

事实上，早在18世纪，布莱克斯通的影响就已超出英国国界，波及了美国。1765年至1769年，布莱克斯通的《英国法释义》出版后，立即在北美受到了热烈的欢迎，成为北美人民学习法律

1 详细请阅本书《边沁》一文。

2 ［日］碧海纯一等编：《法学史》，东京大学出版会1976年版，第234页。

3 此外，布莱克斯通的理论对英国近代著名法学家梅特兰（E.W.Maitland，1850—1906）、戴雪（A.V.Dicey，1835—1922）和霍茨沃兹（Sir W.Holdsworth，1870—1944）等人的理论也产生了巨大影响。参阅 Sir William Holdsworth, *A History of English Law*, Vol.XII, Sweetand Maxwell, 1977, pp.723-737.

的主要教材，以及了解、掌握英国普通法知识的捷径。1771 年至 1772 年，该书在北美印刷发行，在当时竟然十分畅销。840 名北美订阅者购买了 1557 套。这在当时是一个令人惊奇的数字。[1]

1784 年，美国法官塔宾·里弗 (Tapping Reeve) 在康涅狄格州的利兹菲尔德创立了美国历史上第一所法律学校。它使用的讲义就模仿了布莱克斯通的著作的体系，所不同的是它更多地讲授商法，而少讲或不讲刑法的内容[2]。与此同时，美国历史上第一个开设大学法律教授职位的威廉·玛丽学院的第二任教授图克 (St. George Tucker)，于 1803 年出版了《英国法释义》的美国注释版（附有详细的笔记和相关参考资料），作为学生的教材。[3]

1826 年至 1833 年，美国著名法学家肯特 (J. Kent，1763—1847) 模仿布莱克斯通的《英国法释义》的体系，出版了 4 卷本《美国法释义》(*Commentaries on American Law*)。该书除了将国际法单独作为一个部分独立出来，压缩了刑法部分之外，其他体例基本上都与布莱克斯通的著作相近。因此，肯特的作品被当时的学者认为是布莱克斯通著作的“美国版”。[4] 19 世纪上半叶，美国另一位著名法学家斯托里 (J.Story，1779—1845) 也模仿布莱克斯通的“释义”方式，撰写了《美国宪法释义》(1833)、《冲突法释义》(1834)、《衡平法理学释义》(1836)、《代理法释义》(1839) 等大量作品。

1 Lawrence M. Friedman, *A History of American Law*, Simon & Schuster, 1973, PP.88–89.
2 Lawrence M. Friedman, *A History of American Law*, Simon & Schuster, 1973, P.279.
3 Lawrence M. Friedman, *A History of American Law*, Simon & Schuster, 1973, P.280.
4 Lawrence M. Friedman, *A History of American Law*, Simon & Schuster, 1973, P.290.

一般认为，肯特和斯托里是近代美国资产阶级法律体系的缔造者。当肯特的《美国法释义》出版后，班克罗夫特（G.Bancroft）就指出："现在，我们终于知道了美国法律是什么，我们知道了它是一门科学。"[1] 而肯特和斯托里的理论又是在布莱克斯通的学说的基础上创立起来的，因此，可以说，布莱克斯通也为美国法的形成作出了贡献。

最后，布莱克斯通对英美法学的近代化作出了贡献。

从世界法学发展史角度来说，布莱克斯通的理论有三个重大的意义。

第一，它不满足于仅向法律实务家提供技术性的知识，而是将英国法作为一个发展的统一体看待，将法学从与其他科学分离的状态下解放出来，将其与其他社会科学结合在一起考虑。在这个意义上，布莱克斯通的理论可以说是开创了一门真正学术意义上的法学学科。

第二，在布莱克斯通的时代，普通法已趋于稳定，从基本原则到各项具体制度，都已有充分的研究。这时，赋予法学家的历史使命，就是将普通法予以体系化、定型化。而布莱克斯通的著作恰恰做到了这一点。因此，布莱克斯通的作品为英国普通法定型化并传至后世（包括世界各地）奠定了基础。

第三，就英国私法学而言，在布莱克斯通之前，曾有格兰威尔

---

1 Lawrence M. Friedman, *A History of American Law*, Simon & Schuster, 1973, P.288.

(R.Granville)、布雷克顿、利特尔顿(D.Littleton)及科克(S.Edward Coke)等人的理论，但是，他们的学说基本上还是封建的、旧时代的，因此，尽管格兰威尔关于令状的研究，布雷克顿关于判例的研究，以及利特尔顿和科克关于土地法的研究，曾对英国私法学的发展起了巨大的作用，但对英美私法近代化的贡献比布莱克斯通要小得多，而布莱克斯通在系统总结封建时代私法学成就的基础上，结合18世纪英国资本主义商品经济发展实际，对私法领域的各种问题作了系统阐述，因此，布莱克斯通的著作一出版，就马上受到了资产阶级的广泛欢迎。直至20世纪，布莱克斯通的理论仍为人们所尊崇。[1]

所以，虽然布莱克斯通的法学理论后来受到了边沁等人的批判，但其在英美法学史上的地位仍是不可动摇的，他对英美法的近代化所作出的贡献也是应当充分肯定的。诚如霍茨沃兹所言："正是在布莱克斯通的《英国法释义》和其他著作中所蕴含的成就，使他在英国法律史上获得了一个不朽的地位。"[2]

---

1 Sir William Holdsworth, *A History of English Law*, Vol.XII, Sweet and Maxwell, 1977, p.717.

2 Sir William Holdsworth, *A History of English Law*, Vol.XII, Sweet and Maxwell, 1977, p.709.

22

贝卡里亚 (Beccaria)

1738—1794

在法律思想家中很少有比切萨雷·贝卡里亚侯爵更懒惰的人了。切萨雷·贝卡里亚是意大利刑法学家，古典刑事学派的创始人和最重要代表人物。他出身于米兰的一个没落贵族家庭。其家族原先在帕维亚，据说曾获得过对那里的统治权，18 世纪初被授予侯爵称号。贝卡里亚的祖母去世时留下了丰厚的遗产，依靠遗产和父亲的俸禄，他出生后一直过着丰裕的生活。这也养成了他懒惰、软弱的性格。

贝卡里亚 8 岁时进入帕尔马的一所耶稣会学校读书，在那里他首次展现了自己在数理课程方面的天赋和非凡的想象力，同学们都称他为“小牛顿”。8 年后，他进入帕维亚大学攻读法律专业，于 1758 年获得法学学士学位。毕业后他回到米兰，并于 1764 年发表了代表作《论犯罪与刑罚》。1768 年 11 月，贝卡里亚被奥地利政府授予米兰宫廷学校经济贸易教授的职位，1771 年 4 月被任命为米兰公共经济最高委员会委员，1791 年成为伦巴第刑事立法改革委员会的成员。1794 年，贝卡里亚因中风在米兰家中去世。

在贝卡里亚的一生中，尤其是前半生，有一个人对他影响很大，他就是民主主义者、经济学家彼得罗·韦里（Pietro Verri）。

贝卡里亚毕业后在米兰无所事事，感到厌烦，但他又受到当时启蒙思想的激励，于是参加了韦里在其家中成立的一个激进讨论小团体——猛击。猛击社团的成员都是一些风华正茂的青年人，他们中许多是伏尔泰和狄德罗的信徒，并自认为是北意大利的百科全书派。猛击社团的成员阅读了大量卢梭、孟德斯鸠、伏尔泰、休谟等启蒙思想家的作品，并每晚聚会进行激烈的讨论。贝卡里亚很佩服韦里，却又不接受他的观点。猛击社团的活动对贝卡里亚的思想启蒙和视野扩展起着十分重要的作用，正如他在一封信中所说的“我皈依哲学是在 5 年之前，即当我阅读《波斯人信札》之时……读狄德罗的著作给我以触动和启发，休谟深刻的形而上学对我来说是个启迪，它使我的精神境界得到升华”[1]。

1761 年 2 月，贝卡里亚在几经动摇后，违抗父命与出身于军人家庭的漂亮姑娘、17 岁的特雷莎·布拉斯克结婚。由于贝卡里亚是长子，他的结婚不仅导致了与父母关系的破裂，从而失去家庭的经济支持，而且意味着他将丧失继承权。贝卡里亚不惜付出如此巨大的代价与特雷莎结婚，可见他们相爱甚深，这也是贝卡

1 ［意］贝卡里亚著：《论犯罪与刑罚》，黄风译，中国大百科全书出版社 1993 年版，第 111—137 页。

里亚一生中难得的几次勇敢行为之一。但婚后一年，小家庭便债台高筑、处境艰难。这时，韦里伸出了援助之手，帮助贝卡里亚与父母消释前嫌、重归于好，使他免除了经济之忧，得以专注于学术研究。

1762 年，根据韦里的建议，贝卡里亚撰写了《论米兰公国 1762 年货币混乱及其救治》，这是他的处女作。该书的发表使贝卡里亚在学术界崭露头角。在这本书中，贝卡里亚对当时困扰米兰经济学家和金融专家的焦点问题——米兰汇率投机活动猖獗提出了自己的见解。他通过考察各种货币的含金量，设计了一个以含金量为基础计算货币价值的数学公式，并且根据公式计算出各种货币之间的比价，充分展现了他的数学才能和独特的视角。但由于没有考虑到在不同的国家和不同的造币厂里货币的含金量存在差异并时常变化，贝卡里亚计算出的比价不够准确。尽管存在这一失误，贝卡里亚方案的思路仍受到了金融界的肯定和重视，并引起了学术界和行政当局的兴趣和注意。1763 年，米兰出台的一些金融改革措施在某种程度上采纳了贝卡里亚的建议。

当时在猛击社团里，每个成员都要研究和掌握某一特定主题，每晚轮流作报告。贝卡里亚选择的是刑法，但他并没有认真钻研。韦里认为贝卡里亚“有丰富的想象力……是位有造诣的代数学家、优秀诗人，有独辟蹊径的头脑，只要懒惰和灰心丧气不抑制他”[1]，

1 [意] 贝卡里亚著：《论犯罪与刑罚》，黄风译，中国大百科全书出版社 1993 年版，第 113 页。

所以将他们经常讨论的议题——对刑事立法的批判这一“最适合雄辩和富有想象力的人的题目”交给他写。在朋友的几经催促下，他开始动笔。

贝卡里亚虽然毕业于法律专业，但对当时的刑事制度没有直接和深刻的了解。在这方面给他以重要帮助的是韦里的弟弟亚历山德罗，亚历山德罗曾担任过当时授予贵族人员的荣誉职务“囚犯保护人”，因此对当时刑事法律制度中的黑暗情况了如指掌。在韦里兄弟尤其是韦里的不断鼓励和帮助下，贝卡里亚终于在1764年完成了令他的同伴震惊的不朽名著《论犯罪与刑罚》。所以，与其说这本书是他自愿写成的，还不如说是被逼出来的。《论犯罪与刑罚》一书使贝卡里亚从一个名不见经传、生性懒惰的贵族迈进了法学家的行列。

《论犯罪与刑罚》是贝卡里亚最有影响力的一部著作。在这部著作中，贝卡里亚抨击了封建社会以罪刑擅断、司法专横为主要特征的刑法制度，依据人性论和功利主义的哲学观点分析了犯罪与刑罚的基本特征，并以18世纪法国启蒙思想家卢梭的社会契约论为基石提出了以下观点：(1) 颁布法律的权力只属于根据社会契约联合起来的整个社会的代表即立法者，只有实施法律禁止的行为才能称作犯罪，而且只有法律才能规定刑罚。(2) 刑事法官无权解释刑事法律，他们唯一的使命就是判定公民的行为是否符合成文法律。(3) 衡量犯罪轻重的标尺不是犯罪意图，也不是受害者的地位或罪孽的深重，而是社会遭受到的危害程度。(4) 犯罪人的刑罚应当与其所犯的罪行相适应；犯罪人不论社会地位如何，同样的罪行应当受到同样的惩罚。(5) 刑罚的目的不是报复，而仅仅在于“阻止罪犯再重新侵害公民，并规诫其他人不要重蹈覆辙”[1]，即预防犯罪。(6) 为了较好地达到预防的目的，对犯罪人应当采用温和的，然而是不可避免的刑罚。因为对于犯罪最强有力的约束力量不是刑罚的严酷性，而是刑罚的必定性和延续性，“滥施极刑从来没有使人改恶从善”[2]。同时，法律规定应当清晰明了，使人们容易理解，才能切实实现预防犯罪的目的。

以上就是后来为现代刑法制度所确认的三大刑法原则：罪刑法定原则、罪刑相适应原则和刑罚人道化原则。此外，作者还呼吁废除刑讯和死刑，实行无罪推定。

贝卡里亚在《论犯罪与刑罚》一书中振聋发聩的论述，立即引起了宗教和保守势力的惊慌，他们对贝卡里亚进行了严厉的指控。面对这些指控，贝卡里亚害怕了，他表白说：“我希望做人类的保卫者，但不愿为此做殉道者。”[3]这时候又是韦里兄弟挺身而出帮助他，反击对他的指控。后来在当时米兰行政首脑卡尔洛·费尔米安（Carlo Firmian）伯爵的保护下，贝卡里亚没有遭受到宗教迫害。

但《论犯罪与刑罚》一书带给贝卡里亚更多的是赞扬和荣誉。伯尔尼的爱国者协会在尚不知道作者是谁的情况下就作出决定，

---

1 [意] 贝卡里亚著：《论犯罪与刑罚》，黄风译，中国大百科全书出版社 1993 年版，第 42 页。
2 [意] 贝卡里亚著：《论犯罪与刑罚》，黄风译，中国大百科全书出版社 1993 年版，第 45 页。
3 [意] 贝卡里亚著：《论犯罪与刑罚》，黄风译，中国大百科全书出版社 1993 年版，第 111—137 页。

向作者授予金质奖章，赞扬他是一位“敢于为保卫人类，反对最根深蒂固的偏见而呐喊的公民”[1]。法国启蒙思想家伏尔泰对此书赞赏有加，两人由此开始有了书信往来；法国百科全书派的思想家还盛情邀请他访问巴黎；甚至于俄国女皇叶卡捷琳娜二世因此书而邀请贝卡里亚到俄国帮助编纂俄国新刑法典。

由于贝卡里亚毕业后一直没有合适的职业，对于来自巴黎的邀请，他的父亲表现出了极大的热情，认为这对贝卡里亚的前程将大有裨益，所以不惜为此举债。1766 年 10 月，贝卡里亚在亚历山德罗的陪伴下前往巴黎。在巴黎，贝卡里亚受到了热烈的欢迎，无论走到哪里，都是人们注意和颂扬的中心。法国百科全书派的领袖狄德罗及达兰贝尔、莫雷莱等都对他大加赞扬。然而，贝卡里亚对这次难得的机会似乎并不重视，仅一周时间，他对妻子和家人的思念就发展到快要发疯的地步，他写信给妻子，决定尽快返回米兰，并向父母谎称身体不佳，以此作为提前返回米兰的借口。尽管韦里写信鼓励他并劝他多留些日子，而且还请求他的妻子说服他，但一切都无济于事，贝卡里亚不顾任何劝说和反对，于 12 月 12 日返回米兰。

贝卡里亚巴黎之行的种种表现使韦里兄弟对他十分失望和不满，他们的关系开始恶化。巴黎之行是贝卡里亚第一次出远门，也是他唯一的一次，这次远行在他心里造成了巨大的阴影。对他

1 ［意］贝卡里亚著：《论犯罪与刑罚》，黄风译，中国大百科全书出版社 1993 年版，第 111—137 页。

的表现，人们众说纷纭，有褒有贬。在刑法史上几乎与他齐名的刑事人类学鼻祖切萨雷·龙勃罗梭按照自己的理论作出了一种有趣的解释：每个天才都同时是一个精神病人，他在某一方面所表现出的超常才能往往是以另一方面能力低下为代价的，贝卡里亚就是实例之一。

1769 年，31 岁的贝卡里亚踌躇满志地登上米兰宫廷学校的讲台，翻开了他独立生活的第一页。贝卡里亚主持的是经济学讲座，这是奥地利女皇玛丽亚·特雷莎专门为其设立的，对于想在经济界和金融界发展的人来说，这门课是必修课。在首讲式上，贝卡里亚回顾了人类文明的发展历史，强调了各门学科之间的内在联系，并指出："把自己局限在自己学科范围内，忽略相似和相邻学科的人，在自己的学科中绝不会是伟大的和杰出的。一个广阔的大网联结着所有真理，这些真理越是狭窄，越受到局限，就越是易于变化，越不确定，越是混乱；而当他扩展到一个较为广阔的领域并上升到较高的着眼点时，真理就越简明、越伟大、越确定。"[1] 这段话是他的座右铭，也是他成功的经验总结。

第一讲获得了巨大的成功，他的讲稿也很快被译成法文和英文发表。贝卡里亚备课认真，他的课是学校最受欢迎的课程之一。他讲课基本上是按照教案，他的保护人费尔米安伯爵希

---

1 ［意］贝卡里亚著：《论犯罪与刑罚》，黄风译，中国大百科全书出版社 1993 年版，第 111—137 页。

望他能将自己的教案整理一下以便出书，并多次敦促他，而他却懒得着手，一拖再拖，直到他去世后，他的手稿才由他的一位学生整理成书。

1789年，贝卡里亚从经济界回到法律界，主管警察、法庭、监狱和管教所，负责社会治安的维护和刑事法律的制定，开始真正将其刑法思想付诸实践。1790年，贝卡里亚辖区内的科莫市发生了一系列失业工人的抗议示威，警察出面镇压，逮捕了一些示威者，但局势仍不断恶化。贝卡里亚亲自赶赴科莫市研究对策。他力排众议，反对用镇压手段解决问题，也反对将闹事的工人强制充军，认为这样做无助于从根本上改善局势。他主张对失业者给予救济，鼓励各种工业和当地手工业的发展，创建一个比较稳固的经济基础。他提出的这些策略在实践中取得了积极的成果。

1791年，奥地利皇帝利奥波德二世任命贝卡里亚为伦巴第刑事立法改革委员会委员，将他推到了刑事立法的第一线。然而此时的贝卡里亚已进入暮年，虽想一展自己的抱负，但心有余而力不足，他只留下了一些书面的咨询意见，其中关于刑事立法的有《对政治犯罪的简略思考》(1791)、《论无期徒刑计划》(1791)、《改善被判刑人的命运》(1789—1791)、《论管教所》(1791)和《对死刑的表态》(1792)。其中，在《对政治犯罪的简略思考》和《对死刑的表态》中，贝卡里亚充分阐发了自己的刑法思想。

在《对政治犯罪的简略思考》中，贝卡里亚认为，应当把那些本性在于直接破坏社会关系的犯罪，同那些只是间接损害社会的违法行为区别开来，前一类行为为“罪恶的犯罪”，后一类行为为“政治犯罪”。他认为，政治犯罪不是以恶意为前提，而是以自愿造成的损害为前提；他们并不直接破坏社会，也不侵犯自然法；是简单的过错而不是欺诈。在政治犯罪中，应当特别注意个人的条件，“因为，棍棒可以矫正卖苦力的人，而对贵族、诚实的商人和一切文明的人却是一种侮辱和毁灭，并使他们的家庭蒙受最悲惨的耻辱”，[1]这种刑罚不再同犯罪相对称，而是大大超过了它。

在《对死刑的表态》中，贝卡里亚认为，除非在十分需要的情况下，不应当规定死刑。因为：（1）当死刑不是必需时，它是非正义的；（2）死刑的效果不如富有持续公开性的终身刑；（3）死刑是不可挽回的。在安定的社会状态中，在正常的司法管理下，根本就不需要死刑。死刑只在这种情况下适用，即阴谋颠覆国家的罪犯，尽管被监禁并严加看守，但由于他的国内关系或国外关系，仍会继续扰乱社会并使之处于危险之中，除此以外，都不应适用死刑。死刑只是在消灭罪犯上最为干脆，而在打击罪犯上却不是适宜的。[2]而且，再明智公正的法官，也不可能绝对排除对量刑事实的认定发生偏差，误判死刑的情况总是难免的，

1 ［意］贝卡里亚著：《论犯罪与刑罚》，黄风译，中国大百科全书出版社 1993 年版，第 111—137 页。

2 马克昌主编：《近代西方刑法学说史略》，中国检察出版社 1996 年版，第 56 页。

但也无法补救。

贝卡里亚一生充满了矛盾：他可以用笔勇敢而激昂地对暴政进行控诉，然而却不愿为他的激进思想付出代价；他的思想独特于与他同时代的人，而他的生活、行为却与大多数人保持同步。尽管如此，我们谁都无法否认贝卡里亚对刑法思想的巨大贡献，他毕竟是以现代启蒙思想系统论述犯罪与刑罚问题的第一位思想家。他的著作就像是在黑夜中发出的声音，试图唤醒人们内心本该具有的丰富情感；他的刑法思想虽然有这样或那样的缺陷，但它体现着历史的发展和文明的进步，对欧洲乃至全世界的刑法改革都产生了重大的影响。他的贡献是不可磨灭的，正如韦里在他去世后对他所作的评价：贝卡里亚是“第一位敢于指出社会科学重大问题的天才”[1]。

---

1 ［意］贝卡里亚著：《论犯罪与刑罚》，黄风译，中国大百科全书出版社 1993 年版，第 111—137 页。

23

斯托威尔 (Stowell)

1745—1836

在英国法律史上，兄弟两人在法律界同时取得杰出成就的只有一例，那就是斯托威尔勋爵和他的弟弟埃尔登勋爵 (Lord Eldon)。哥哥善于提供法律意见，弟弟擅长法庭辩护；哥哥是著名的法学家，弟弟成了知名的政治人物；弟弟在他生活的年代比哥哥享有更高的知名度，哥哥则在法律史上比弟弟享有更高的声望。

斯托威尔比他的弟弟年长6岁，在1745生于纽卡斯尔 (Newcastle)[1]附近的城市达勒姆 (Dutham)[2]，他的母亲为了逃避政治骚乱，在他出生之前不久从纽卡斯尔移居达勒姆。他的父亲在纽卡斯尔港从事运输工作。[3]

1762年，斯托威尔进入中殿律师会馆 (Middle Temple) 学习。

1 英国英格兰东北部港市，位于泰恩河 (Tyne) 畔。
2 英国英格兰北部城市，达勒姆郡的首府，位于泰恩河附近。
3 Sir John Macdonell and Edward Manson edite, *Great Jurists of the World*, Little, Brown and Company, 1914, p.517.

1774 年，他被授予讲授古代史的“卡姆登教授”(Camden Professor) 职位。之后，他在牛津取得了民法博士学位，并开始在法院工作。[1] 在他的求学生涯中，斯托威尔掌握了丰富的罗马法和古典文化知识，这些知识使他的表达清晰准确、优雅生动，为他做一名出色的法官奠定了坚实的基础。

斯托威尔一生从没放弃过对文学的追求，他是英国著名作家约翰逊博士的好朋友，并且还是约翰逊负责的一个著名文学协会的会员。

斯托威尔在青年时代就立志做一名律师，1780 年他 35 岁时终于如愿以偿，成为教会法院和海事法院的法律顾问，同时进入律师界。他那熠熠生辉的法律智慧、无可匹敌的清晰书面表达、对罗马法及其发展历史的深刻理解和熟练掌握，加之他个人关于运输事务的经验，使他的工作取得了巨大的成功。

1788 年，他成了教会法院的法官和法律总顾问。1798 年，他被任命为海事最高法院的法官，他的弟弟也被任命为副检察长。1790 年，他成为英国下议院的议员，但他在政治领域并没有太大影响，他的精力几乎都花费在审判工作中，他也因出色的审判工作而在英国历史上享有崇高的声誉。

1821 年，斯托威尔辞去了教会法院法官的职务，但继续担任海事法院的法官工作直到 1827 年，那时他已 82 岁高龄。1836 年，

---

1 [英] 约翰·麦克唐奈、爱德华·曼森主编：《世界上伟大的法学家》，何勤华、屈文生等译，上海人民出版社 2017 年版，第 408—409 页。

斯托威尔与世长辞，享年 91 岁。他去世时留下了多达 25 万英镑的个人财产和为数可观的房产。据说斯托威尔一生节俭到吝啬的地步，一位注意到他赴宴时总比在家吃饭时喝酒更多的人士评论他“会喝干别人给的每一滴酒”[1]。

斯托威尔判决体现出他对每一个案件问题实质准确无误的把握和理解能力，以及他把抽象的法律准确运用于复杂的案件的才智。当时英国几乎没有法官能像斯托威尔那样把哲学理念运用到审判实践中，他轻视诡辩和不顾实际情况的纯法律推理，他对每一个具体案件的细微区别都建立在具体法律原则之上，他作出的判决依据充分、逻辑严谨。在审理案件时，他首先参照相关的民法和教会法提出该类案件所依据的原则，然后用他渊博的法律知识对先前类似的判例进行分析、比较，而后敏锐、清晰地剖析该案的法律事实和证据，最后适用他已经作过详细阐述的法律对案件作出判决。[2]

虽然斯托威尔在他自己有权裁量的领域非常乐于主张公正，但他从不让模糊不清的人道因素影响他对具体法律的严格执行，他在对一个案件的判决中写道：“人道是法院的第二美德，毫无疑问，公正是法院的第一美德。”[3]虽然他在对一桩关于黑人奴隶身份

1 Sir John Macdonell and Edward Manson edite, *Great Jurists of the World*, Little, Brown and Company, 1914, pp.518–521.

2 Sir John Macdonell and Edward Manson edite, *Great Jurists of the World*, Little, Brown and Company, 1914, pp.522–523.

3 Sir John Macdonell and Edward Manson edite, *Great Jurists of the World*, Little, Brown and Company, 1914, p.524.

的案件的判决中认为，一个临时居住在英国的未解放的黑奴，其奴隶身份暂时中止，但并不消失，一旦该黑奴自愿回到没有废除奴隶制的国家，其奴隶身份依然存在，但实际上斯托威尔本人非常讨厌奴隶制的继续存在。正因为他从不让个人好恶影响他的判决，所以即使是战争年代，他也从未因民族利益和民族情结而偏离法律。虽然曾有舆论指责他对待战争中的中立国有失公正，但与其说他由于民族偏见对中立国有失公允，不如说是当时他必须实施的法律对中立国过于苛刻。毕竟，斯托威尔任海事法院法官的时代，正是拿破仑利用中立国打击英国商业，英国为民族生存而战的年代[1]。

在斯托威尔一生经历的没完没了的战争岁月里，大量的战时捕获物有待通过捕获诉讼（prize action）决定其归属，斯托威尔的法律才华得到了淋漓尽致的发挥，他用他的智慧处理着形形色色的国际法特别是战时捕获物方面的法律问题，仅在1806年他就作出2206个令状和判决，他的许多判决不仅成了英国著名的判例，也成了世界许多其他国家处理国际法律问题的依据，斯托威尔在法律审判实践中谱写了英国的捕获法（Prize Law）。

玛利亚案是斯托威尔审理的一个典型案例。玛利亚号是由战舰护卫的一队瑞典商船中的一艘，航行至英格兰海域时，该船被英国巡洋舰发现，当时作为交战国的英国怀疑该船运载援助敌国

---

1 Sir John Macdonell and Edward Manson edite, *Great Jurists of the World*, Little, Brown and Company, 1914, pp.524–525.

物品，意欲登船检查，瑞典商船以武装中立（Armed Neutrality）原则为理由拒绝检查。该案的焦点问题是交战国是否有权搜查中立国的可疑船只。对于该案，斯托威尔首先从捕获物法庭的性质论起，他认为“虽然设立在交战国的法庭根据公认的国际法和国际惯例审理案件，但法律本身并不代表公正。抛开眼前利益和特殊的民族利益，平等对待任何国家——不管它是交战国还是中立国，不偏不倚地适用法律、作出公正平等的判决是海事法院法官的天职”。接着，他提出了对本案的意见，他坚持认为根据国际法和国际惯例，交战国有权搜查中立国的船只，以防止中立国给敌国提供援助，从而更好地自我防卫。通过这个案例，他彻底摈弃了那种以武装中立原则为依据，认为由战船护航的船只不受检查的不严谨的观点。[1]

虽然 1908 年的《伦敦宣言》（*The Declaration of London*）的确提议终止对由战舰护送的中立国船只例行的检查权，但斯托威尔在上述判决中建立起来的基本原则，在很长的一段时间里，在国际上具有非常大的影响。

弗拉德·奥恩案是斯托威尔的另一经典判例。一艘法国武装民船把一艘英国捕获船带到卑尔根[2]，在那里，由法国领事对这艘英国捕获船进行裁判。斯托威尔认为这种裁判是无效的，因为捕获

1 Sir John Macdonell and Edward Manson edite, *Great Jurists of the World*, Little, Brown and Company, 1914, pp.525–526.

2 挪威西南部港市。

物法院处理的是国际纠纷，审判机构的设置必须遵守国际法和国际惯例，而法国的这种行为违背了国际惯例。

连续航行 (continuous voyage) 是斯托威尔在玛利亚 3 号案和威廉 2 号案中提出的一项重要的国际法原则。在拿破仑战争[1]时期，美国商船为了避开从法国和荷兰的殖民地运载货物的禁令，习惯于先把货物托运到中立国港口，然后再转运到欧洲。通过上述两个案例，斯托威尔彻底制止了美国商船的这种逃避行为。斯托威尔坚持认为，法院不看假象，只恪守事实。如果这些货物事实上运往敌国，或者从敌国的殖民地运出，那么，不管它名义上托运到哪个中立国港口，或者从哪个中立国港口运出，这些货物都应予以没收。"真理并非总是可以辨明的，可是真理一旦被发现，我们就应该遵从……"斯托威尔确立的连续航行原则不仅在当时具有重大的影响，在现代社会中也扮演着重要的角色。[2]

斯托威尔的经典判例不胜枚举，他的这些判例及其体现的原则构筑了英国捕获法大厦的基石，他和美国的国际法专家马歇尔 (Marshall) 一起创立了盎格鲁-撒克逊的捕获法，他们是国际法领域的民族之光和世界之光。

1 1799 年至 1815 年法国在拿破仑一世的率领下与英国、普鲁士、俄国、奥地利之间进行的一系列战争。

2 Sir John Macdonell and Edward Manson edite, *Great Jurists of the World*, Little, Brown and Company, 1914, p.529–530.

24

边沁（Bentham）

1748—1832

杰里米·边沁，1748年2月15日出生于英国伦敦，他来自一个律师家庭，父亲和祖父都是律师。边沁天资聪慧，12岁就进入牛津大学女王学院，在当时被誉为“神童”。1763年，边沁进入林肯法学院，并在高等法院中做见习生。1766年获文学硕士学位。生性腼腆的边沁大学毕业后无意从事律师工作，而是醉心于法律理论的研究，而他父亲给他留下的丰厚遗产也为其提供了从事研究所需的物质条件。

1776年边沁发表了著名的《政府片论》，批判了布莱克斯通的《英国法释义》一书。1785年至1787年，边沁游历欧洲大陆期间撰写了名为《为高利贷辩护》的短论。1780年完成《道德与立法原理导论》，但直到1789年才将其发表。1825年边沁还出资兴办《威斯敏斯特评论》，晚年在助手的帮助下完成了《司法证据原理》一书。《论一般法律》（一译《法律总论》）1783年就已完成，但边沁一直未发表，直到1946年书稿才被辨识发现。边沁的大部分论著被收入《边沁文集》中。[1]

边沁的全部法学理论都建立于功利主义哲学思想之上，他虽然不是功利主义的发明人，但却是功利主义的积极倡导者和捍卫者，功利主义受到重视与他不无关系。

边沁之前的西方法哲学领域，古典自然法学派占据了主导地位，自然状态、自然法、自然权利是流行话语。但自然法理论遭遇到很多困难，如自然状态存在的真实性，签订社会契约的真实性，前人签订契约的合法性并不能充分证明后代遵守契约的合法性等。事实上，作为工业革命发源地的英国，资产阶级已经不满足于所谓自然权利，那是停留于纸面上的“应然”的权利，他们需要的是看得见、摸得着的“实然”的权利。边沁就是代表了他们的利益和观点，不满足于抽象的自然法，而要以“最大多数人的最大幸福”为原则开拓法哲学研究的新领域。

“最大多数人的最大幸福”有时被边沁称为“最大幸福”原理，实质就是功利原理，边沁在《道德与立法原理导论》中给它下了定义：“……按照看来势必增大或减小有关者之幸福的倾向，亦即促进或妨碍此种幸福的倾向，来赞成或非难任何一项行动。”在边沁看来，“避苦求乐”是人的本性，人类的一切行动都是受这一本性主宰的，因此应当将它作为以理性和法律建

---

1 关于边沁更为具体的生平可参阅［英］边沁著《政府片论》，沈叔平等译，商务印书馆1997年版。

造人类福乐大厦的基础。这里的利益和幸福既是指个人的利益和幸福，也是指共同体的利益和幸福，因为共同体是个虚构体，是由那些作为共同体成员的个人组成的，共同体的利益就是成员利益的总和。[1] 以功利原理为出发点，边沁在立法、刑法等方面展开了研究。

在立法问题上，边沁的精力都被用来推动两大改革：改革法律的本质和改革法律的形式。在改革法律本质方面，边沁明确反对自然法理论，认为所谓自然法、理性法，内容不明确，容易使人误入歧途。他批判所谓法律来自契约的约定，强调法律自人类产生以来就有。法律不过是主权者自己的命令或采纳命令的总和，由强制力保证。法律在君主制下是君主的意志，在民主制下是人民（通过议会代表）的意志。而法律的实质内容是人“避苦求乐”的本性。[2] 所以他批评布莱克斯通和洛克的自然法观点。

在改革法律形式方面，边沁对英国庞大繁杂的普通法体系极为不满，力图加以改革，改革的途径就是编纂法典。他认为法典必须满足 4 个条件：（1）它必须是完整的，也就是说，它必须提出十分充分的整套法律，以至无须用注释或判例形式加以补充。（2）在叙述其所包含的法则时，必须使每一句话都达到最大可能的普遍性；换句话说，它必须可以用最少的法则说明全部法律。（3）这些法则必须以严格的逻辑顺序叙述出来。（4）在叙述这些

---

1 ［英］边沁著：《道德与立法原理导论》，时殷弘译，商务印书馆 2000 年版，第 57—58 页。

2 参阅［英］边沁著：《政府片论》，沈叔平等译，商务印书馆 1997 年版。

法则时，必须用严格一致的术语，给这个作品中可能提到的每个事物以唯一的具有准确界定的名词。[1]只要满足这些条件，那么“任何人一打开某卷法典，便可用手指着某条款，说这就是某项法律，那是另一项法律；这是某项法律的开始，那是结束；这是法律的一部分，那是整个法律”[2]。可见，边沁之所以热衷于编纂法典，其目的在于使法律清晰易懂，使当事人、法官甚至立法者本身都能了解法律的既定内容。

边沁没有将自己的工作停留于研究上，他还积极投身于实践。他曾经草拟了宪法、民法、刑法及国会改革要点等。这些努力，虽然未能全部实现，但对英国的立法实践的确产生了巨大的影响。1832 年，英国议会选举制度改革的成功以及对刑法与监狱的改良，1834 年济贫法的变更，1848 年卫生法规的制定，1873 年统一审判制度法的实施以及证据法的改革等，都包含了边沁的理论和心血的结晶。[3]

边沁功利主义法哲学思想集中体现于《道德与立法原理导论》这本著作中，边沁写这本书的最初动机是为英国设计一部刑法典，但正如哈特所言：“……本书并非局限于设计一部刑法典，而是包含着边沁所确信的某些关于人性的基本真理，其研究被他认为是

1 ［英］F. C. 蒙塔古：《编者导言》，载［英］边沁著《政府片论》，沈叔平等译，商务印书馆 1997 年版，第 51 页。

2 Bentham，*Of Law in General*，p.180. 转引自张乃根著《西方法哲学史纲》，中国政法大学出版社 1997 年版，第 191 页。

3 何勤华著：《西方法学史》，中国政法大学出版社 1997 年版，第 315 页。

任何行为领域中立法的必备开端。”[1]

在这本书中，边沁在阐述功利原理本身及相关理论后，详细讨论了“一般人类行动”的构成因素。整个分析细致严谨、丝丝入扣，有很强的逻辑力量。在刑罚部分，他提出了基于功利原理的刑罚论。他认为，任何惩罚都是损害，都是恶，惩罚被允许的唯一理由在于它可能排除某种更大的恶。

边沁认为，在以下四种情况下，惩罚不应该实施：（1）惩罚无理由，即不存在要防止的损害，行为总的说来无害；（2）惩罚必定无效，即不可能起到防止损害的作用；（3）惩罚无益或者说代价过高，即惩罚会造成损害将大于它所防止的损害；（4）惩罚无必要，即损害不需要惩罚便可加以防止或自己停止，也就是说以较小的代价便可使损害停止。[2]

与之相对应，刑罚应当达到以下四个目的：（1）在可能或值得的范围内防止各种罪过，即要设法杜绝任何罪过；（2）在符合行为人意图的罪过当中，刑罚能够将其导向选择害处较小的那项罪过；（3）惩罚必须使已经犯罪的人尽量不去犯更多的罪过；（4）无论惩罚所欲防止的损害是什么，惩罚都要以最小的代价防止。[3]边沁还就如何具体确定刑罚提出了 13 项原则。这些论述即使在今天也值得我们借鉴。

---

1 ［英］H.L.A. 哈特：《导言》，载［英］边沁著《道德与立法原理导论》，时殷弘译，商务印书馆 2000 年版，第 4 页。

2 ［英］边沁著：《道德与立法原理导论》，时殷弘译，商务印书馆 2000 年版，第 216—223 页。

3 ［英］边沁著：《道德与立法原理导论》，时殷弘译，商务印书馆 2000 年版，第 224—225 页。

边沁的理论贡献是多方面的，除了以上所介绍的外，他敏锐地觉察到了法律中的语言哲学问题，提醒人们注意在法律中使用看似中性实质饱含感情色彩的语词。他清醒地认识到，通行的语言不仅未显示出对既定研究至关重要的诸现象之间的异同，而且致使叙述与评价之间界限不明，从而模糊了政治争执中的要害问题。他主张舍弃“激发情感的名称”，在立法中尽量使用中性语言表述。[1] 也基于此，他在文章中尽量用具体细节取代抽象概念，以保证文章意义的准确传达。

由此可见，边沁不仅是功利法学派的鼻祖，同时他的理论也涵盖了分析法学内容，为分析法学的发展开辟了道路，不能不说被誉为分析法学派创始人、边沁的弟子——奥斯丁从他那里汲取了分析理论的营养。实际上，边沁在《道德与立法原理导论》的末注中就已经明确提出“强制性的法律是命令”这样的命题。而这正是分析法学的基本命题。波斯特玛说：“边沁是英美法学史上一位关键性的人物。他第一次对英国的功利主义和法实证主义作出了详细的阐述和论证，并使这两种学说完美地结合在一起。”[2] 这一评价是相当恰当的。

当然，边沁最大的也是最值得人们纪念的理论贡献仍是他的功利法学理论，他本人也信奉功利主义并努力实践之。他于 1832 年去世，他在生命最后历程中的表现正说明了他的人生哲学。他

1 [英] 边沁著：《道德与立法原理导论》，时殷弘译，商务印书馆 2000 年版，第 152—153 页。
2 何勤华著：《西方法学史》，中国政法大学出版社 1997 年版，第 315—316 页。

在弥留之际对守在身边的一位朋友说："我感到快要死了，我们要注意的是必须把痛苦减少到最小限度。不要让任何仆人到房间里来，要让所有的青年人都走开。他们看到这种情景是很难受的；他们在这里也无济于事。我当然不能单独地留在这里，你得留下来看着我，而且只要你一个人看着我。这样就可以使我们的痛苦尽可能减少到最小限度。"[1]

1 ［英］F.C. 蒙塔古：《编者导言》，载［英］边沁著《政府片论》，沈叔平等译，商务印书馆 1997 年版，第 51 页。

25

罗伯斯庇尔（Robespierre）

1758—1794

马克西米利昂·罗伯斯庇尔，1758 年出生，1794 年 7 月 28 日遇难。

罗伯斯庇尔是人们所熟知的激进资产阶级革命的代表，雅各宾党人的杰出领袖，他的革命业绩历来为人们所传颂。但罗伯斯庇尔同时又是一位自然法学派的杰出法学家。他出身于律师世家，在大学专攻法律，毕业后从事律师和检察工作，在雅各宾派专政时期为资产阶级革命的法制建设做了大量工作，对法律理论和实践都有重要贡献。

罗伯斯庇尔自幼即受启蒙思想家影响，尤其尊崇卢梭，对法国革命的风风雨雨非常关注。他是在启蒙思潮的熏陶和革命风雨的洗礼中成长、在 18 世纪法国大革命中叱咤风云的一位革命英雄。他把卢梭等一代启蒙学者的革命理论转变为实践，在吉伦特派断送革命的紧急关头，率领雅各宾派党人拯救了革命。他为法国革命也为世界资产阶级革命做出了不可磨灭的贡献，直至为革命洒尽一腔热血。彻底的法国革命是同他的名字紧密相连地载入史册的，马克思主义者也对他抱有深深的敬意，列宁就由衷地赞誉他为“伟大的资产阶级革命者”。

作为憎恶和坚决反对封建专制的激进资产阶级民主主义者，作为《论人类不平等的起源和基础》《社会契约论》的作者卢梭的学生，罗伯斯庇尔在其短促的一生中，把实现人权作为自己最主要的目标。他在革命过程中所发表的一系列论文和演说，几乎篇篇论及人权。

后人把他从 1783 年到 1794 年遇难前夕发表的论文和演说汇编成《革命法制与审判》论文集，该书比较全面地反映了罗伯斯庇尔的人权思想和法制思想，有学者称该书是“法国《人权宣言》的理论表现”“资产阶级革命的法制宣言”。[1] 罗伯斯庇尔对后世法学的影响也主要体现在他的人权理论和法制理论中。

关于人权，罗伯斯庇尔从天赋人权论出发，认为大自然赋予人类一系列与生俱来的权利，但在专制制度下没有人权可言。“专制制度为了使人们变得谨小慎微和安分守己，认为最好的手段，是使人们成为被动的工具或卑鄙的傀儡。”[2] 在革命后的新制度下，应该全面恢复人的天赋权利。

罗伯斯庇尔的人权体系主要由自由权、平等权、参政权、社会权所构成。在他看来，享有人权就是在这四方面享有天赋的权利。“我们追求的目的是什么呢？这就是和平地享受自由和平等，这就是永恒正

1 周旺生等著：《西方法学名著评介》，辽宁人民出版社 1986 年版，第 138 页。
2 ［法］罗伯斯庇尔著：《革命法制和审判》，赵涵舆译，商务印书馆 1979 年版，第 52 页。

义的王国。这里的法律不是刻在大理石上和石头上，而是铭记在一切人们的心上，甚至铭记在忘却法律的奴隶和否认法律的暴君的心上。”[1]

在各项自由中，罗伯斯庇尔尤其看重财产自由权和出版自由权。财产自由权是财产的所有者可以自由地占有、使用和处置自己财产的权利。它是最基本的人权或公民权，是关系其他所有权利能否实现的关键。“如果贫困这个最严厉的法律迫使人民中最健康的和最众多的那一部分人放弃权利，那么法律对于权利平等的原则表示假仁假义的尊重又有什么意义呢？”[2]他认为，除了思维能力外，表达自己思想的能力，是人有别于其他动物的最可贵之处，要充分表达自己的思想就要有出版自由。在专制制度下，“出版自由是鞭挞专制主义的最可怕的鞭子”[3]。

罗伯斯庇尔非常强调人权与法律的关系。他认为，法律对于确认和保障人权具有重要作用，法律是确认和保障人权的武器，它的制定应是人民自己的事情，一切公民都应有参加制定法律的平等权利，所制定的法律应是人民意志的自由而庄严的表现。法律应以保障人权为己任，法律本身对人权抱何种态度则是区别法律正义与否或有效与否的标志，一切侵害人权的立法都是非正义的、暴戾的，从本质上说都不是法律或不具有法律效力。法律只能禁止对社会有害的行为，规定对社会有益的行为。“公民有权去做民事法律和政治法律所不能禁止的

1 ［法］罗伯斯庇尔著：《革命法制和审判》，赵涵舆译，商务印书馆 1986 年版，第 170 页。
2 ［法］罗伯斯庇尔著：《革命法制和审判》，赵涵舆译，商务印书馆 1979 年版，第 152 页。
3 ［法］罗伯斯庇尔著：《革命法制和审判》，赵涵舆译，商务印书馆 1979 年版，第 51 页。

一切事情；兵士有权去做军事法律所不禁止的一切事情。”[1]

对人权的保护需要整个法律体系发挥作用，但宪法是法律体系中对于保障人权意义最重大的一个法律部门，宪法对人权的保障作用主要体现在确认人民主权原则上。罗伯斯庇尔强调，人权应是法律范围内的人权。“民主国家乃是这样的国家：在那里，主权的人民受自己制定的法律领导，自己去做所能做的一切事情，并借助自己的代表去做自己所不能做的一切事情。”[2]

罗伯斯庇尔关于人权体系、人权与法律、人权与政权、人权与社会的论述贡献了一个资产阶级革命的系统而完整的人权理论体系，是具有划时代意义的法国《人权宣言》的理论表现，是理论化的资产阶级革命的人权宣言。[3]

18 世纪启蒙思想家的法律学说是从理论上为旧法律制度的灭亡和新法律制度的降生提供论据，而罗伯斯庇尔的法律学说则是从理论和实践的结合上解决如何建设一个不同于旧法律制度的新法律制度的问题。它渊源于卢梭等人的学说，主张实现人民主权，实现人民的自由、平等，追求幸福等天赋人权；但更注重实践，其主要内容是谈论如何立法、司法、守法这些法制实践问题，是资产阶级法学世界观发展的新阶段。罗伯斯庇尔希望通过建立一个旨在保护和实现公民的人权、幸福和安宁的繁荣社会。这个社会能否建立，要看它是否建立在秩序、

---

1 ［法］罗伯斯庇尔著：《革命法制和审判》，赵涵舆译，商务印书馆 1979 年版，第 97 页。
2 ［法］罗伯斯庇尔著：《革命法制和审判》，赵涵舆译，商务印书馆 1979 年版，第 171 页。
3 周旺生等著：《西方法学名著评介》，辽宁人民出版社 1986 年版，第 136 页。

正义和理智的坚固基础上，必须有符合秩序、正义和理智的立法。

罗伯斯庇尔认为，法律必须反映人民的利益和要求，是人民意志的自由而庄严的表现，以保护和实现公民的人权、幸福和安宁为出发点和归宿。"在一切自由的国家里，法律应当特别保护社会自由和个人自由，使之不受当权者滥用权力的侵犯。"[1]"人人知道法律的制定是为了保证每一个人自由发挥自己的才能，而不是为了束缚他的才能，法律的力量仅限于禁止每一个人损害别人的权利，而不能禁止他行使自己的权利。"[2]

关于立法，罗伯斯庇尔与卢梭观点不同，卢梭虽然倡导人民主权，却认为人民没有立法资格。罗伯斯庇尔从自己的人民主权学说出发，得出了立法权必须由人民掌握，一切公民都有权参加制定法律和评论法律的结论。他还主张，在立法过程中要有严肃、慎重、科学的态度，法律一经制定和公布就要坚决执行和遵守。"宪法文件与其说是在庄严和尊敬的气氛中，还不如说是在迷信和偶像崇拜的气氛中通过的。"[3]他告诫人民"要在若干时期内忍耐宪法的不完善"，坚信人民"能够在将来和平与协调的环境中消除这种不完善"[4]。这也反映了资产阶级革命在法制建设上的原则性、灵活性和坚决依法办事的原则。

关于司法，罗伯斯庇尔在《革命法制和审判》中提出了一系

1 ［法］罗伯斯庇尔著：《革命法制和审判》，赵涵舆译，商务印书馆 1979 年版，第 139 页。
2 ［法］罗伯斯庇尔著：《革命法制和审判》，赵涵舆译，商务印书馆 1979 年版，第 52 页。
3 ［法］罗伯斯庇尔著：《革命法制和审判》，赵涵舆译，商务印书馆 1979 年版，第 89 页。
4 ［法］罗伯斯庇尔著：《革命法制和审判》，赵涵舆译，商务印书馆 1979 年版，第 94 页。

列资产阶级革命的司法原则，即民主司法原则、法律面前平等原则、罪责自负原则、注重证据和发挥法官能动性相结合原则、人道主义与铁的手腕相统一原则。罗伯斯庇尔认为，司法权也应由人民来掌握，即由受公民委托的公民来担任司法工作。“公民最小的民事利益和金钱利益，都只能由曾受公民委托这种权力的公民来解决。”[1] 他憎恶特权者践踏法律却逍遥法外或只受轻微处罚的不公平世道，坚决主张在法律实施过程中实行人人平等原则。他认为，法律既然是人民的共同意志，它就对一切人都是平等的。

关于法定证据和法官的能动性，罗伯斯庇尔认为，必须用法官的知识和个人信念来补充法律一般预见所不能包括的东西。罗伯斯庇尔认为，不能宁要真理的影子而不要真理本身。他设问道：“如果一个法官承认某人无罪，为他惋惜、为他的命运战栗，可是仍然把他置于死地，难道你们不一想到这种法官内心就感到愤慨吗？法律可以这样侮辱理智、正义和良心吗？”[2]

作为一个人权至上论者，罗伯斯庇尔在强调严格执法、守法时，是始终把执法和守法的范围确定在法律规定的范围内的。他举例说：如果士兵在点名时不到、不受检查、不参加操练、擅离岗位或不服从长官依军事服务规程所下的命令，根据法律他应受惩罚。但如果长官扩大了自己权力的范围，如禁止士兵看望朋友、禁止士兵到法律所不禁止的交际场所去、干涉士兵通信和阅读书

1 [法] 罗伯斯庇尔著：《革命法制和审判》，赵涵舆译，商务印书馆1979年版，第43页。
2 [法] 罗伯斯庇尔著：《革命法制和审判》，赵涵舆译，商务印书馆1979年版，第32页。

报、禁止士兵同某个女人谈话等，那就不是在执行法律。士兵在这种情况下表示反抗或对长官抱以不尊敬的态度，是没有理由认为他不遵守法律的。他完全可以说：在军事勤务之外，我不知道什么是军官。“作为一个兵士，我将服从根据法律来命令我的官长，我将遵守法律规定的一切规则。作为一个自由公民，我要享受法律所保障给我的一切东西，而不服从任何个人的权力。”[1]

在立法权、行政权和司法权的关系上，罗伯斯庇尔也不同于卢梭，而与孟德斯鸠相似。他主张宪法要规定把立法、行政、司法的职能分开执行。他认为立法权是三权中最高的权力，同时三者又各负其责。“被授权颁布法律的机关，要监督受委托来执行这些法律的人。因此，行政当局的代表人必须向立法团报告自己的管理工作。遇有违背职责的情形，立法团不能处罚他们，因为不能让立法团有侵夺行政权的机会，但它可以向那职责在于处理公职人员违职罪行的人民法庭控诉他们。”[2] 罗伯斯庇尔对法律监督问题也很重视，主张把法律监督机构划入立法机构的范围。

关于诉讼制度，罗伯斯庇尔认为，法官不是天使而是可能犯错误的人，绝不能把法官当成抽象的或铁面无私的人物。“明智的立法者应当知道，再没有人比法官更需要立法者进行仔细监督了，因为权势的自豪感是最容易触发人的弱点的东西。”[3] 罗伯斯庇尔主

1 [法] 罗伯斯庇尔著：《革命法制和审判》，赵涵舆译，商务印书馆 1979 年版，第 97—98 页。
2 [法] 罗伯斯庇尔著：《革命法制和审判》，赵涵舆译，商务印书馆 1979 年版，第 149 页。
3 [法] 罗伯斯庇尔著：《革命法制和审判》，赵涵舆译，商务印书馆 1979 年版，第 30 — 31 页。

张实行陪审制度，他指出："陪审制度的重大特点，就是公民是由与他们平等的人们来审判的。它的目的是要使公民受到最公正和最无私的审判，保证他们的权利不受法院专制作风的打击。"[1] 他还提出，陪审制度不仅应在刑事方面采用，也应在民事方面采用。他还以条文形式就如何规定公诉陪审团和刑事判决陪审团的组成、审判程序提出了具体意见。

罗伯斯庇尔在《革命法制和审判》一书中所提出的法制观，像它的主人所领导的雅各宾派专政是 18 世纪资产阶级革命不可逾越的高峰一样，也是同时代各种人物、各种流派的法制观所不可逾越的高峰[2]。

---

1 ［法］罗伯斯庇尔著：《革命法制和审判》，赵涵舆译，商务印书馆 1979 年版，第 33 页。
2 周旺毕等著：《西方法学名著评介》，辽宁人民出版社 1986 年版，第 149 页。

26

费尔巴哈（Feuerbach）

1775—1833

保罗·约翰·安塞姆里特·冯·费尔巴哈是德国著名刑法学家，其第四个儿子就是对马克思产生过重大影响的德国古典哲学家路德维希-费尔巴哈（Ludwig Feuerbach，1804—1872）。

费尔巴哈曾于1805年至1814年任巴伐利亚邦的司法部部长，在担任司法部长职务后，即受命制定一部《巴伐利亚王国刑法典》，该法典于1813年生效，它以对各种犯罪的定义的准确和犯罪分类的精细而著称，与法国1810年的拿破仑《刑法典》一起，曾在几十年内成为欧洲其他国家的刑法典范。1814年至1817年，费尔巴哈任班贝格上诉法院的第二任院长；1817年至1833年，任安斯巴赫上诉法院的第一任院长。

费尔巴哈的主要著作是《德国现行刑法总则教科书》（*Lehrbuch Des Gemeinen in Deutschland Gültigen Peinlichen Rechts*，1810），此外还有《对现行刑法理论与基本概念的反省》（*Revision der Grundsatze und Grundbegriffe des Positiven*

Peinlichen Rechts，1799—1800，两卷）、《引人注目的犯罪心理学》（*Merkwurdige Krirninalpsy Cholcgie*，1808—1811，两卷）等。

作为一位刑法学家，费尔巴哈被称为“近代刑法学之父”。他的刑法学理论主要有以下几个方面：第一，同害报复法。这是建立在亲族原理基础之上的单纯社会的惩罚规范，它是阻碍复杂社会中法律发展的因素。第二，在近代复杂社会中，惩罚规范必须以法律作为其表现形式。罪刑法定主义正是适应这种社会要求，预先向人们宣告什么是犯罪行为，应受何种处罚等，它与同害复仇法是对立的。依据罪刑法定主义，费尔巴哈进一步提出了一般预防的理论。第三，与一般预防理论相联系，费尔巴哈提出了威慑主义刑罚理论。他认为，刑罚是一种威慑手段，对于被判刑者，是一种惩罚；对于社会一般民众，具有威慑作用，迫使他们不去犯罪，以达到一般预防的目的。因此，罪刑法定与刑罚构成了一般预防的有力手段。

在上述刑法理论中，费尔巴哈对后世影响最大的是他的犯罪学思想，即心理强制说（Theorie des Psychokgische Zwangs）[1]。心理强制说又称为平衡说，是费尔巴哈受意大利犯罪学家托马索·纳塔雷的影响而提出的。在这个学说的产生过程中，费尔巴哈也深受康德思想的影响。但是，与康德不同的是，作为一名刑法学家，费尔巴哈严格区分了法律与道德的界限，认为犯罪并不是违反道德的行

1 何勤华著：《西方法学史》，中国政法大学出版社1996年版，第276—277页。

为，而是违反法律的行为；科处刑罚必须以行为为标准，而不应该以行为人为标准。因此，他在《对现行刑法理论与基本概念的反省》一书中，提出了以罪刑法定主义为基础的心理强制说。

费尔巴哈受边沁关于人类有追求快乐和避免痛苦的本能的思想的影响，认为犯罪行为是犯罪人在求乐避苦的动机支配下进行的。当犯罪人在犯罪之际，首先会考虑犯罪行为可能产生的后果；如果认为犯罪行为带来的快乐大于犯罪行为可能导致的痛苦，也就是犯罪行为的后果利大于害时，犯罪人就会实施侵犯他人权利和社会利益的行为；但是，如果认为犯罪行为带来的快乐小于犯罪行为可能导致的痛苦，也就是犯罪行为的后果利小于害时，犯罪人就可能忍受较小的痛苦，抑制自己不去犯罪，以免招致更大的痛苦，因而也就不会实施犯罪行为。因此，预防犯罪的本性方法，就是要让犯罪人知道，他的犯罪行为只能引起利小于害的结果，从心理上强迫个人抑制求乐避苦的本能冲动，防止犯罪行为的产生。

但是，通过什么途径达到对人们产生心理强制作用，从而阻止潜在的犯罪人进行犯罪行为的目的呢？历来的做法都是采取报复性的刑罚，对已经犯罪的人处以严厉的刑罚，以便惩一儆百，使潜在犯罪人的心理受到威慑，不敢进行犯罪行为。费尔巴哈反对这种做法，他认为刑罚不应当是报复性的，刑罚的目的在于保障人们的权利，不能用破坏某人的权利去达到别的目的，不能用判处严酷刑罚的方法产生心理强制作用。因此，费尔巴哈提出，要通过用法律明文规定犯罪与刑罚的方式来实现心理强制作用。

费尔巴哈认为，如果国家制定出明确的刑法，用法律明文规定什么是犯罪和犯罪要受什么样的刑罚处罚，就会使一般人在犯罪之际不得不考虑自己的行为会招致什么样的后果，从而使有关犯罪与刑罚的法律规定本身就能对一般人产生警戒和心理强制作用，阻止人们进行犯罪活动。这样，费尔巴哈就把罪刑法定主义确立为刑法学的原则，并将罪刑法定主义具体化为三个原则：(1) 无法律即无刑罚；(2) 无犯罪即无刑罚；(3) 法律无规定者不是犯罪，也不能处以刑罚。

由此可见，费尔巴哈的心理强制说是以罪刑法定主义为前提的，这种学说防止了滥用刑罚及刑罚过于严酷的现象的产生。

意大利犯罪学家加罗法洛认为，费尔巴哈的心理强制说有三个前提条件：(1) 犯罪人是有预见性的、会权衡利弊的人，他能够精确地估计犯罪会带来的快乐和刑罚会造成的损害；(2) 犯罪人把刑罚看成一种必然的损害，即把刑罚看成犯罪的必然后果；(3) 对遥远的但是必然产生的损害的预见，足以阻止犯罪人获取眼前的快乐和满足暴力性的瞬间的欲望。这可以看作对费尔巴哈的心理强制说的一种比较恰当的概括。由此也可以看出，心理强制实际上是通过刑法规定来激起潜在犯罪人对痛苦或损害的恐惧动机，从而阻止犯罪行为的发生的。

为了发挥刑法（而不是执行刑罚）的一般威慑作用，费尔巴哈还主张审判公开；司法中人人平等，不能以任何借口在司法中搞特殊化。由于费尔巴哈的理论是在综合了英国功利主义、意大利的古典刑罚哲学、法国的启蒙哲学和德国的古典哲学思想的基础上提出的，因此，有人认为，费尔巴哈是近代比较法领域中的先驱者之一。

另外，费尔巴哈还是一个忠诚的学术坚守者，敢于抵抗学术权力。他曾在献给他的同行弗兰茨·冯·李斯特一段小诗中写道：[1]

> 火光，你就像我！
> 在被照亮的高空里，
> 你百年来闪烁致意，
> 这是知己的寄托。

---

1 马相武：《"评奖现象"要上升到群体的高度》，载《社会科学论坛》2000 年第 10 期。

27

萨维尼（Savigny）

1779—1861

弗里德里希·卡尔·冯·萨维尼，1779年2月21日生于法兰克福一个贵族家庭。父辈原是法国阿尔萨斯骑士阶级，17世纪初叶因宗教原因被迫离开故乡，移居德国。但萨维尼并没有沾多少家庭的光，12岁时，他就成了一个孤儿。他父亲的一个朋友，当时任帝国法院的法官纽拉特收养了他。[1] 纽拉特让萨维尼和自己的儿子一起跟他学习法律。萨维尼15岁时，他又让他们学习一些比较深的课程，包括法学概论、自然法、国际法、罗马法、德国法等。通过系统的问答，一些基本的原则和概念都被灌输进了两个孩子的脑中。

1795年，萨维尼16岁时，进入马尔堡大学。在该大学中，他结识了“人文主义法学派”学者维思，并在后者的指导下研究

1 Sir John Macdonell and Edward Manson edite, *Great Jurists of the World*, Little, Brown and Company, 1914, p.562.

《学说汇纂》。1800年，萨维尼以论文《论犯罪观念的竞合》获得马尔堡大学法学博士学位。同年，留校担任讲师，主讲刑法以及乌尔比安《学说汇纂》的最后10册书、继承法、债法、法学方法论和罗马法史[1]。在当时的德国，贵族家庭出身的青年，学习法律之后，一般都步入仕途，像萨维尼这样甘心当一名教师者为数极少。

1803年，萨维尼出版了处女作《论占有》(*Das Recht des Besitzes*)。此书一问世便轰动了西欧法学界，连在大洋彼岸的英国分析法学派代表奥斯丁都为此书所折服。他在《既定的法理学范围》(1832)中，赞誉该书“是所有论述法律的著作中，最完善和最出色的”[2]。该书分为6篇，分别论述了占有的概念、占有的取得和丧失、占有的保护、围绕占有发生的各种财产权利，以及作为一个法律领域占有所涉及的理论问题等。

1804年，萨维尼与布伦塔诺结婚，之后赴海德堡、斯图加特、图宾根、斯特拉斯堡、巴黎等大学的图书馆进行学术访问。通过朋友和学生的帮助，他查阅了大量的原始文献，包括法国“人文主义法学派”的代表居亚斯的极为珍贵的未公开出版的手稿。[3]

1810年，柏林大学建立，萨维尼应邀担任法律学教授，一直到1842年退休。他在柏林大学讲授《学说汇纂》、继承法、乌尔

---

1 Sir John Macdonell and Edward Manson edite, *Great Jurists of the World*, Little, Brown and Company, 1914, p.563.

2 Sir John Macdonell and Edward Manson edite, *Great Jurists of the World*, Little, Brown and Company, 1914, p.568.

3 Sir John Macdonell and Edward Manson edite, *Great Jurists of the World*, Little, Brown and Company, 1914, p.571.

比安和盖尤斯的理论及《普鲁士邦法》。1812 年，萨维尼出任柏林大学校长（是年他才 33 岁）。在他培养的学生中，有霍尔威格、克兰兹、鲁道夫和普赫塔等。其中，普赫塔最为有名。

1813 年，伴随着拿破仑帝国的衰落，德国学者雷布格发表文章，提倡摆脱拿破仑的统治，从《法国民法典》的支配下解放出来，重新回到传统的日耳曼法中去。1814 年，德国自然法学家、海德堡大学教授蒂鲍特发表了《论德意志统一民法典的必要性》一文，对雷布格的论点进行了尖锐的批判，强调在德国制定一部像《法国民法典》那样的统一的民法典的重要性。对此，萨维尼发表了《论立法与法学的当代使命》（*Vom Beruf unserer Zeit für Gesetzgebung und Rechtswissenschaft*）的著名论文。他在这篇长文中，既批判了雷布格的“复古”和“倒退”倾向，也反对蒂鲍特的“盲目”和“急进”。萨维尼认为，雷布格对《法国民法典》的批判和法的形成源自民族传统的观点是正确的，但试图恢复旧的制度则是不正确的。另外，蒂鲍特对当时立法形势的分析，以及基于这种分析而提出的要确保法的稳定性的观点是正确的，但要求立即制定一部统一的德国民法典的观点则不能苟同，因为当时的德国还不具备制定统一法典的条件。这些条件就是立法者和法学家必须对历史上的法进行深入的研究，必须具备渊博的法律知识。在不具备这种条件时，立法者和法学家的使命就是对德国历史上的法律渊源进行深入的研究。在这个观点的支配下，1815 年，萨维尼与艾希霍恩等共同创办了《历史法学杂志》。

事实上，萨维尼与蒂鲍特的争论包含了更为深刻的历史和社会因素。美国学者弗里德曼在评价这场争论时曾作了如下论述："在法典化这一实践问题的背后，存在着理性对传统、历史对革新、人的创造的有意图的行动对制度的有机的成长这一更为重大的问题。"[1]

1815 年至 1831 年，萨维尼出版了《中世纪罗马法史》（*Geschichte des Römischen Rechts im Mittelalter*，6 卷。第 2 版 7 卷，1834—1851）。在该书中，萨维尼将中世纪罗马法史分为两个时期，即 11 世纪末博洛尼亚大学"注释法学派"成立前和成立后两个时期。在前两卷中，他对前一个时期罗马法律渊源，包括在勃艮第、德意志、英国、东哥特、意大利、伦巴第等王国和地区的罗马法作了论述，时间起点为 5 世纪。在第 3 卷中，萨维尼收集整理了"注释法学派"之后各种关于罗马法的原始文献资料，其中有一章还对中世纪欧洲各个大学的法律教育作了专题论述。这一卷的时间跨度为 12 世纪至中世纪末。第 4 卷之后，萨维尼对"注释法学派"以后的各位著名法学家，如该学派的创始人伊尔内留斯及该学派的代表阿佐、"评论法学派"的代表人物巴尔多鲁及法国"人文主义法学派"的代表居亚斯等的著作作了总结和整理。萨维尼在本书中提供的资料，直至今日仍然是极为珍贵的。

1840 年至 1849 年，萨维尼出版了经典作品《现代罗马法的体

---

1 Wolfgang Friedmann，*Legal Theory*，Columbia University Press，1967，P.210.

系》(*System des Heutigen Römischen Rechts*，8 卷)。1851 年至 1853 年，他又出版以作为该书分论(或者说是续编)的《债权法》(*Obligationenrecht*，两卷)，进一步构造了一个现代民法学的体系(尽管这个体系尚未完成，但基本点都已有了)。

萨维尼的法学理论，或者说他作为 19 世纪历史法学派的代表，其主要观点，基本上体现在他的上述著作中，包括法的产生、法的本质、法的基础、法源理论等方面。

关于法的产生，萨维尼认为："法律只能是土生土长和几乎是盲目地发展，不能通过正式理性的立法手段来创建。"[1] 他指出："一个民族的法律制度，像艺术和音乐一样，都是他们的文化的自然体现，不能从外部强加给他们。""在任何地方，法律都是由内部的力量推动的，而不是由立法者的专断意志推动。"[2]"法律如同语言一样，没有绝对停息的时候，它同其他的民族意识一样，总是在运动和发展中。……法律随着民族的成长而成长，随着民族的壮大而壮大，当这一民族丧失其个性时，法便趋于消逝。"[3]

萨维尼认为，法的这种产生也不是毫无规律可言的，它的发展分为几个阶段。第一阶段，法直接存在于民族的共同意识之中，并表现为习惯法。第二阶段，法表现在法学家的意识中，出现了学术法。此时，法具有两重性质：一方面，是民族生活的一部分；另一方面，又是法学家手中一门特殊的科学。当然，能够促使该

1 张宏生主编：《西方法律思想史》，北京大学出版社 1983 年版，第 369 页。
2 张宏生主编：《西方法律思想史》，北京大学出版社 1983 年版，第 369 页。
3 张宏生主编：《西方法律思想史》，北京大学出版社 1983 年版，第 369 页。

阶段法发展的法学家，必须是那种具有敏锐的历史眼光，又有渊博知识的人，而这样的法学家在德国还很少，所以当时德国还未具备开展统一立法的条件。第三阶段，编纂法典。但即使是到了此阶段，也要谨慎立法。从当前的眼光来看，萨维尼的这种观点，既有保守的地方，也有不少精辟的见解，不能全盘否定。

关于法的本质，萨维尼认为，法并不是立法者有意创制的，而是世代相传的“民族精神”的体现；只有“民族精神”或“民族共同意识”，才是实在法的真正创造者。在《现代罗马法的体系》中，萨维尼指出，法律的存在与民族的存在及民族的特征是有机联系在一起的。在人类“历史的早期阶段，法律已经有了该民族独存的固有的特征，就如同它们的语言、风俗和建筑有自己的特征一样。不仅如此，这些现象并不是孤立存在的，它们不过是自然地不可分割地联系在一起的、具有个性的个别民族的独特的才能和意向。把它们连接为一体的是民族的共同信念和具有内在必然性的共同意识”[1]。而这种共同意识，就是各个民族的不同个性。法律就是反映了一个民族的共同意识和信念。

萨维尼最后得出结论：法的真正发展动力乃是民族精神，人的意志绝不能参加法的发展过程。立法者不能修改法律，正如他们不能修改语言和文法一样。立法者的任务只是帮助人们揭示了“民族精神”，发现了“民族意识”中已经存在的东西。

1　张宏生主编：《西方法律思想史》，北京大学出版社 1983 年版，第 371 页。

关于法的基础，萨维尼认为，法的基础就是习惯法。他指出，法的最好来源不是立法，而是习惯，只有在人民中活着的法才是唯一合理的法；习惯法是最有生命力的，其地位远远超过立法；只有习惯法最容易达到法律规范的固定性和明确性。它是体现民族意识的最好的法律。

萨维尼的这一观点，将历史法学派关于习惯法的观点发挥到了极致。该学派的创始人胡果曾认为，法律并不是法的唯一渊源，在一切国家里，法不仅是立法的结果，而且是在立法者活动范围以外形成的。应当说，胡果的这一观点是正确的，它既是对当时法国学术界不承认习惯法的法源地位之观点的一种批判，也符合历史事实。但萨维尼认为习惯法是法的基础却是走了极端，因为习惯法是法的基础的状况只是法律发展的某一阶段，即古代成文法出现以前的现象。在大规模开展编纂法典的近代社会，这种观点就不科学了（当然，萨维尼关于习惯法的论述包含了许多真理的成分）。[1]

关于法源理论，萨维尼首先对什么是法源作了阐述。他认为："一般的法的成立原因、法律制度的成立原因以及通过对法律制度进行抽象而形成的一个个法规的成立原因，就被称为'法源'(Rechtsquellen)。""这个概念，具有两种比较相近的要素，因此，也必须防止这两种要素的混同。"[2]

1 何勤华著：《西方法学史》，中国政法大学出版社 1996 年版，第 211 页。
2 [德] 萨维尼著：《现代罗马法的体系》，[日] 小桥一郎译，成文堂 1993 年版，第 1 卷，第 39—40 页。

这两种要素极容易混同的情况就是："第一，一个个法律关系也有其成立原因，由于法律关系与法规（法律制度）比较相近，所以，法律关系的成立原因和法规的成立原因很容易混同。"[1]比如，要列举某项法律关系的各项条件时，存在某种法规及与此法规相应的事实，即承认契约的法律和已经缔结的契约本身，都可以被列进去。但它们的条件是不一样的，都有各自的特定条件，如果将契约和法律都列为法源，就会造成概念的混乱。"第二，另一种是名称的混同，即法源与法律学的历史渊源的混同。"[2]

属于法律学的历史性渊源的要素，是应当成为汲取法律事实的知识的源泉的事项。因此，这两者的概念彼此是独立的。即使它们有时重合，也完全是偶然的。比如，查士丁尼《学说汇纂》就具有这种双重的性质。它作为《国法大全》的组成部分，作为查士丁尼的法律，在当时是帝国的法律渊源；之后通过继受，成为德国中世纪后期的法律渊源；而最后，作为一种法律经典文献，是现代法律学的渊源。但在大多数情况下，法律渊源与法律学渊源并非一回事。许多历史上的法律文献在当时是有效的，是施行着的法律渊源，但之后便失去效力，仅仅成为法律学的渊源。

在对法源的含义作出说明以后，萨维尼进一步对一般的法的成立原因是什么，即法源存在于何处等作了阐述。这里，萨维尼

1 ［德］萨维尼著：《现代罗马法的体系》，［日］小桥一郎译，成文堂1993年版，第1卷，第39—40页。

2 ［德］萨维尼著：《现代罗马法的体系》，［日］小桥一郎译，成文堂1993年版，第1卷，第39—40页。

提出了为后世所广泛论证（有拥护也有反对）的命题，同时也是历史法学派的核心命题：法是民族精神的体现，法源自民族精神。

萨维尼指出，一般的法或实际通用的法，从其性质上来说，可称为"实定法"(Positives Recht)。由于"在民族的共通意识中，生存着实定法，因此，我们称实定法为民族法(Volksrecht)"[1]。但决定这种法的要素，并不是民族中某些人或某个人的恣意，而是整个民族的意识。"是所有个人中共通生存着的、活动着的民族精神(Volksgeist)产生出了实定法。因此，实定法对每个人的意识而言，不是偶然的，而是必然的，是一种同一的法。"[2]人们对这种法的确信，"在民族中生活的时间越长，在民族中扎根就越深"[3]。

萨维尼指出，按照上述对实定法本质的理解，现代罗马法的法源主要包括三大类：法律（立法）、习惯法和学问法。这种现代罗马法，就是由中世纪后期复兴，并成为德国等西欧国家的普通法的《国法大全》。它影响了近代社会的法律生活，也促进了一系列近代法典的出台。

法源问题，在私法学上，早就引起了学者的高度重视。在古罗马著名法学家盖尤斯的作品中，对法源就曾作过详细的论述。盖尤斯指出："罗马国民的法（市民法）由法律、平民会议决议、元

---

1 ［德］萨维尼著：《现代罗马法的体系》，［日］小桥一郎译，成文堂1993年版，第1卷，第42页。

2 ［德］萨维尼著：《现代罗马法的体系》，［日］小桥一郎译，成文堂1993年版，第1卷，第39—40页。

3 ［德］萨维尼著：《现代罗马法的体系》，［日］小桥一郎译，成文堂1993年版，第1卷，第43页。

老院决议、皇帝的敕令、拥有告示发布权的官员发布的告示和学者的解答构成。”[1] 但是，在盖尤斯的理论中，是不承认习惯法的法源地位的。中世纪“注释法学派”在注释、解明《国法大全》时，也同样涉及法源问题，主流派伊尔内留斯也不承认习惯法是法律渊源[2]。1804 年《法国民法典》颁布实施后，各种注释作品大量出现，法源问题也成为民法学界争论的一个重要问题。然而，在法典神圣、法典至上主义的影响下，[3] 19 世纪上半叶的法国民法学家如蒲鲁东、土劳伦、德谟伦伯几乎无一例外地否认习惯法的法源地位。正是在这种历史背景下，萨维尼在创作《现代罗马法的体系》这部巨著、构造现代民法学的体系时，将法源作为第一个问题提出来予以详细阐述。这既是为他的“法是民族精神的体现，研究、探讨法的精神和本质必须从古代历史上的民族习惯入手”的理论提供论证，也是对法德两国法学界在这个问题上的困惑作出自己的回答[4]。

---

1 （古罗马）盖尤斯著：《法学阶梯》，[日] 船田享二译，日本评论社 1943 年版，第 59 页。

2 Ernst Andersen, *The Renaissance of Legal Science After the Middle Ages*, Copenhagen, 1974, p.20.

3 [日] 野田良之：《注释学派与自由法》，载《法哲学讲座》第 3 卷，有斐阁 1956 年版，第 214—215 页；[日] 福井永二郎编译：《法兰西法学的诸相》，日本评论社 1943 年版，第 11 页。

4 萨维尼上述四个方面的观点，一般认为是历史法学派的基本主张。顺便说一下，关于历史法学派的评价，我国学术界已有不少论述（尽管其中有些观点笔者不敢苟同），故这里仅补充如下一个观点。即，虽然人们一般认为，历史法学派是作为一种对自然法的反动的思潮登上历史舞台（历史法学派自己最初也是这么认为的），但现在越来越多的学者认识到，历史法学派只是在一些理论观点和主张上与自然法学说相左，但在本质上是一样的，它仅仅在自然法的内容上加上了人文主义、国民意识等内容，使其更为丰富，更加适应社会的现实。尤其是在历史法学派的孕育下诞生的“潘德克吞法学”，（转下页）

《世界上伟大的法学家》(*Great Jurists of the World*) 一书的作者在评价萨维尼时，曾说了这么一段话：萨维尼对法律史的贡献是不可估量的。“甚至在他去世后半个世纪的今天，指明他的著作在法律发展史上、他在世界上的伟大法学家中间的地位仍然非常困难。”这位许多世纪人类法律活动成果的收藏者，对各种前人的法律研究成就作出详细阐述的先驱者，他对社会科学领域的贡献，或许很容易被人们轻视或过高评价。“就我而言，我认为他是法学界的牛顿或达尔文，他的成就与这两位伟大人物相类似。他通过对法的现象的了解，发现了(如同牛顿发现了)一个现象的世界，并且以穿透黑夜、引导人们呼唤法的精神的文艺复兴的勇气来努力研究它。”不管怎么说，“萨维尼把文艺复兴的阳光带进了法学，这是可以肯定的。他告诉我们，法自身属于法 (law，这里也可译为‘规律’‘法则’)，它不是立法者的意志的任意表述，而是服从宇宙(发展的客观)进程”[1]。

(接上页) 其体系和概念，大都属于自然法学。参阅 Franz Wieacker，*Privatrechtsgesehichte der Neuzeit unter Besonderer Berucksichtigung der Deutsehen Entwicklung*.Gottingen，1952。[日] 铃木禄弥译：《近世私法史》，创文社 1978 年版，第 465 页。我们认为，历史法学派和近代自然法学都以罗马法作为自己的历史基础，都适应资本主义生产方式和资产阶级的统治需要而产生，因此，虽然历史法学派在形成之初，是作为一种对自然法的否定而出现，但随着其与资本主义的同步发展，它在基本点上与自然法越来越接近，也是一种历史的必然。关于萨维尼学说中的其他重要理论，如法律解释理论、法律关系理论等，可参阅何勤华著《西方法学史》，中国政法大学出版社 1996 年版，第 246—250 页。

1 Sir John Macdonell and Edward Manson edite，*Great Jurists of the World*，Little，Brown and Company，1914，p.586.

28

奥斯丁 (Austin)

1790—1859

约翰·奥斯丁是英国19世纪著名的法哲学家，是分析法学派的创始人。他于1790年3月3日生于东英格兰索夫克郡一个富有的磨坊主家庭，16岁时应征入伍，当过陆军军官，在军中共服役5年。虽然5年时间不是很长，但是这段经历对他性格的形成产生了重要的影响。

奥斯丁在1812年退役后攻读法律，并于1818年取得律师资格。1820年，他和塞拉·泰勒结婚后移居伦敦皇后广场附近。在那里，他结识了著名的功利主义学派创始人杰里米·边沁、自由主义法学家约翰·斯图尔特·密尔之父詹姆斯·密尔等人。由于经常和他们交流探讨，奥斯丁很快受到了边沁功利主义法学思想的影响，成为其忠实的信徒。

1826年，伦敦大学成立。1827年7月，37岁的奥斯丁被聘为伦敦大学首任法理学教授。他一接手法理学课程，立即着手准备赶赴德国进修。对毫无德语基础的奥斯丁来说，学习德语显得更为急迫。在此他抓紧时间学习德语，并且在留德之前已有些小成就。到了德国，他与妻儿定居于波恩，那里居住着尼尔布尔、布兰第斯、斯勒格尔、安德特、威尔克、马克尔德及黑弗特等著名人物，他们在那里一直住到 1828 年春天才返回伦敦大学。

幸运的是，在普鲁士，他结识了德国著名法学家萨维尼，并在他的指导下学习罗马法。由于当时欧洲历史法学派的最重要代表是萨维尼，而边沁又是功利主义法学派的创始人，所以与这些人密切交往的经历对奥斯丁日后学术生涯的影响很大。他后来形成的一套实证分析法学理论清楚地表明他充分地吸收了边沁的实证主义法学与罗马法中蕴含的法哲学。

1828 年，奥斯丁返回伦敦大学。由于身体状况不佳和课程本身的难度，他立即开课的愿望落空，直到 1829 年底才如愿以偿，而且这门课总共只开了 4 次就于 1833 年 6 月停止。但是，这门课程吸引了包括边沁学术圈的主要代表，以及后来成为英国著名政治家、法学家的一批杰出的学生。然而，让他失望的是，这门课未被认为是当时法律研究中的必要分支，1835 年他失望地辞了职。

除了参加教学活动外，奥斯丁还积极参与法律实践。1833 年，他被大法官布劳汉任命为第一刑法委员会的委员。但是这个工作让他感到失望。奥斯丁厌恶该委员会的无所事事，不久以后就提出了辞职。经过这几番挫折，满腹经纶的他变得牢骚满腹。同时，学术上的一些磨难使他逐渐认定，作为一个法理学教授的未来是毫无希望的。这对这个法理学的创始人来说不啻是莫大的打击。

到了 1834 年，奥斯丁被要求为内殿律师学院开一门关于法理学的课程。按理说，这对郁郁寡欢的他来说应该是个不错的机会，然而，命运对他似乎一直不是很关照。由于健康状况始终不容乐观，他没能登上律师学院的讲台。

1836 年，他又作为专员之一参加了对马耳他事务及其行政活动的调查。此外，在 1833 年到 1834 年之间，他一直是皇家刑法和诉讼法委员会的成员。

奥斯丁一生著述不多，但是影响很大。1832 年他出版了《既定的法理学范围》(*The Province of Jurisprudence Detemained*)，将其上课讲稿的前 10 部分压缩成 6 章。但是，同他的课程一样，奥斯丁的学说在生前一直得不到法学界主流的承认。直到亨利·梅因讲授法理学，并在讲授中强调奥斯丁对法律术语的含义与适用法律研究的重要性时，才引起了人们对奥斯丁法律演讲的兴趣。在这种情况下，奥斯丁的遗孀在朋友的建议下，负责编辑出版奥斯丁的全部授课讲义，约翰·斯图尔特·密尔作为自始至终听取奥斯丁授课的学生，也参与了编辑工作，并贡献了极有价值的原始讲义笔记。编辑尚未完成，奥斯丁夫人就在 1867 年与世长辞。最后，奥斯丁的《法学讲演录》(*Lectures on Jurisprudence*) 一书由其生前好友、著名律师罗伯特·坎贝尔完成编辑，并于 1869 年问世。

《法学讲演录》主要内容包括三个部分。第一部分是“基本定义”，由第 1—27 章构成，分成三个主题。第 1—6 章是“既定的法理学范围”，第 7—11 章是“一般和特殊的法理学”，第 12—27 章是“基本概念的分析”。第二部分是“与渊源有关的法律、法律开始与结束的方式”，由第 28—39 章构成。这一部分除了对历史上教会法、罗马法及英国本土的衡平法等进行论述外，主要分成两个主题，即“立法机关制定的成文法”和“司法机关指定的不成文法”。第三部分是“与目标有关的法律，与法律密切相关的主体”，由第 40—57 章构成，主要是关于“人法”和“物法”。

作为功利主义法学派的门生、边沁的得意弟子，奥斯丁在哲学观上是一个不折不扣的功利主义者。但是在研究方法上，他一手创建了分析法学派，将分析研究方法引入法学领域。因此，他的法学成就具有鲜明的继承性和明显的开创性。他的法学理论主要包括以下几个方面。

首先，奥斯丁在理论上的主要贡献是创建了法理学这门课。他认为应当把法律分为“应当是这样的法律”和“实际上是这样的法律”。对此，奥斯丁严格确定了法理学的研究对象和任务。他认为法理学的研究对象是“实际上是这样的法律”，即实在法。他认为法理学的任务不是研究实在法本身的各个具体问题，而是分析研究实在法的共同的基本特点和统一的概念。因此，他反对将判断法律的善恶纳入法理学的研究范围，因为这实际上不是法理学应该关心的，而是涉及价值判断的伦理学所应当研究的。从实在的法律观出发，奥斯丁仅仅注重对实定法的逻辑分析，而忽视了法律发展的历史过程。因此，他对以往流行的古典自然法学派的观点大加批评和驳斥。

其次，奥斯丁的法哲学基础是功利主义。他通过对罗马法、英国法和德国法的研究分析，提出人类法律的共同原则就是功利。国家和法律的起源并不是像 18 世纪占主导地位的自然法学派学说所说的那样的社会契约，而是基于人类的功利心理。奥斯丁从功利主义出发，认为立法的最高目的是为最大多数人谋求最大量的幸福，而一个至高无上的政府的崇高意图或目的便是最大可能地促进人类的幸福。

最后，对法律的本质，奥斯丁提出了自己的观点。他认为任何法律或规则（在最大意义上可以称为严格的法律）都是命令。他将法定义为掌握主权者发出的命令，如果不服从就要受到制裁。虽然涉及一个表述时的语气问题，但是法的实质是以惩戒为后盾的，这一点是其区别于其他事物的特征。从这一点出发，奥斯丁认为，凡是具有惩戒为后盾的命令都是严格意义上的法。因此，根据法的本质，我们可以得出法包含了义务（对劣势者而言）、权利（对优势者而言）和惩戒（不服从义务的结果）三大要素。从这一法的本质出发，就需要认定法律存在前提是必须有一个主权者，由其制定法律。

因此，在奥斯丁的理论里，法律和道德的区别是明显的。虽然说法律的形成和实践会受到道德的影响，但是道德仅仅来自人的观念和习惯（而非来自主权者的命令），而且仅仅是依靠人的内心修养和外在舆论来保证其实施（并不是依靠惩戒）。

奥斯丁还阐明了自己对法的分类的看法。他将法分成四种。

一是神法或上帝法，也可以称为自然法。二是人法，也就是实在法，这是法理学的真正研究对象，因此对奥斯丁来说，人法显得更加重要。人法可以分成三类：法律、法院判例和习惯。三是实在道德或社会规范，这是一种外在靠舆论影响、内在靠个人内心修养来维持其效力的法。四是隐喻性的法，实际上是指自然界的规律。在这四者之中，显而易见，奥斯丁最重视的是第二种。

此外，德国之行使奥斯丁的学说受到了历史法学派的影响，他对实在法的逻辑分析，尤其是对英国法的分析，实际上是引入了历史法学派的研究方法。因此，在他的《法学讲演录》对权利与义务的分析，对自由、损害、刑罚、赔偿的分析，对契约和准契约的分析，以及对事权和人权的论述中，都可以看到德国历史法学派的痕迹。

总的来看，奥斯丁在学术上是继承了边沁的功利主义法哲学，并且参考了历史法学派的学说，但在研究方法上又有所创新，建立了法理学这一学科。他把法律（主权者的命令）、法律研究即法理学（实在法分析）、法律的共同原则（功利）贯穿起来，形成一个系统完整、逻辑严密的法学理论，使得法学从古典自然法学的不确定状态中解脱出来，变为明确实在的实证分析研究的法理学，这对法学史的发展是具有进步意义的。

29

耶林（Jhering）

1818—1892

鲁道夫·冯·耶林，与萨维尼等齐名，是19世纪西欧最伟大的法学家之一，也是新功利主义（目的）法学派的创始人。其思想不仅对西欧，而且对全世界都产生了巨大的影响。

耶林于1818年8月22日生于德意志北部的一个小镇上，父亲是一位律师。耶林先后在柏林洪堡大学、海德堡大学、慕尼黑大学、哥廷根大学等接受法律教育。1843年，在柏林大学通过论文审查，取得教授资格，开始讲授罗马法。随后，历任巴塞尔大学（1845）、罗斯托克大学（1846）、基尔大学（1849）、吉森大学（1852）的教授。1872年，赴哥廷根大学任教，并一直工作到去世[1]。

耶林的主要作品有《罗马法的精神》（*Geist des Römischen Rechts*，全4册，1852—1863）、《为权利而斗争》（*Kampf ums Recht*，1872）、《法的目的》（*Des*

1 Sir John Macdonell and Edward Manson edite, *Great Jurists of the World*, Little, Brown and Company, 1914, p.591.

Zweck im Recht，全 2 卷，1877—1884）。他对世界法律的发展与进步的贡献，也集中在这三本书中。

《罗马法的精神》是耶林早期的主要著作。在该书中，耶林首先批判了历史法学派关于“法的素材源自存在于国民自身和其历史之间最深层的本质中”的观点，认为应从正面来认识法的继受和同化的可能性。他关心的是通过对罗马法的历史进行批判的检讨，将罗马法中“不变并且普遍的要素”从“变化的、纯粹是罗马的要素”中抽出来，作为各文明国家共通的法的原理。耶林的这种立场，明白无误地表明了 19 世纪下半叶在经济上已经强大起来的德国资产阶级的自主意识。

西方学术界认为，《罗马法的精神》是耶林著作中“最有价值、最有独创性的作品，它是以广博的知识写成的，充满了独到的见解”[1]。尤其是耶林在该书中对罗马法的精神（“不变并且普遍的要素”）的表述，对制定法的重要地位的强调，对法的技术价值的肯定和分析，以及关于权利的定义等，后来都成了他创立的新功利主义法学的基础性内容。在某种意义上，《罗马法的精神》也是对孟德斯鸠《论法的精神》一书中的基本思想的继承和展开。

《法的目的》是对《罗马法的精神》提出的论点作进一步展开的作品，在该书中，耶林首先对在物质世界起作用的原因和在人的意志中起作用的目的之间的区别作了阐述。他指出，在形式上，

1　Sir John Macdonell and Edward Manson edite, *Great Jurists of the World*, Little, Brown and Company, 1914, p.593.

没有无原因的行为，反之也一样，没有无目的的行为。接着，他又对人的目的和动机作了研究，这种目的和动机形成两个大的系列——个人的和社会的。个人对社会行为的利己动机有两种——报答（Lohn）和强制（Zwang）；社会动机也有两种——义务的观念和爱的观念。最后，耶林对这些动机的具体内容作了详细的分析[1]。在第2卷中，耶林论述了道德问题，包括目的论和道德的理论，以及礼貌、谦恭等问题。

通过《法的目的》一书，耶林既为他关于法的定义即法是国家权力通过外部强制手段来保证其实现的最广义的社会生活条件的总和进一步提供了理论基础[2]，也为克服只重视逻辑、形式和概念的潘德克吞法学（《学说汇纂》解释学，也称概念法学）的缺陷，强调个人利益和社会利益相结合的新功利主义法学出台创造了条件：目的是法的创造者，而目的就是利益，利益又有个人的和社会的，两者不可偏废等。这些思想，对以后的社会学法学的勃兴也产生了重大影响。

《为权利而斗争》是耶林为在德国普及法律（权利）意识而写的一部通俗性著作，但其中阐述的权利论则具有重大的理论价值[3]。在该书中，他首先阐明了为权利而斗争的意义。耶林认为："权利等

1 Sir John Macdonell and Edward Manson edite, *Great Jurists of the World*, Little, Brown and Company, 1914, p.595.

2 《中国大百科全书・法学》，中国大百科全书出版社 1984 年版，第 692 页。

3 《为权利而斗争》已出中译本（胡宝海译，载梁慧星主编《民商法论丛》第 2 卷，法律出版社 1994 年版），读者可以参阅此译本。

于法的目标是和平，为达到此目标的手段就是斗争。”[1]“这种斗争，从权利被侵害、被剥夺时开始。由于与主张自己权利的权利者的利益相对，社会上还存在着试图无视这种利益的人的利益，因此，个人的权利也好，国民的权利也好，都免不了受侵害的危险。这样，为权利而斗争，无论在法的哪个领域，即从下面的私法，到上面的宪法及国际法等领域，都在反复进行。”[2]

有人认为，权利人有选择权利的自由，也有放弃权利的自由，因此，当权利受到侵害时，可以起诉、斗争，也可以放弃。耶林认为这是一种误解。“针对向人格本身进行挑战的无礼的侵权行为，以及无视权利、侮蔑人格的行为而进行抵抗，是国民的一种义务。……它首先是对权利者自身的义务，因为这是实现法所必要的。”[3]

其次，耶林对权利和法的关系进行了分析。在德文中，权利和法都是用同一个词“Recht”来表述的，人们一般只能根据场合的不同来理解该词表示的是权利还是法。耶林认为，尽管如此，事实上，权利和法毕竟还是有区别的。正因如此，必须搞清两者的关系。一般而言，两者是客观意义上的 Recht（法）和主观意义上的 Recht（权利）的关系。以前，在德国占统治地位的学说认为，法是权利的前提，具体的权利只存在于由抽象的法规规定的满足

---

1 ［德］耶林著：《为权利而斗争》，［日］村上淳一译，岩波书店 1984 年版，第 29 页。
2 ［德］耶林著：《为权利而斗争》，［日］村上淳一译，岩波书店 1984 年版，第 42—43 页。
3 ［德］耶林著：《为权利而斗争》，［日］村上淳一译，岩波书店 1984 年版，第 49 页。

权利存在要件的场合。耶林认为，这是一种片面的观点。因为，还存在相反的关系，即法也是以权利为前提的，如果抽象的法没有权利内涵、不能实行，它就失去了法的生命和本质。宪法是如此，民法和刑法也是如此。罗马法规定，法律如不能实行，就构成了其被废止的原因。而公法与刑法的实行是国家的义务；私法的实行是私人的权利。在前者之场合，法律通过国家机关、官吏履行自己的义务而得以实行；后者则通过私人主张自己的权利而实行。

耶林认为："权利，一方面从法律内获得自己的生命；另一方面，也反过来给予法律以生命。客观的和抽象的法与主观的具体的权利之间的关系，可以比喻为从心脏流出来又流回到心脏的血液循环。"[1] 他指出，保护受攻击的权利不仅是对权利者自身的义务，也是对国家共同体的义务。如前所述，权利者通过保护自己的权利，同时也捍卫了法律；通过捍卫法律，同时也维护了对国家共同体来说不可缺少的秩序。如果这一观点是对的，那么，也可以说权利者作为对国家共同体的义务就是必须保护权利。"在某个国家内，为了弘扬法和正义，光靠法官一直坐在法官席上，警察从事刑事侦破工作是不够的。无论是谁，都必须发挥他们各自的作用，当恣意、侵权这条'九头蛇'一伸出头，任何人都负有踩住它将其碾碎的使命和义务。受到权利这一恩惠的人，都必须为维持法

1 [德] 耶林著：《为权利而斗争》，[日] 村上淳一译，岩波书店 1984 年版，第 81 页。

律的力量和威信而作出各自的贡献。简言之，无论是谁，都应当成为为社会的利益主张权利而生活的战士。”[1]

最后，耶林强调了培养公民的权利感觉的重要性。他指出，权利感觉的培养，要靠持续不断的教育，尤其是社会现实中各种活生生的事例的教育。否则，“即使你把罗马《国法大全》全部背诵下来，也不能说你就知道了权利是什么”[2]。耶林强调：“培养国民的权利感觉的涵养，是对国民进行的政治教育中最高、最重要的课题之一。每个国民健全的、有力量的权利感觉，对国家而言，是自身力量中最丰富的源泉，是对内对外生存独立的最确实的保障。”[3]

《为权利而斗争》一经出版，就迅速被译成匈牙利、希腊、荷兰、罗马尼亚、丹麦、捷克、波兰、西班牙、葡萄牙、瑞典，以及英、法、意、俄、日等国文字。对东方民族来说，《为权利而斗争》一书中包含的思想也尤为珍贵。在我国当前建设社会主义法治国家、普及法律（权利）意识工作中，了解耶林关于权利的思想无疑是非常重要的。

关于耶林的生活趣闻，我们所知甚少。但从日本学者大木雅夫在《关于远东法观念的误解》一文[4]中的描述，我们知道耶林是

---

1 ［德］耶林著：《为权利而斗争》，［日］村上淳一译，岩波书店 1984 年版，第 86 页。
2 ［德］耶林著：《为权利而斗争》，［日］村上淳一译，岩波书店 1984 年版，第 74 页。
3 ［德］耶林著：《为权利而斗争》，［日］村上淳一译，岩波书店 1984 年版，第 108 页。
4 ［日］大木雅夫：《关于远东法观念的误解》，何勤华译，载《儒学与法律文化》，复旦大学出版社 1992 年版。

一位喜欢喝酒、心胸开阔、性格爽朗的学者。这一点，从其在《为权利而斗争》一书中为增强公民的权利意识而大声疾呼也可以体会到。

一般而言，后人对耶林的法学理论都给予了相当高的评价。虽然，耶林的上述代表作中，除《为权利而斗争》外，其他两部均没有完成。《罗马法的精神》写到第3部第1卷（第4册）时就中断了，《法的目的》也只完成了两卷。同时，耶林的法学理论也存在诸多的矛盾和缺陷，比如，在几部著作中有些观点前后矛盾，以及如同耶林自己所承认的那样，在哲学领域，他对某些问题的分析还表明他只是“半瓶子醋”，等等[1]。但耶林关于法学的基本观点，是极富创造力和极为精辟的。“作为一名法学教授，他享有巨大的声誉。他的作品影响更大，发行量超过同时代任何一位法学家的著作。……他被认为是历史法学派中罗马学派的最后一位代表人物。……他是一名学者，又是一名法学家，但他也渴望成为一个哲学家。通过他的论述法学的一些基本问题的作品，如《为权利而斗争》等，他成了19世纪最为知名的学者。”[2]

耶林一生留下了许多闪光的语言，如：“经由罗马法，但高于

---

1 Sir John Macdonell and Edward Manson edite, *Great Jurists of the World*, Little, Brown and Company, 1914, p.595.

2 Sir John Macdonell and Edward Manson edite, *Great Jurists of the World*, Little, Brown and Company, 1914, p.592.

并超过罗马法。”(Through roman law, but above and beyond it.)[1]“目的是一切法律的创造者。”(Der zweck ist der schöpfer des ganzen rechts.)[2]“罗马曾三次征服世界，三次与各个民族结缘。第一次通过它的武力，第二次是宗教，第三次是法律。”[3]这些都将作为人类共同的知识遗产永存于世。

1 Sir John Macdonell and Edward Manson edite, *Great Jurists of the World*, Little, Brown and Company, 1914, p.591.

2 Ibid, p.594.

3 ［日］村上淳一：《耶林》，载［日］伊藤正已编《法学者——人与作品》，日本评论社 1985 年版，第 25 页。

30

梅因（Maine）

1822—1888

亨利·詹姆斯·萨姆那·梅因是19世纪英国著名的法律史学家，历史法学派代表人物。

1822年8月，梅因出生于英格兰累顿近郊，早年在基督慈惠学院就学，之后去剑桥大学彭布鲁克学院学习法律。1847年至1854年间，他在剑桥大学任钦定民法教授，1850年取得律师资格。两年后，他在伦敦的4个律师学院讲授罗马法和法理学。1863年至1869年间，他去印度担任总督府参事室参事和印度事务大臣参事室参事，曾经参加制定英国的地方立法，协助编纂印度法典。回到英国以后担任牛津大学法理学讲座主讲人，牛津大学三一学院院长和惠韦尔讲座国际法教授，直至1888年去世。

梅因的一生除参与教学和从事法律实务之外，绝大部分时间集中精力从事法律史的研究。他对雅利安民族不同支系，特别是罗马人、英国人、爱尔兰人、斯拉夫人和印度人的古代社会的风俗、习惯、法的起源及法律制度进行过深入系统的研究和比较，从而得出了关于法的起源、演变和发展方面较为科学的结论，对后世法学的发展有深远的影响。所以，梅因是近代法律史学科、比较法学科的开拓者。

梅因一生著述颇丰，其主要著作有《古代法》(1861)、《东西方村落共同体》(1871)、《古代法律史》(1875)、《古代法与习惯》(1883)、《平民政府》(1888) 等，其中尤以《古代法》影响最为深远。

梅因的法学理论的形成有其特定的历史背景。他所生活的时代，正是西欧资产阶级夺取政权后巩固统治、对国内外劳动人民加紧剥削的时期。这时资产阶级法律制度的一个重要特点是广泛的立法活动。从 19 世纪初的法国开始，大陆法系各国陆续进行了法典编纂工作；作为普通法系代表的英国，也亟须对传统的普通法和衡平法进行大力改革，以适应资本主义经济关系发展和对内统治的需要；同时对外扩张和进行殖民地统治。梅因的学说思想正是迎合了当时社会的需要，为英国的法律改革和殖民地立法提供了理论依据。

历史法学在 19 世纪处于极盛时期，而到了 20 世纪，这种法学的研究方法基本上融入了其他的法学流派。法律的历史阐释，泛指以历史的观点和历史的方法来研究法律科学。这种研究方法，在亚里士多德、波里比、博丹、孟德斯鸠等人不同时代的著作中都可以见到，但真正形成一个流派、一种有影响力的方法，则是在 19 世纪。

在内容上，一般可区分为德国的历史法学和英国的历史法学。德国历史法学的创始人一般认为是胡果，而典型代表人物则是萨维尼，其《论立法与法学的当代使命》这一小册子的诞生标志着德国历史法学的形成。在这一小册子中，萨维尼提出了完整的历史法学的思想。他认为，法律是历史传统自发发展而成的，是民族精神的体现和产物。法律在本质上，如同一个民族的语言、生活方式和素质一样，在有文字记载的历史初期，就具有一种固定的性质。法律的发展首先表现为习惯和一般理念，然后靠法理学发展而进一步发展，依次经过习惯法、学问法和法典法三个阶段。

英国历史法学的代表人物则为梅因、梅兰特等，梅因受到萨维尼的影响，两人的理论和方法有许多相似之处。他们都有历史的倾向，都重视历史，倾其全力于古代历史的研究，并都重视罗马法的资料挖掘。在梅因看来，早期法律制度有重大作用。他认为，早期法对于法学家来说，正如同地壳对地质学家那样重要，因为它们潜在地包含了以后法律具有的一切东西。但梅因至少在以下两个方面不同于萨维尼，从而使科学的分析代替了抽象的“民族精神”：相信法律的进化；试图用比较的方法研究不同法律制度，发现其共同的东西。

《古代法》一书为梅因众多著述中最具代表性的作品。他的法学理论主要体现在该书之中。在《古代法》一书中，梅因主要在如下几个方面展开论述。

第一，对自然法的评价。梅因认为，古典资产阶级学者声称的自然法虽然内容丰富，但却是未经证实的理论。按照这种理论，人类社会似乎一度存在一种由自然法支配的自然状态，但事实上，这种自然状态是根本不存在的。假设和传播这种自然法理论是极其有害的，它在法国已造成了“无政府混乱状态”（法国大革命）。在批判自然法的同时，梅因对自然法的历史功绩也给予了一定的肯定。他说，自然法从实际效果来讲，它是现代的产物，是罗马万民法的现代化，这是一种不问过去只向将来寻求完美典型的倾向。他进一步指出，这个理论在哲学上虽然有缺陷，但是我们不能因此而忽视其对于人类的重要性。[1]

第二，关于法的历史的比较的研究方法。梅因虽然反对古典自然法的理论，但他的立场和分析法学不同，他强调一种对法的历史的比较的态度。梅因反对霍布斯、边沁和奥斯丁等人关于法是主权者的命令的理论，强调在古代社会，最初的法律属于主权者的命令的极少，当时的行为规范是由许多意见、信仰和成见组成的混合体，即使在文明社会，在有法律的情况下，它也不是主权者的命令，因为命令只是规定一个单独的行为，而法律的内涵则要丰富得多。

梅因通过对历史上不同的法律制度的比较研究，认为法律并不是来自主权者的命令，而是沿着“判决—习惯法—法典”这样的顺序产生的。在早期社会，通行的是氏族首领和国王作出的判决，它是法律的萌芽。随着社会的进步，贵族掌握了政权。他们掌握了解

1 ［英］梅因著：《古代法》，沈景一译，商务印书馆 1959 年版，第 43 页。

决社会纠纷的各种原则，这就是习惯法，这已是法律了。成文法典出现以后，法律便进入了自觉的发展阶段，开始成熟。法律以后的发展，都是为了填补变化着的社会与僵化了的法典之间的裂缝。

梅因关于法律的发展理论虽不十分科学，但基本上勾勒了法的表现形式的发展历史，尤其是他对法典进而对立法的重视，以及他创立的法的历史的比较的研究方法，对法学的发展是有很大贡献的。

第三，从契约发展过程概括出的人类社会运动的规律。梅因认为，契约是人类社会的基本要素，没有一个社会不包括契约的概念，契约只是表现形式和发展程度不同而已。梅因认为，契约是当事人之间要约与承诺的结果，它最初表现为协议、合约，当其受到法律规制以后，这种协议、合约便成为契约，契约当事人之间也就产生了债的关系。梅因认为，契约是人类进步的标志，人类社会的进步运动，就是“一个从身份到契约的运动”。

梅因揭示的这一规律虽然是形式上的，并不完全科学，因为身份也好，契约也好，都是受人们的物质生活条件决定的，但他的论述指出了一直到资本主义社会为止的人类社会法律发展史的一个侧面，阐明了人类从奴隶社会、封建社会的家族、集体或等级束缚下解放出来，过渡到自由的（当然是形式上的）资本主义社会的历史进步意义。

31

龙勃罗梭（Lombroso）

1835—1909

切萨雷·龙勃罗梭是意大利精神病学家、犯罪学家、实证主义犯罪学派的创始人和主要代表人物。龙勃罗梭是犯罪学史上最重要的开拓性研究者之一，被国外一些犯罪学家称为“犯罪学之父”“近代犯罪学之父”“生物实证主义学派的创建之父”等[1]。

1835年11月6日，龙勃罗梭在意大利北部城市维罗纳的一个犹太人家庭呱呱坠地。龙勃罗梭的第一声啼哭并没有表明他是一个天生的犯罪学家，父母更期望在家里诞生一个医生，这也正是幼年龙勃罗梭的志向。因此，青年龙勃罗梭选择专业时毅然选择了医学。1852年至1856年间，龙勃罗梭先后在帕维亚大学、维也纳大学攻读医学，学成后于1859年开始当军医，后来又在帕维亚精神病院当过院长。他一生主要的职务是长期在都灵大学担

1　陈兴良：《基因的奴隶——龙勃罗梭论》，载《比较法研究》1994年第1期。

任教授，如1876年任法医学和公共卫生学教授，1896年任精神病学教授，1906年任刑事人类学教授，以及主持该校犯罪人类学讲座。1909年10月19日，龙勃罗梭在都灵突然去世[1]。

龙勃罗梭的一生从未专修过法学，与其说他是社会科学家，毋宁说是一位自然科学家，他终生工作于手术台、实验室和医疗所，死后也把自己的遗体捐献给了学校的法医实验室，把自己的大脑捐献给了解剖学院。而他对犯罪的研究起因于一件偶然的事，犯罪学灵感来自对意大利最著名的土匪头子莱维拉的尸体解剖。

1870年12月的一天，龙勃罗梭打开莱维拉尸体的头颅，突然他的眼睛一亮，发现莱维拉颅骨所在的部位有一个明显的凹陷。龙勃罗梭称其为“枕骨中窝”，它的位置如同低等动物一样，恰恰在枕骨的正中间，与鸟类中所谓小脑蚯蚓部肥大相当。返祖遗传！这个念头像一道闪电划过龙勃罗梭的脑海，这一瞬间宣告了犯罪人类学的诞生，也引导着龙勃罗梭往犯罪学的道路上发展，并成为享誉世界的“犯罪学之父”[2]。

从总体上说，龙勃罗梭在犯罪学方面的兴趣与活动大致按以下顺序发展：首先，当他在意大利军队中担任军医时，发现了士兵的不良品行和行为。他意识到，一些品行不良的士兵在身体的许多部位都有淫秽下流的文身图案。文身后来成为龙勃罗梭识别生来犯罪人的主要特征之一。其次，将身体测量方法应用于对精

1 蒋恩慈、储有德著：《西方法学家生平与学说评介》，广西人民出版社1983年版，第112页。
2 陈兴良：《基因的奴隶——龙勃罗梭论》，载《比较法研究》1994年第1期。

神病人的研究，因为龙勃罗梭不满意当时的精神病学的理论和实践。这方面的研究使他得出了调查研究的中心是精神病人而不是精神病的结论。再次，将这些身体和心理方面的研究方法应用于对罪犯的研究，即研究犯罪人与精神病人的差别与相似之处。最后，直接将犯罪人与正常人、精神病人进行比较和分析研究。[1]从而，龙勃罗梭完成了从医学家到法学家的转型。

龙勃罗梭一生著述颇丰，在犯罪学方面，主要有以下著作：《天才与精神错乱》(1864)、《自杀及犯罪中的恋爱》(1881)、《监狱笔记》(1888)、《法律及犯罪人类学中的政治犯与革命》(1890)、《精神病及犯罪人类学最近的发现及其适用》(1893)、《女性犯罪人、卖淫者及普通妇女》(1893)、《古代与近代的犯罪》(1902)、《法律精神病学鉴定》(1905)、《法律精神病学的诊断方法》(1905) 等。值得注意的是，龙勃罗梭在犯罪学方面的研究之精华全部集中在一部著作中，即《犯罪人论》，该书于1876年初版后，至1897年先后再版过5次，这本著作也使龙勃罗梭闻名于世。而该著作每次再版的过程，也是龙勃罗梭修正、完善学说的过程，直到最后成型。

犯罪原因论是龙勃罗梭犯罪学思想的核心，是最体现龙勃罗梭作为自然科学家和犯罪学家的天才想象力的一个方面，也是给龙勃罗梭招致无数抨击与责难的原因所在。龙勃罗梭对犯罪原因的认识有个变化的过程。最初，他在接受达尔文进化论思想的基

1 [意] 切萨雷·龙勃罗梭著：《犯罪人论》，黄风译，中国法制出版社2000年版，第6页。

础上，把“遗传”作为犯罪的原因，从而得出了“隔世遗传”的概念。他认为，犯罪人的特殊形态与性质是与生俱来的，这种形态、性质是他的祖先具备，但到现在退化了的。也就是说，某些现代人的体质和精神状态回复到原始人或低于人类的种型的一种返祖现象。而由于生理及心理状态又回到了人类进化论的原始阶段，这些“亚种人”的行为方式与性情必定要背离现代社会的道德观念与规范，也就更容易导致犯罪。[1]

但是，随着研究的深入和别人的影响与批评，龙勃罗梭逐渐认识到自然因素和社会因素对犯罪的产生所起到的作用，因而开始研究犯罪的自然原因和社会原因。自然原因方面，在其晚年的著作《犯罪及其原因和矫治》一书中有一定的论述。在该书中，龙勃罗梭主要从气温等方面阐述了它们对犯罪的影响。在他看来，极端的炎热会造成人们的懒惰，使人们容易使用麻醉品，沉溺于宗教式的苦思冥想，喜欢做夸大的幻想，这些都会助长无政府主义的倾向。同样，寒冷也与犯罪有关，在寒冷的国家，人们性格倔强、暴躁，对衣食住等的需求较为强烈，这种情况也会助长犯罪的产生。此外，龙勃罗梭还引证大量资料，论述了月份、季节、炎热的年份、地热构造、疟疾发病率、甲状腺地区死亡率及种族、性别、年龄、遗传对犯罪的影响。

在犯罪社会原因的探求方面，龙勃罗梭也一直没有放弃。在

---

1 黄俊平：《龙勃罗梭及其刑法思想述评》，载《法律科学》1997 年第 3 期。

他进行的实证研究里包含了大量的对犯罪的社会环境因素的考察，也日益认识到社会因素在犯罪原因里的重要性。他从文明、财富、贫困、人口疏密、食品的价格、性别、移民、气象与气候等许多角度来考察它们对犯罪的影响。其中最多的是分析家庭出身对犯罪的影响。龙勃罗梭认为，私生子、孤儿和有缺陷及不道德的父母的人容易犯罪。这一点似乎被各国的实际情况证明是正确的。

在龙勃罗梭犯罪人类学出现之前的犯罪古典学派对犯罪进行分类的根据是行为所体现出来的特征，而犯罪人类学派则更着眼于犯罪人的生物学的特征。他把以遗传、癫痫和退化为原因的犯罪人分别称为“天生犯罪人”“癫痫犯罪人”和“精神病犯罪人”。除此之外，龙勃罗梭在后期还研究了一些与机体因素关系不大或者全无关系的其他犯罪人类型。总的来说，龙勃罗梭将犯罪人分为以下几类。

第一，生来犯罪人。它是龙勃罗梭最重要、最有影响的犯罪学理论，也是龙勃罗梭用力最多、最富创新精神的理论。当然，也是后来最有争议、最受非议的理论观点之一。该学说是龙勃罗梭在运用体质人类学等学科的方法进行大量的人体测量、尸体解剖和对资料进行多方面分析、比较的基础上提出的。龙勃罗梭认为，生来犯罪人代表了一种独特的人类学类型，这种类型的犯罪人有许多独特的身体方面的特征。在解剖了 383 名意大利犯罪人的颅骨之后，龙勃罗梭发现，210 名犯罪人都有所发现的那些异常特征，而 43%的犯罪人则具有 5 种或更多的异常特征。因此，龙勃罗梭认为，有5种或更多的异常特征可以表明该犯罪人是一个“生来犯罪人”，包括身体特征、感觉和功能特征、心理、道德感和心理特征，并由此得出结论，犯罪人是一种自出生时起就具有犯罪性的人，他们的犯罪性是与生俱来的，是由他们的异常的生物特征决定的，犯罪人是生来就会犯罪的人。

第二，激情犯罪人。这是龙勃罗梭在生来犯罪人之外区分的第一种其他犯罪人。龙勃罗梭认为，这类犯罪人具有残忍、鲁莽、犯罪行为突然发生等特点和强烈的暴力倾向，他们的犯罪行为基本上都是在激情作用下发生的暴力行为，因此，应当更确切地将他们称为“暴力犯罪人”。激情犯罪人很少，通常都是年轻人，他们的颅骨异常少，相貌姣好，性格诚实、富于情感，与生来犯罪人的冷酷无情形成对比，往往在犯罪之后感到后悔，在监狱中常常有自杀行为。龙勃罗梭认为，激情犯罪人有一定的接受改造的可能性。

第三，精神病犯罪人，是指由于精神病的影响而犯罪的人。精神病犯罪人与生来犯罪人有许多共同的退化的生理特征，尤其是突出的耳朵、颧骨、凶恶的相貌或斜视、薄上嘴唇。这些犯罪人主要有偷窃狂者、间发性酒狂者、杀人狂者、女性色情狂者和恋童癖者，以及歇斯底里犯罪人、犯罪狂者。龙勃罗梭认为，几乎所有类型的精神障碍都能引起一定的犯罪。

第四，偶然犯罪人，是指那些不寻找机会，但总是遇到犯罪机会，或者由于极其轻微的原因而犯罪的人。他们是与那些语言隔代遗传和癫痫完全无关的人，可以分为四种：虚假犯罪人或准犯罪人，亦即为保卫个人、荣誉和家庭而偶然地实施犯罪的人；倾向犯罪人，亦即无特殊的生理特征，也没有可以识别的精神疾病，但其精神和情绪特质在某些情况下会有特殊表现，从而使他们容易进行凶恶的和犯罪的行为的人；习惯性犯罪人，是指养成犯罪的生活方式的犯罪人；癫痫性犯罪人，是指具有在任何时候都会表现出来的潜在癫痫的犯罪人。

刑罚是作为犯罪的对立物而产生的，是社会对于犯罪的一种反应。对于刑罚的本质，历来存在报应与功利两种解释。而龙勃罗梭则从犯罪人出发，从预防再犯之可能、剥夺再犯之能力的角度论证刑罚的功利性，龙勃罗梭不仅彻底与报应主义相决裂，而且完全摒弃了规范功利主义的恐吓与心理强制理论，代之以犯罪人行为的矫治，从而使刑罚的意义发生了质的变化，为现代教育廓清了道路[1]。

龙勃罗梭犯罪对策论的主要内容是，犯罪作为一种社会疾病，应当预防和矫治相结合，首先预防犯罪人的产生，而不是惩罚犯罪人；如果不能预防的话，就应当对犯罪人进行矫治；如果无法矫治的话，就应当把这种不可救药的人在适当的机构隔离起来，这种隔离机构能够比现行的监禁制度更好地保卫社会，但是它没有监狱这样的臭名声。要用预防性措施和法律措施矫治犯罪人。

1　陈兴良：《基因的奴隶——龙勃罗梭论》，载《比较法研究》1994 年第 1 期。

根据上述基本思想，天生犯罪人是命中注定要犯罪的，具有不可预防性，因此，防范主要是针对激情犯罪人与偶然性犯罪人等其他类型的犯罪人而言的。在《犯罪：原因和救治》一书中，龙勃罗梭提出了某些具体犯罪的防范对策。他将犯罪现象置于整个社会背景之下，考察其他因素对于犯罪的影响。在此基础上提出犯罪预防的具体对策。例如，他主张为防范奸淫罪，应当设置妓院等。

此外，龙勃罗梭在对传统刑罚模式进行批评的基础上，对各种刑罚方法进行了全面的考察，并提出了改革的方案，其中特别是监狱改革更具有参考价值。龙勃罗梭反对将罪犯一关了事的旧式监狱，而主张在监狱中对囚犯进行教育感化，使监狱从原来的封闭式变为开放式或者半开放式，由此使监狱真正成为救治犯罪人的监狱。龙勃罗梭的这一主张，也是近代各国监狱制度改革的推动力之一。

32

祁克（Gierke）

1841—1921

奥托·弗里德里希·冯·祁克生于普鲁士什切青（Stettin，位于今波兰境内）市一个官吏世家，14 岁时失去双亲，为舅父收养。舅父母在历史学上颇有造诣，祁克受此影响，从小就对历史学产生了浓厚的兴趣。

1857 年，祁克就读于柏林大学学习法律，后转入海德堡大学，到第 4 学期又回到柏林大学，师从当时研究日耳曼法学的大师贝塞拉（G.Beseler，1809—1888）。受贝塞拉的影响，祁克在大学期间就树立了专攻日耳曼（德意志）法的历史的志向[1]。

1860 年，祁克获得博士学位。毕业后，他在家乡开业当律师。1865 年通过司法官考试，他成为见习司法官。1866 年，普鲁士和奥地利爆发战争，祁克入伍当了一名炮队的军官。1867 年复员回

1 ［日］石川武：《祁克》，载［日］伊藤正已编《法学者——人与作品》，日本评论社 1985 年版，第 37 页。

到柏林大学，担任讲师，开始讲授“公法和私法的关系”的课程[1]。

1868 年，祁克的处女作《德意志团体法论》(*Das Deutsche Genassenschaftsrechts*) 第 1 卷出版。该书是他在 1867 年申请教授资格论文的基础上修改而成的，是一部 1100 多页的重要著作。在该书中，祁克从游牧时代的日耳曼血族团体起笔，依次阐明了共产制村落的成立及内容，这种团体的性质和关于土地的法律关系，并在论述这种血族团体解体的过程中，考证了中世纪土地支配关系成立的经过，区分了作为人之团体的空间地域性团体和作为资本的利益性团体的不同点，即前者后来从地方团体发展成为国家，后者则发展成为后世的各种公司、合伙组织[2]。

在 1870 年至 1871 年的普法战争中，祁克再次入伍，复员后受聘担任柏林大学副教授。1872 年，他任布雷斯劳 (Breslau，位于今波兰境内) 大学的法学教授，讲授教会法和撒克逊地方习惯法，并发表了一系列关于德国法制史的专题论文。

1873 年，祁克的《德意志团体法论》第 2 卷出版。在此卷中，祁克对日耳曼法的观念、权利主体的观念、物的观念、团体的观念及团体的权利关系进行了详细的阐述，并对日耳曼法的思想和罗马法思想之间的区别作了深入的探讨。祁克的团体论和法人论的基础，就是在此卷中奠定的。

1881 年，《德意志团体法论》第 3 卷出版。在该卷中，祁克

1 ［日］石田文次郎著：《祁克》，三省堂 1935 年版，第 5—6 页。
2 ［日］石田文次郎著：《祁克》，三省堂 1935 年版，第 6 页。

首先对希腊哲学上的国家论作了说明，接着，将罗马法制史分为未受基督教影响的时代和受影响的时代，以此阐明罗马法中的国家论和法人论，并沿着中世纪前后期注释法学派的变迁这一线索，详细阐述了罗马法的法人理论为德国所接受的过程和原因。该卷是祁克这套书的力作，是西方私法学的基本文献。[1]

32 年之后，祁克的《德意志团体法论》第 4 卷于 1913 年出版。在该卷中，他对到 17 世纪中叶为止的国家及团体的历史作了详细的描述，并对到 19 世纪初期为止的自然法理论史作了论述。以后，祁克想接着撰写第 5 卷，继续对国家和团体的理论史进行研究，但他感到他的身体可能已不允许他这么做了。事实也的确如此，《德意志团体法论》只完成了 4 卷。

除《德意志团体法论》之外，祁克于 1895 年至 1917 年出版了 3 卷《德意志私法论》。在第 1 卷人法中，祁克将私法体系分为个人法和团体法两类，并对各个法域中发生的各种法律关系作了统一归类和系统阐述。第 2 卷物权法，被认为是当时私法理论中的名著。第 3 卷债权法，包含了债务与责任、雇佣契约的起源和持续性债权关系等重要课题。

在这期间，祁克于 1884 年担任海德堡大学的法学教授。1887 年，他继其授业恩师贝塞拉，出任柏林大学的私法学教授，并一直工作到 1921 年去世时。这当中，他还曾两次担任柏林大学

1 ［日］石田文次郎著：《祁克》，三省堂 1935 年版，第 9 页。

的校长。[1]祁克致力于学术研究50多年，发表的研究成果1万多页。西方学术界评论说："耶林死后，世界法学界尚健在的最伟大的学者就是祁克。"[2]

祁克对德国乃至世界法律发展的贡献主要集中在他上述几部著作中，内容非常广泛，这里仅就他关于法的本质及其目的、法和道德的关系、社会法思想、法人本质论和团体人格论作些论述。

关于法的本质及其目的。在《德意志私法论》第1卷中，祁克指出："所谓法，是指法规以及法律关系的整体，而法规则是将人的自由意欲置于外部并且以绝对的方法予以制约的规范。"[3]他认为："法以国民对法的确信为根据，法规是规定（国民）各自意志的界限，要求正确生活秩序的理性的表白。"[4]"法是表示出来的社会的确信，所以是人类社会生活的准则。法的渊源是（人类）的共同精神。……法的理念是正义。各法规的最高目的是实现正义。"[5]康德认为，如果丧失了正义，人类就丧失了在地球上生存的意义，祁克予以展开说："法的直接目的是实现正义，正义是不可丧失的人类的价值。……如果法律不忠实于正义，只以实利为目的，那么，法的公正严肃就不复存在，实利也得不到。"[6]可以说，祁克关于法的本质的这种立场基本上是历

1 ［日］石川武：《祁克》，载［日］伊藤正已编《法学者——人与作品》，日本评论社1985年版，第38页。

2 ［日］石田文次郎著：《祁克》，三省堂1935年版，第20页。

3 ［日］石田文次郎著：《祁克》，三省堂1935年版，第174页。

4 ［日］石田文次郎著：《祁克》，三省堂1935年版，第178页。

5 ［日］石田文次郎著：《祁克》，三省堂1935年版，第180页。

6 ［日］石田文次郎著：《祁克》，三省堂1935年版，第221页。

史法学派的，但也受到了自然法学的不小影响。

关于法和道德的关系。1917 年，祁克发表了最后一篇重要论文《法律与道德》。在这篇论文中，祁克对法律与道德的关系作了深刻阐明。他指出，法和道德具有紧密的联系，以 1900 年《德国民法典》为例，其中相当多的条款规定，如果违反了社会道德义务（第 138 条违反善良风俗的责任、第 226 条规定不得以损人的目的来行使权利、第 2333 条规定继承人有不道德行为将被剥夺特留份等），法律将给予处理。同时，法和道德都是精神性社会的生成物，法的渊源有在社会中无意识发生的信念中产生和在自觉创造的信念中产生两种情况，前者是习惯法的场合，后者是立法机关的场合。道德也有从无意识的信念中发生和从个人自觉形成的一般信念中产生的场合。前者是社会的共同行为规范，后者是被形式化的伦理规则。

祁克认为，法与道德也有根本的区别，即法具有强制力，它依靠外部（国家的）强制力来实行。由于文明社会中强制力由国家独占，所以法和国家互为因果。道德则不然，它的目的是人的内心服从，它与国家的强制力遥遥相对。同时，法律源自社会信念，而道德则源自个人信念。法律是允许、命令和禁止人的行为的规范；而道德则以人的思维为对象，着重于人的内部的意志决定。两者既有交叉又有区别。在相交叉的领域，两者都有约束力；而越出了交叉的范围，则属于两者各自管辖的领域。当然，一般而言，道德管辖的范围比法律要大得多。

此外，法和道德也有冲突之时，即对道德允许的，法有时会禁止，如某些宗教活动及杀死暴君、家长处死十恶不赦的败家子等；对道德禁止的，有时法律却是允许的，如许多不道德却尚未触犯法律的行为等。因此，必须协调两者的关系，既要发挥道德的规范作用，也要倡导法律的教化作用。[1]

关于社会法思想。在《德意志私法论》第1卷中，祁克指出："与人的本质一样，在法律上也存在着个人法和社会法的差别。这是因为，人作为个人是一种独立的存在体的同时，也是构成社会的成员。"[2]祁克认为："个人法是从主体的自由出发，规律个人相互平等对立的关系的法律；社会法将人视为拥有社会意志的成员，将人视为整体的一分子。……所以，社会法是从对主体的约束出发，规律有组织的全体成员的法律。"[3]

在《国家法的基本观念》中，祁克进一步指出："社会法，是从人的结合的本质出发，对人的共同形态的内部存在进行整理，从小的团体到大的团体，从低的团体到高的团体，日积月累的建设性的法则；是从夫妻到家庭、从家庭到村落，逐渐向上、逐渐扩大，最终至国家的构造起来的组织法。"[4]

那么，社会法的出现，对传统的公法和私法的理论将产生什么样的影响呢？在《德意志私法论》中，祁克对此问题作了分析。

---

1 ［日］石田文次郎著：《祁克》，三省堂1935年版，第213—214页。在传统理论中，道德只具有教化的作用，法律只具有规范的作用。祁克这句话的意思在于，要使道德发挥法的作用（规范作用），法律也发挥道德的作用（教化作用）。

2 ［日］石田文次郎著：《祁克》，三省堂1935年版，第76页。

3 ［日］石田文次郎著：《祁克》，三省堂1935年版，第77页。

4 ［日］石田文次郎著：《祁克》，三省堂1935年版，第78—79页。

他认为，公法和私法的分类来自古代罗马，当时，私法事实上相当于个人法，而公法一般也相当于社会法。但是，在现代社会，法律关系发生了巨大的变化，国家和社会的活动范围也已经广为扩大，传统的公法和私法已无法囊括社会法和个人法了。在公法之外，存在与公法相类似的社会法，如寺院法、地方团体的自治法等。与此同时，“私法，原则上是个人法，但除此之外，还存在着与由国家法规定的公法不一致的私法性的社会法，如亲族法以及关于与组合的团体并列的私法上的法人的规范等”[1]。所以，现在“个人法也好，社会法也好，都已经跨越了公法和私法的领域”。祁克认为，在当时，区分公法和私法已很困难。尽管如此，祁克所说的社会法的概念还是很明确的，这就是规范统一体内部的关系的组织法。

在明确了社会法的定义之后，祁克对社会法的各项原则，如与个人法的意思主义相对立的公示主义、与个人之间合意相对的多数意思的合同行为、与个人代理相对的机关的代理等作了论述。此外，祁克还对团体所有权的各种形态，如总有权、合有权等作了论述。

祁克的社会法思想，对后来社会学法学的诞生产生了巨大的影响。诚如西方学者指出的那样：“祁克首次在个人法领域之外，提出还存在着社会法领域，这是对现代法学的最大功绩。”[2]

关于法人本质论。将社会法思想具体运用于民法领域，祁克

1 ［日］石田文次郎著：《祁克》，三省堂 1935 年版，第 88 页。
2 ［日］石田文次郎著：《祁克》，三省堂 1935 年版，第 73 页。

提出了法人本质的理论。西方学者都承认，祁克是法人实在说的创设者。作为一名私法学家，他对民法学的巨大贡献之一，就是从理论上批判了法人拟制说，确立了法人实在说。他在长达50余年的学术生涯中，孜孜以求的就是排斥法学上的个人主义和形式主义，而法人拟制说在他眼里就是典型的个人主义和形式主义的产物。祁克在这方面的理论说明集中体现在法人本质论中。

祁克认为，由人组成的团体是一个实实在在的组织体，它在法律上的人格是团体固有的人格，因而团体的人格具有实在性。他指出，法人拟制说“是长期以来的一种统治理论，得到了具有个人主义观念的人们的支持。这种学说认为，法人是为了一定的目的，通过法律创造的拟制物，它是一种假想物，是一种从无到有的创造物。真实存在的只能是完全主观的单一个人。各种人的结合形态仅仅是基于特别的关系形成的各个人的集合。个人由于具备自然的身心，所以能够成为权利主体，而团体不是事实上具备自然的身心的单一体；个人由于是自由的有意识和欲望的本体，所以可以取得人格；而团体既不具有意识和欲望，也不能自由地行动。……因此，法人是拟制人。……团体的人格事实上是不存在的”[1]。

祁克认为，上述观点是站不住脚的。他从有机体说的立场出发，认为法人绝不是假想物，而是活生生的物体。当法律把团体看作法人时并没有歪曲现实。股份公司、教会、行会如同国家本

1 [日]石田文次郎著：《祁克》，三省堂1935年版，第145页。

身一样是真正的法人集体。不论国家是否承认，它们都是存在的，国家的作用只是说明现实，而不是创造现实。

祁克指出，公社是有机统一体，它由个人和其他社团组成，具有固有的目的。它通过“社会法”体系把自己组织起来，有自主意志和行动，从而它具有真正的个性，是权利与义务的适当的主体。赞赏社团的现实性质，就为唯一符合事实的法律理论以及在伦理上唯一令人满意的社会组织开辟道路，这种社会组织解决了人类为争取统一和自由必然产生的冲突。[1]

祁克认为，法人拟制说的缺陷还在于，个人只凭感情和知觉了解实在，这容易导致误解，因为肉体性的自然人常常在变化（生老病死），而其中永不变迁、永不消失的则是统一的人格，而这种人格仅凭感觉是无法认知的，法人团体恰恰具有这种人格。祁克认为，从人类历史来看，与国民并列的团体，创造了权力关系的世界，它们像自然人一样，也具有思维能力，能够认识建立在物质基础之上的精神性文化发达的规律。这些文化虽然是每一个个体创造的，但个人的行为都是作为社会性行为出现的，只有通过精神和肉体的社会性协作、相互作用，才能创造人类的文明。国家、法律、习惯、经济及语言等，都是全体人民的劳动的产物。活动着的社会，并不是单单地构成社会的个人的聚合，而是进行超个人的活动的整体。这

1　上海社会科学院法学研究所编译：《法学流派与法学家》，知识出版社 1981 年版，第 206—207 页。

样，我们在认识个人的同时，也认识到了作为人的整体的团体。[1]

关于团体人格论。为了阐明法人的本质，祁克进一步对团体人格作了论述。他指出："法人作为社会性组织，是拥有独立的意志，进行独立的行为，自己单独进行社会生活的团体。由于团体作为团体成为权利义务的主体，所以，法人的人格是与个人的人格不同的团体独自具有的人格。"[2]

在《德意志团体法论》第3卷序中，祁克进一步指出，他"研究的结果，得到了关于超越个人的存在的团体法本质的固有观念。即人类的存在分为共存的侧面和孤立的侧面，控制涉及全体存在的秩序的规范和规定涉及实现个人自由的秩序的规范，其性质是不同的。这一点也意味着，在个人这一权利主体之下，由个人的有机结合而产生的全体也是权利主体。与有机性的个人不同的无形结合体也是法律上的人格者"[3]。

祁克认为，法人拟制说和法人实在说的根本差异，在于对能够成为权利义务主体的资格，即法律上的人格的把握上。法人拟制说基于"人并且只有人才具有法律上的人格，只有个人才是法律上的人"的基本观念之上，声称非个人的团体或者"目的财产"（财团），作为事实上权利义务的主体进行活动是将它们还原成为个人、拟制为个人的缘故，而只有拟制的个人才能成为权利义务的

1 ［日］石田文次郎著：《祁克》，三省堂1935年版，第149—154页。
2 ［日］石田文次郎著：《祁克》，三省堂1935年版，第154—155页。
3 ［日］石田文次郎著：《祁克》，三省堂1935年版，第155页。

主体。因此，尽管出现了非个人的各种团体，尽管它们被还原、拟制为个人，成为法律上的权利义务的主体，但“只有个人才是法律上的人”这一根本原则没有改变，即法人拟制说实际上只是个人人格主义向团体的扩张。

反之，法人实在说认为，团体或者“目的财产”并不是还原为或拟制为个人，而是本身就是一个单一体，构成社会生活中的一个独立单位，它具有法律的人格，成为权利和义务的主体。因此，在个人人格之外，还有团体自身的人格。

基于上述分析，祁克得出了关于团体人格的基本理论：“团体是一种实际存在。团体的人格作为法的观念，当然是抽象的，但是，个人的人格也同样是抽象的。我们根据我们内心的经验，得知存在着个人生活的内涵和社会生活的内涵。即一方面，个人作为自己的存在具有单一性；另一方面，也存在着作为共同的存在的活的单一性。在法律世界中，在个人人格之外，存在着团体人格是当然的事理。当然，团体人最先是通过法律获得认可而成为法律人的，但它与个人一样，不是由法律制作的，而是与个人一样，在法律认可的范围内被赋予了法律上的人格。……团体人作为团体，是一种拥有欲望、能够从事行为的活的本体。当然，由于是无形的组织体，所以是通过由个人组成的机关来形成意志、进行决策、从事行为，但它与自然人用嘴说话、用手活动一样。团体机关的活动，不是为了他人的一个人的代理，而是由部分来直接表达的全体。此外，团体人不是如自然人那样的生理学上的有机体，而是社会的组织体，其内部的组织与自然人不同，即团体必须是法的组织。具体而言，成员及机关如何组成？在什么界限内其成员为了团体而失去了他的人格？在什么条件下，基于机关意志的行为成为基于团体人意志的行为？这些，都必须由章程来规定。在这一点上，团体人与自然人是有差别的。此外，团体还可以成为更高级团体的成员，直至组成国家。"[1]

祁克最后认为，如果认为法律上的权利主体性是法律上的人格，拥有法律上人格者为法律上的人（person），那么，不管是自然人还是团体人，都是法人；法人的观念是包含了自然人和团体人的高层次的法律上的人格观念。自然人的人格也好，团体人的人格也好，都必须以法人格的观念为基础，都必须据此构成。

祁克对德国法和法学发展的贡献得到了许多学者的首肯，日本学者石田文次郎的评价——"拥有祁克的德国人民是幸福的"[2]——可以说表达了这种基本看法。祁克学说中的某些内容，后来一度为日耳曼种族优越论者及纳粹分子所利用；他对普鲁士和君主政体的忠诚，以及晚年对魏玛宪法的批评，也受到了一些学者的批判。但这些都无损于他的理论的基本价值。作为一名刻苦、执着、创新和多产的法学家，祁克的学术品位理应受到后世的敬重。他的名言"没有（学术）争论就没有生活"，应该成为我们共同的座右铭[3]。

---

1 ［日］石田文次郎著：《祁克》，三省堂 1935 年版，第 169—171 页。

2 ［日］石田文次郎著：《祁克》，三省堂 1935 年版，第 13 页。

3 ［日］石田文次郎著：《祁克》，三省堂 1935 年版，第 10 页。

33

霍姆斯 (Holmes)

1841—1935

奥利弗·温德尔·霍姆斯，20 世纪美国著名大法官、现实主义法学的创始人，出生于波士顿一个富有的家庭。父亲是一位诗人、医学家，后来担任哈佛大学医学院的解剖学教授。母亲是一位州法院大法官的女儿。

霍姆斯 6 岁时进入一家私塾学习，4 年后进入一家私立的拉丁语学校。除拉丁语之外，他还学习了希腊语、法语、数学等科目。16 岁那一年，霍姆斯从拉丁语学校毕业后，进入了美国最著名的哈佛大学学习。[1]

1860 年秋，正当霍姆斯大学毕业、准备踏入社会之际，南北战争爆发了。第二年，他作为北军的义勇队员，参加了南北战争。霍姆斯作战非常勇敢，曾 3 次身负重伤，差点死在战场上。战争

1 [日] 樱田胜义著:《光辉的法官群像——八位保护人权的大法官》，有信堂 1973 年版，第 95 页。

的经历，对霍姆斯后来的法官生涯影响甚大。他坚持和平主义，坚持维护个人的良心自由，坚持社会的正义，不能说与战争给予他的影响没有关系。

1864 年，退役后的霍姆斯不顾父亲的反对，进入哈佛大学法学院学习[1]。当时的法学院，还没有进行法律教育改革[2]，教授都是一些六七十岁的老者，讲义是非常陈旧的，学习方法则是死记硬背，也不学历史和经济等其他科目。这种学习方式令霍姆斯非常失望，也使他萌生出一种冲动和信念，即要创立一种与社会紧密联系的、生动活泼的法学。

1866 年，25 岁的霍姆斯从哈佛大学法学院毕业，抱着改革法律制度现状的理想，他与朋友一起开了一家律师事务所。但是，当时司法界的沉闷空气使霍姆斯感到律师这个职业十分无聊。不久，他参与了《美国法律评论》的编辑工作，在以后的 3 年时间中，他撰写了 6 篇法学论文，近 60 余篇书评与短论。他终于意识到他应当成为一名法学学者，而不是一名律师，才能在改革法律方面作出更大的贡献。

1882 年 9 月，霍姆斯受聘担任哈佛大学法学院教授。同年

1 关于这件事，曾留下了一段有趣的对话。大意是父亲用英国法官与律师的话告诫他：律师是一种品质低劣、枯燥无味的职业，法律家是玩弄概念的代名词。而霍姆斯则没有听从父亲的话。见前引［日］樱田胜义著《光辉的法官群像——八位保护人权的大法官》，第 92—93 页。

2 美国著名法律教育学家兰德尔（C.C.Langdell，1826—1906）对哈佛大学法学院的教育进行改革，是他于 1870 年担任哈佛大学法学院院长之后进行的。参阅何勤华著《西方法学史》，中国政法大学出版社 1996 年版，第 373—374 页。

12 月 15 日，他又接受朋友的劝告，担任了马萨诸塞州最高法院法官，1899 年晋升为该法院首席大法官。由于霍姆斯在该法院的卓越成绩，1902 年 12 月 6 日，被当时的总统西奥多·罗斯福任命为美国联邦最高法院法官。在此后的 30 年间，霍姆斯以众多与当时多数保守派法官意见相左的新观点，赢得了“伟大的异议者”(The Great Dissenter) 的称号。[1] 1932 年 1 月 12 日，霍姆斯辞去了法官职务。1935 年 3 月 6 日早晨，霍姆斯因肺炎与世长辞。

霍姆斯对美国乃至世界法和法学发展的贡献，主要体现在三个方面。

首先，对普通法的发展及其基本原则、运作、特点和精神等作了深入的研究。这方面的突出成果，就是 1873 年面世的由霍姆斯花了数年时间精心编辑的美国近代著名法学家肯特 (Kent，1763—1847) 的第 12 版《美国法释义》(*Commentaries on American Law*)，1881 年出版的《普通法》(*The Common Law*，该书原系为波士顿律师协会所作的 12 次法律学讲义)，1941 年出版的他与英国著名法学家波洛克 (Pollock，1845—1937) 之间长达 60 年的通信集《霍姆斯 - 波洛克书简集》。这当中，尤其是《普通法》一书，被西方学者公认为对普通法作出系统研究的经典作品。霍姆斯的著名格言“法律的生命不是逻辑，而是经验”就是在此书的开篇所提出的。[2] 这句话被美国现代著名法学家卡多佐称为“有待引申

1 [日] 鹈饲信成著：《现代美国法学》，日本评论新社 1954 年版，第 84 页。
2 [日] 碧海纯一、伊藤正己、村上淳一编：《法学史》，东京大学出版会 1976 年版，第 270 页。

的主题。将来要做的，无非是对其加以发挥、评注”[1]。美国法学家考夫曼则称它是“下一代法律思想家的冲锋号”[2]。

其次，创立了美国现代实用主义法哲学（Pragmatism Jurisprudence）。这一法哲学的要点包括：第一，实用主义观点，即把法律理解为“于社会方便的东西”，或者说是社会所需要的东西。第二，经验主义观点，即将法律视为经验的总结和体现，法官不能从法哲学的信条（逻辑）出发，而要从自己所生活在其中的社会现状出发，来进行裁判。“在各个时代被认为是必要的规范，该时代有力的道德理论和政治理论，人们表明的或是无意识地觉察到的关于符合社会公共利益的规范，甚至法官与普通民众一起所抱有的偏见，等等。它们在决定规律人们之各种准则时，远比三段论的经验推理作用大得多。”[3]第三，法律预测的观点，即法律不是别的东西，而是人们对于法院事实上将要作出什么决定的预测。“我所说的法，就是法院事实上将作什么的预测。”[4]这一观点既承认了法律是人们行为的模式，也是法院遵循的模式，法官必须按照法律来审理案件，作出判决。同时也强调了法官的预测可以成为法律，法官可以立法的立场。[5]

最后，通过一系列判案意见阐述了社会正义的思想，并为言论自由、出版自由在美国最终确立作出了贡献。

---

1 ［美］A.L. 考夫曼著：《卡多佐》，张守东译，法律出版社 2001 年版，第 209 页。
2 ［美］A. L. 考夫曼著：《卡多佐》，张守东译，法律出版社 2001 年版，第 209 页。
3 ［日］碧海纯一等编：《法学史》，第 270—271 页。
4 ［日］碧海纯一等编：《法学史》，第 270 页。
5 吕世伦主编：《西方法律思潮源流论》，中国人民公安大学出版社 1993 年版，第 36 页。

1905 年，美国联邦最高法院受理了“洛克纳诉纽约州”(Lochner v. New York) 一案。其案情为：纽约州为了缓和劳资之间的矛盾，限制面包工人的劳动时间，制定了一项法律，规定面包工厂工人的劳动时间每天不得超过 10 小时，每周不得超过 60 小时，并对违反这一法律的某面包公司的老板洛克纳处了罚金。该老板不服，就以纽约州的这一立法偏袒了工人，是不平等的，违反了《宪法》第 14 条修正案规定的自由条款为理由，起诉至法院。该案的核心在于，州有无限制面包工人劳动时间的权力？是否应当按照“契约自由”条款办事？代表法院多数意见的佩克哈姆大法官站在“自由契约说”的立场上，宣判纽约州的立法超越了权限，违反了美国宪法而归于无效。

与此相对，霍姆斯等 3 名法官持反对态度，认为佩克哈姆等多数法官滥用了宪法修正案的自由条款，纽约州立法的出发点是要保护工人的身体健康，维护公众的利益和社会的正义。虽然在这次判决中，霍姆斯等人的意见没有被采纳，但在以后涉及俄勒冈州劳动时间立法争议的几次案件的审判中，霍姆斯的意见则上升为多数意见而成为法院的判决，从而确定了妇女(后来也包括男子)每天 10 小时的工作制度[1]。

1919 年，美国联邦最高法院受理了“阿布拉哈姆诉合众国”(Abranams v. U.S,) 一案。在该案中，阿布拉哈姆是一名出生于俄罗斯

1 [日] 樱田胜义著：《光辉的法官群像——八位保护人权的大法官》，有信堂 1973 年版，第 111 页。

的纽约州居民。他对美国在1917年俄国革命后派兵侵略俄国持强烈的反对态度，认为美国的这一行为是对劳动人民掌权之国家的犯罪。为此，他在纽约的一个地下室中印制了反对美国出兵的传单，并四处张贴。1918年，美国以阿布拉哈姆违反《防谍法》为理由，对其及其他6名俄国人一起提起诉讼。美国联邦最高法院支持了下级法院作出的有罪判决，由克拉克法官起草的判决书认为，阿布拉哈姆等人的行为是对美国国家的不忠诚，对美国政府的诽谤，还可能引发革命，他们妨碍了美国在欧洲的军事行动，因此是一种犯罪的行为。

对此，霍姆斯发表了长篇反对的意见。他认为，阿布拉哈姆既没有诽谤美国，也没有侮辱美国政府，认为他具有妨碍美国在欧洲的军事行动的意图的证据也不充分。而阿布拉哈姆印刷传单的行为，与美国可以刊行宪法的权利一样，属于被告的一种正当的权利。因此，霍姆斯认为，最高法院根据起诉状所下的判决书，事实上剥夺了被告所应当享有的宪法上的权利，他对此表示深深的遗憾。[1]霍姆斯的意见虽然没有能够改变美国联邦最高法院的态度，甚至还引来了右翼势力的猛烈攻击，但他的观点受到了民主进步人士和广大民众的支持。

1 ［日］樱田胜义著：《光辉的法官群像——八位保护人权的大法官》，有信堂1973年版，第119页。

在“谢内库诉合众国”（Schneck v.United States，1919）[1] 和“合众国诉谢威姆”（United States v.Schwimmer，1929）[2] 等案件中，霍姆斯虽然仍是少数派，但他进一步阐述了公民拥有言论、出版和良心自由的权利。霍姆斯的理论后来成为美国完善公民拥有言论、出版自由的法律的理论基础。

霍姆斯的理论，被以庞德（R.Pound，1870—1964）为首的主流派社会学法学和以弗兰克（Frank，1889—1957）为首的现实主义法学作为理论根据，对美国现代法学产生了巨大的影响。他对美国法学的贡献十分巨大，以至于在 20 世纪 30 年代出现了一股“霍姆斯崇拜热”。1941 年，美国联邦最高法院大法官休斯（C.E.Hughes）在一篇纪念霍姆斯的文章中说，当世具有最伟大的才能，正当地拥有不断扩大的名声并没有一点瑕疵的完整的人生，就是法官霍姆斯。[3]

1　谢内库当时任美国社会党总书记。他向本党的适龄青年散发了文书，宣称《征兵法》是违宪的，是独裁政府制定的法律，提议大家以宪法赋予的权利来抵制征兵活动。结果，谢内库被认为违反了《防谍法》而被判有罪。

2　当年 50 岁的谢威姆夫人，曾是匈牙利的大臣、匈牙利驻瑞士的公使。她希望加入美国国籍，并作出了拥护美国宪法及所有法律，脱离本国的君主等宣誓，但由于她不愿意作出“当战争爆发时，必须拿起武器”（即服兵役）的承诺，所以她的入籍要求没有得到批准。霍姆斯认为，是否愿意服兵役是每一个公民的良心和信仰自由，不能强迫。

3　[日] 鹈饲信成著：《现代美国法学》，日本评论新社 1954 年版，第 80 页。

34

李斯特 (Liszt)

1851—1919

弗兰茨·冯·李斯特，德国著名刑法学家，刑事社会学派的创始人。

1851 年 3 月 2 日，李斯特生于奥地利的维也纳。父亲埃德华·冯·李斯特是奥地利总检察长。1869 年，李斯特进入维也纳大学学习法律，4 年后又到哥廷根大学和海德堡大学等学校学习。1875 年，李斯特凭借《伪誓和虚伪的证言》这篇论文成为格拉兹大学的讲师。1879 年，年仅 28 岁的李斯特成为吉森大学的教授。其后，他历任马尔堡大学（1882—1889）、哈雷大学（1889—1899）等大学的教授，1899 年任柏林大学的刑法学教授，一直到 1917 年退休。其间，1912 年他当选为国会议员。李斯特退休后移居德国南部，1919 年病逝。

李斯特身材矮小，精力充沛，讲课生动活泼，充满哲理，富有魅力。

李斯特的主要著作有《德国刑法教科书》(*Lehrbuch des Deutschen Strafrecht*,1881)、《国际法的系统说明》(*Das Völkerrecht Systematisch*,1898)、《刑法上的论述和陈述》(*Strafrechtliche Aufsatze und Vortrage*, 2vols, 1905)、《刑法的目的观念》(*Der Zweckgedanke im Strafrecht*, 1882)、《作为社会病态表现的犯罪》(*Das Verbrechen als Sozialpathologische Erscheinung*, 1899)、《刑法论文与演讲集》(*Strafrechtliche Aufsätze und Vorträge*, 1905) 等。

李斯特运用资产阶级社会学的观点和方法来研究刑法，在吸收了意大利刑法学派思想的基础上，创立了刑事社会学派。这个学说的哲学理论基础是实证主义和决定论，在认识论和方法论上，主张与自由意志的理性人相反的经验人，而这种经验人则是以社会学和自然科学的认识，以社会规律和自然科学规律中的因果法则充实起来的。刑事社会学派的所谓决定论认为，犯罪是犯罪的条件所决定的，是这个条件所产生的结果。因此，他们认为，研究刑罚本质应在国家刑罚制度和社会现象之中找原因。

关于犯罪产生的原因，李斯特认为，人是一定社会中的人，因此，研究犯罪就需要研究犯罪者本身具有的内在和外在的原因。他在承认个人的生理因素对人的行为的重要影响的同时，着重指出社会因素的决定性作用，诸如失业、贫困、酗酒、吸毒、娼妓、物价高昂等社会环境。他强调要研究犯罪人而不是犯罪行为，他的口号是：“刑罚不对行为而对行为者。”当然，这并不是对犯罪行为置之不顾，而是应着重考虑犯罪行为人的反社会性或社会危险性，并依照社会危险性的不同程度对犯罪者分类，从而采取不同的刑罚。

在刑罚理论上，李斯特是教育刑论或目的刑论的倡导者，他主张刑罚不是一种本能或原始的同害报复，而是以改造罪犯、保全社会为出发点。不但要根据犯罪人的具体情况进行教育改造，使其尽快复归社会，而且要根据犯罪人的社会危险性所侵害的社会利益程度，适用相应的刑罚，以达到保卫社会的目的。

李斯特的教育刑论主张刑罚的个别化，即根据犯罪者已成“罪型”和“潜在”社会危险性，以及人格形成过程和复归社会可能性的大小，来适用相应的刑罚；同时，把犯罪者分为偶犯、惯犯，可能改造和不可能改造等类，按具体情况分别适用刑罚。他提出对累犯，其中包括犯过轻微罪行的累犯采取特别严重的刑法措施。

李斯特虽未公开主张废除罪刑法定主义，但事实上他在许多刑罚制度上采取偷换内容、抽掉核心的办法对罪刑法定主义加以修改和补充。例如，他主张类推适用，扩张解释，保安处分，不定期刑，扩大缓刑、假释的适用范围，废除死刑或由严格控制逐渐发展为完全废除；还主张适用“事后法”；反对实行大赦；反对“罪疑则从轻”的原则。所有这些都是和罪刑法定主义的原则不相容的。

李斯特还是资产阶级刑法中保安处分理论的奠基人之一。所谓保安处分是19世纪末20世纪初由资产阶级发展起来的一种处罚制度，它是刑罚以外限制和剥夺人身自由的措施，适用对象从犯罪人扩大到嫌疑犯或有妨碍社会秩序嫌疑的人。李斯特在《刑法的目的和观念》一书中，论述了刑法必须以防卫社会、预防再犯、维持社会秩序为目的。他认为，刑罚不应该是对于犯罪的报应，而是为了使犯罪人不再犯罪。

李斯特主张“矫正可以矫正的罪犯，无法矫正的罪犯不使为害”[1]。对于那些不能矫正的“危险状态的承担者”采用不定期刑，或者在服刑后送入习艺所或其他特设的机关；对于那些处于犯罪前的“危险状态”的人，社会有权采取预防性的“保安处分”，以免遭受危害。他的这些论断实际上为保安处分作了理论上的论证，对资本主义国家和保安处分制度的发展产生了很大的影响。

李斯特的上述刑法学理论，主要包含在他在吉森大学期间撰写的《德国刑法教科书》一书中。该书 1881 年首次出版发行后，1884 年，经过李斯特的补充、修改，出了第 2 版。到他去世时止，该书已出了 22 版，发行 4 万多册，成为当时西欧发行量最大的法律图书之一。李斯特死后，其学生休密特（E.Schmidt，1891—1977）又对该书进行修订，1927 年出了第 25 版（总论、各论），至 1932 年该书又出了第 26 版（仅总论部分）。该书是 19 世纪末 20 世纪初德国刑法学的代表性教科书，对其他国家也产生了重大影响，先后被译为葡萄牙、西班牙、希腊、芬兰、法、俄、日、中等国文字。[2]

在国际法学说方面，李斯特属于实在法学派。他主张“国际法是确定属于各国在其相互关系中达到其生存目的的法律规范的

---

1 陈兴良著：《刑法的价值构造》，中国人民大学出版社 1998 年版，第 107 页。

2 《德国刑法教科书》已由徐久生译成中文，法律出版社 2000 年 5 月出版。

总和”[1]。他认为，国际法的根据不是自然的理性，而是表现在条约和习惯之中的各国的共同认可。19 世纪末 20 世纪初，李斯特这一派的观点在国际法学界具有很大影响。

后世很多学者对李斯特作了相当高的评价。德国现代著名法理学家、新自然法学派的代表拉德布鲁赫（G.Radbruch，1878—1949）说：“弗兰茨·冯·李斯特是我们德国为数不多的，知道克服困难精灵而思考的人。”“从来没有另外一个人能像弗兰茨·冯·李斯特这样如此从善如流，如此不僵化刻板。对他来说，治学犹如在一个真实的论坛前进行一场永不终止的、公开的言辞的审判。”“没有任何人能像弗兰茨·冯·李斯特那样以文笔来鲜明地表达个性；亦没有任何文笔能够与他那明快优雅、清楚利落的笔法相媲美。”[2]

1 蒋恩慈、储有德编著：《西方法学家生平与学术评介》，广西人民出版社 1983 年版，第 124 页。

2 ［德］拉德布鲁赫著：《法学导论》，米健、朱林译，中国大百科全书出版社 1997 年版，拉德布鲁赫所作第 7 版、第 8 版序。

35

菲利 (Ferri)

1856—1929

1885 年，在意大利的曼托瓦省发生了一起刑事案件，一群农夫与他们的地主发生了一场激烈的争执，随后，意大利的司法机关便以煽动内乱罪起诉这群农夫。面对主控官咄咄逼人的指证，面对地主阶级所结成的庞大的权势网，面对社会“嫌贫爱富”的惯常心理，农夫——这群生活在社会最底层的弱势群体，又该何去何从呢？

这时，一位手执博洛尼亚大学教鞭的青年人站了出来，毅然担任了这群农夫的辩护律师。结果，这位青年人以一场融成熟稳重的气度、严肃理性的措辞、机敏灵动的论辩技巧为一体的杰出讲演，力挽狂澜，迫使法庭作出了被控告农夫无罪的判决。一时之间，一个像鸟儿般轻灵的名字不胫而走：恩里科·菲利（Enrico Ferri）。

是的，这个青年人就是恩里科·菲利，意大利著名的社会学家、犯罪学家，实证主义犯罪学派的创建人之一和第二号代表人物，也是犯罪学史上最富有个性和影响力的人物之一。他不但发展了实证主义犯罪学理论，而且亲身参加实践活动，试图将自己的理论应用于实践，对社会及法律制度进行改革。

菲利于1856年2月25日生于意大利曼托瓦省的圣贝内德托，1929年4月12日死于罗马。幼年的菲利十分贪玩，常常逃学，差点被学校开除。在维吉尔高中求学的经历改变了菲利的一生。受到老师罗伯特·阿迪格的影响，菲利立下了从事科学研究的志向。1877年，菲利获得了博洛尼亚大学的法学博士学位。随后，菲利到比萨大学任教，因为极力宣扬自由意志哲学，得到了“自由意志菲利”的绰号。

1879年春天，菲利获得了都灵大学刑事诉讼法讲师的职位，师从龙勃罗梭。这一阶段，菲利发表了《对1826年—1878年间法国犯罪的研究》的论文，得到了广泛的认可和赞扬。1880年，菲利回到博洛尼亚大学，并担任刑法学教授。在波伦那大学任教期间，菲利发表了一系列力作，基本上奠定了他在意大利刑法学界的地位。以后，菲利又先后在锡耶纳大学、比萨大学、罗马大学，以及比利时、荷兰、法国等国的大学就教，足迹几乎遍及整个西欧。

另外，菲利积极投身政治领域，1882年，他被任命为司法和公证统计委员会的委员，任期长达12年。1886年，他被选举为众议院议员，随后又连选连任，直至1924年。1893年，菲利加入意大利社会民主党，为马克思主义在意大利的传播作出了贡献。

1896 年，他创办《前进报》，积极抨击时政。[1]

1919 年，菲利迎来了人生事业的最高峰。他被任命为刑法修改委员会的主席，主持起草一部取代 1889 年刑法典的新刑法典的草案。该草案最终于 1921 年完成，被认为是一部集实证主义大成的力作。由于菲利在其中所起的重大作用，这部法律文件被称为“菲利草案”。该草案被译为英文等几种外文，产生了广泛的影响。例如，威格莫在给菲利的信中指出：“我很高兴地接受了意大利人的计划，这是一个杰作——这对于你的耐心和杰出的工作是一个多么奇妙的报偿，这种工作使你能把自己的理想变成一部法典。”此外，“菲利草案”还对 1926 年苏联刑法、1930 年意大利新刑法及阿根廷刑法产生了巨大的影响。[2]

菲利的代表作有《实证派犯罪学》(1883)、《犯罪社会学》(1884)、《社会主义和实证科学》(1894)、《刑事防卫、刑事研究》(1898)、《罪行研究》(1901) 等。其中，《实证派犯罪学》《犯罪社会学》已有中译本。

菲利比较有名的思想包括犯罪饱和论、社会防卫论、刑法替代措施思想等。

犯罪饱和论，无论从理论的广度还是深度上都大大超过了龙勃罗梭的天生犯罪人论，完全可媲美同期法国著名社会学家涂尔干所创立的示范理论，代表了西方 19 世纪末期犯罪学领域内的主

---

1 吴宗宪著：《西方犯罪学史》，警官教育出版社 1997 年版，第 225—230 页。
2 马克昌主编：《近代西方刑法学说史略》，中国检察出版社 1996 年版，第 165—166 页。

流观点。

菲利认为，犯罪是由人类学因素、自然因素和社会因素相互作用而成的一种社会现象。由此他推出了自己的犯罪饱和论，即“每一个社会都有其应有的犯罪，这些犯罪的产生是由于自然及社会条件引起的，其质和量是与每一个社会集体的发展相适应的”[1]。至于为什么要将这一理论命名为“犯罪饱和论”，主要理由是，菲利认为犯罪现象与化学中的饱和现象存在某种程度上的一致性。“就像我们发现一定的数量的水在一定的温度之下就溶解为一定数量的化学物质但非原子的增减一样，在一定的自然和社会环境下，我们就会发现一定数量的犯罪。”[2]

菲利认为犯罪是必然的。“人之所以成为罪犯，并不是因为他要犯罪，而是由于他处于一定的物质和社会条件之下，罪恶的种子得以在这种条件下发芽、生长。”[3]据此，菲利揭示了隐藏在犯罪现象背后的规律：犯罪的差额是由物质和社会条件决定的。菲利强调不能用机械的、静止的眼光去看待这一规律，“这里存在的是一种动态而不是静止的规律性”[4]。

在犯罪饱和论的核心内容——犯罪成因的分析中，菲利突破

1 ［意］恩里科·菲利著：《实证派犯罪学》，郭建安译，中国政法大学出版社 1987 年版，第 43 页。
2 ［意］恩里科·菲利著：《犯罪社会学》，郭建安译，中国人民公安大学出版社 1990 年版，第 56 页。
3 ［意］恩里科·菲利著：《实证派犯罪学》，郭建安泽，中国政法大学出版社 1987 年版，第 35 页。
4 ［意］恩里科·菲利著：《犯罪社会学》，郭建安译，中国人民公安大学出版社 1990 年版，第 60 页。

了龙勃罗梭一元论的思维定式，创建性地提出了犯罪是由人类学因素、自然因素和社会因素造成的观点。菲利强调社会因素中的经济因素对犯罪的作用。他指出，任何足以使人类社会生活不诚实、不完满的社会条件，都是引起犯罪的社会因素。我们文明中显然存在着引起犯罪的经济因素，自由竞争规律实际上是一种变相的同类相食，其法则即“你死我活”。在有限的职业中，就业的竞争就等于有些人就业是建立在他人失业的基础上的，这是一种变相的人吃人的形式。竞争者虽不像原始人那样相互吞食，而是通过诽谤、推举、保护、金钱等手段搞垮对方，以保证最善交易者的地位；而使最诚实、最有才能及最具有自尊心的人陷入饥饿的痛苦之中。此外，经济因素也发挥着滋生犯罪的作用。确实，今天的社会是由 19 世纪人类黄金时代——资产阶级文明阶段过渡的下降阶段，财富本身就是犯罪的一个原因。[1]

犯罪成因三元论的观点也影响了菲利另一重要思想——社会防卫论的建构。菲利的社会防卫论是建立在人身危险性的基础上的，而犯罪成因三元论在一定意义上可以认为是对犯罪人的人身危险性的表征的描述。[2]

菲利根据犯罪人的人身危险性的程度，把犯罪人分为天生犯罪人、精神病犯罪人、习惯性犯罪人（即惯犯）、机会犯罪人（即偶犯）

1 ［意］恩里科·菲利著：《实证派犯罪学》，郭建安译，中国政法大学出版社 1987 年版，第 35 页。

2 陈兴良著：《刑法的启蒙》，法律出版社 1998 年版，第 209—210 页。

和激情犯罪人 5 种类型。接着，菲利对这 5 种犯罪人类型之间的演进关系作了说明："……我们在犯罪人类学上的进展，是通过精神病人和癫痫病人的联系从精神病人到天生犯罪人，通过惯犯（以偶犯开始，以染上天生犯罪人的特征并遗传给其子女而告终）的联系从天生犯罪人到偶犯，在程度上不断演变而取得的。最后，我们又从偶犯发展到对情感犯的研究。……进一步说，由于其神经过敏和类癫痫病的性格，情感罪犯常常接近于精神不健全的罪犯。"[1]

根据犯罪人人身危险性的理论前提，菲利推出了刑事责任的本质是防卫社会，社会没有理由对行为人加以道义上的非难的结论性论点。社会防卫论带来了刑罚观念上的变革，对刑事立法和刑事司法都产生了深刻的影响[2]。以社会防卫论为理论基石，菲利积极倡导刑罚的个别化制度、不定期刑制度和矫正制度，主导了近代刑罚改革的发展方向。以刑罚的不定期刑制度为例，菲利就认为这一制度是社会防卫论的一个逻辑化产物。"对于遗传的或先天的犯罪人，或者由于习惯或精神病而倾向于犯罪的人犯下的重大罪行，实证派犯罪学主张保留不定期隔离的方式，因为在犯了重大罪行的危险退化者的案件中，事先规定出期限是不合理的。我们主张，对于天生的或由于疾病引起犯罪的罪犯，不能随便把他们关上一个时期，而

1 ［意］恩里科·菲利著：《犯罪社会学》，郭建安译，中国人民公安大学出版社 1990 年版，第 36 页。

2 陈兴良著：《刑法的启蒙》，法律出版社 1998 年版，第 214 页。

应当关到他们能适应正常的社会生活为止。”[1]

为了预防犯罪，菲利还特别提出了刑罚替代措施的思想。菲利看到了传统的社会防卫手段——刑罚作用的有限性，指出必须使用刑罚的替代措施来预防犯罪。这些手段包括经济手段，诸如自由贸易、税收等；政治手段，诸如协调等；科学手段；立法手段；教育手段等。菲利对这些刑罚的替代手段寄予了很高的期望。“刑罚的替代措施，当它一旦通过犯罪社会学的讲授而立足于立法者的观念和方法之中，便成为一种消除犯罪社会因素的合法方式。比起慷慨但又急躁的改革者所坚持的那种普遍的社会变革——直接并且不调和的来，刑罚的替代措施也许更可能和更实际。”[2]

刑罚替代措施思想一经出炉，便大受好评。菲利的恩师龙勃罗梭就吸收了这一思想，并换之“减少犯罪原因的方法”的提法，以继续从事自己在犯罪问题上的研究[3]。

菲利的研究方法是实证的分析方法，深受法国犯罪统计学家的影响。他在《犯罪社会学》中写道：“本世纪后叶的实验哲学，与人类生物学和生理学以及对人类社会的自然研究相结合，已经制造了一种特别适合对个人及社会犯罪现象进行实际调查的学术气氛。……没有任何事情比产生一个新学派（其目标是就犯罪症状对社会

1 ［意］恩里科·菲利著：《实证派犯罪学》，郭建安译，中国政法大学出版社 1987 年版，第 50—51 页。

2 ［意］恩里科·菲利普著：《犯罪社会学》，郭建安译，中国人民公安大学出版社 2004 年版，第 194 页。

3 甘雨沛、何鹏著：《外国刑法学》（下），北京大学出版社 1985 年版，第 601 页。

进行实验性研究，以使关于犯罪与刑罚的理论符合日常事实）更自然了。这一新学派就是实证刑法学派。其基本目标是从罪犯本身及其生活于其中的自然和社会环境方面研究犯罪的起源，以便针对各种各样的犯罪原因采取最有效的救治措施。”[1]

菲利认为，实验方法不承认仅仅根据想象、根据对刑事审判的含糊记忆，或者根据从其他体系中抽取的争辩性解释而建立起来的理论。有关社会对罪犯进行自卫的每一理论基础都必须是对罪犯的犯罪行为进行个人和社会两方面观察的结果。犯罪社会学家的任务是将其法律和社会的结论建立在犯罪人类学关于犯罪的生物学方面的实际资料和有关身体及社会环境影响的统计资料的基础之上，而不满足于纯粹抽象的法律演绎推理。菲利对犯罪问题的研究也是遵循这种方法论的，他对产生犯罪的人类学因素、地理环境因素、社会因素的结论，都是从大量的统计事实中得出来的。[2]

1 ［意］恩里科·菲利著：《犯罪社会学》，郭建安译，中国人民公安大学出版社 1990 年版，第 1 页。

2 周仲飞、周路：《思辨与实证——犯罪学史上研究方法的回顾与评价》，载《中国人民警官大学学报》（哲学社会版）1995 年第 2 期。

36

梅谦次郎（うめ けんじろう）

1860—1910

在日本东京都文京区音羽之护国寺的一隅，有一座不起眼的坟墓，里面静静地躺着日本近代著名法学家梅谦次郎博士。

梅谦次郎被日本法学界公认为日本近代法制的创始人之一，“日本近代民法典之父”，明治时期日本法学界的一颗耀眼的明星，与日本近代资本主义同步前进的法学家代表。[1]

梅谦次郎出生于出云州（现在根岛县）地区，父亲是云州侯的御医。他自幼聪明，被人们称为神童，1874 年随父母赴东京升学，第二年参加了陆军幼年学校的考试，但因体质太弱而落选，随后进入东京外国语学校法语科学习。

1876 年 3 月，梅谦次郎报考了司法省法学校，但也因体格检查不合格而未能如愿。1880 年 2 月，梅谦次郎以外国语学校第一

1 ［日］潮见俊隆、利谷信义编:《日本的法学者》，日本评论社 1975 年版，第 73 页。

名的成绩毕业，并终于如愿被选送进了司法省法学校。1884 年，他获得法学学士学位，毕业后进一法省工作，兼司法省法学校的教师和翻译。1885 年，司法省法学校并入东京大学法科大学（后改为东京大学法学部），梅谦次郎出任该大学的教师。

1885 年 12 月，梅谦次郎获得机会赴法国留学。1886 年 2 月，经过长期海上航行后梅谦次郎抵达法国，进入里昂大学法学院学习。1889 年，他转入德国柏林大学学习。他于 1890 年回国，任东京大学法科大学教授。

1893 年 3 月，日本成立法典（起草）调查会，梅谦次郎出任起草委员会委员。1897 年，梅谦次郎担任了东京大学法科大学校长，同年兼任法制局长官。1899 年，他出任和佛法律学校校长。1900 年，他又任日本文部省总务长官。1903 年，他将和佛法律学校改名为法政大学，并任该大学的总理。[1]

梅谦次郎对日本近代法和法学发展的贡献是多方面的。

首先，作为“日本近代民法典之父”，梅谦次郎为日本近代民事立法作出了巨大的贡献。早在梅谦次郎留学回国之际，日本就爆发了要否施行旧民法的法典论争。1880 年，日本在元老院内成立了民法编纂局，委托法国著名法学家、巴黎大学法学院教授保阿索那特（G.E.Boissonade，1825—1910）起草民法典。

1890 年，日本公布了保阿索那特的民法草案，即财产法（财产编、

1 ［日］潮见俊隆、利谷信义编：《日本的法学者》，日本评论社 1975 年版，第 74—89 页。

财产取得编、债权担保编、证据编）和身份法（人事编、继承编），并定于 1893 年施行。由于该草案（也称“旧民法”“保阿索那特民法”）全面移植法国民法典的内容，与当时保留浓厚的封建残余的日本社会不甚相符，故招来了法学界保守人士的强烈反对。1891 年，这种反对达到了高峰，出现了围绕是否实行该法典的激烈争论。与赞成施行旧民法的“断行（断然实行）派”相对，反对者以东京大学法科大学英国法专业法学士为主，组成了要求民法典延期施行的“延期派”，其代表穗积八束（1860—1912）甚至提出了“民法出，忠孝亡”的极端观点。

梅谦次郎积极参与了这场法典论争，并站在“断行派”的立场上，全面阐述了在日本实施旧民法的必要性和可能性。他的活动使他事实上成了“断行派”的代表人物。由于日本保守势力的强大，这场法典论争最后以旧民法延期实施（事实上是废止）、“延期派”获胜而告终；但梅谦次郎因此争论而声名大震，成为全国知名的人物。这为他进入日本最高立法阶层、参与 1898 年《日本民法典》的编纂铺平了道路。

1893 年 3 月，日本成立了法典调查会，由伊藤博文[1]任总裁，西园寺公望[2]任副总裁，梅谦次郎与穗积陈重[3]、富井政章[4]一起，担

1 伊藤博文（1841—1909），日本近代政治家，参与明治维新运动。1885 年至 1888 年、1892 年至 1896 年、1900 年至 1901 年，三次出任日本首相。

2 西园寺公望（1849—1940），日本近代政治家，日本明治法律学校（现明治大学）的创始人。1906 年至 1908 年、1911 年至 1912 年，两次出任日本政府首相。

3 穗积陈重（1855—1926），日本近代著名法学家，日本近代法制的创始人和奠定人之一，主要作品有《法律进化论》等。

4 富井政章（1858—1935），日本近代著名法学家，日本近代民法学的创始人之一。

任起草委员会的委员。1893 年 4 月 28 日召开了第一次起草委员会会议，至 1898 年 4 月 15 日的法典调查会会议，起草委员会一共召开了 202 次调查会议,25 次整理会议，从事民法典的编纂工作。

在民法典起草过程中，梅谦次郎发挥了重要作用。他知识广博，且精通法语，遇到关键的词、句子，他都可以从国内外的民法典和民法著作中找到相应的说明，解决各种疑难问题。1896 年，法典调查会公布了总则、物权、债权三编，1898 年又公布了亲属、继承两编，整部民法典于 1898 年 7 月 16 日开始施行。

1898 年《日本民法典》虽然在形式上以 1888 年《德国民法典》第一草案为蓝本，但在实际上仍大量参考了《法国民法典》的内容，以保阿索那特的旧民法为基础。因此，对精通法国民法的梅谦次郎而言，起草民法典的工作给了他一个充分显示自己知识与才能的机会。在这部法典中梅谦次郎倾注的心血，早已为日本法学界所公认。穗积陈重评价说，梅谦次郎在起草民法典中所起的巨大作用，仅从他在起草委员会各次会议上总共发表了 3852 次发言这一点上即可得知。[1] 日本著名法学家牧野英一也说，梅谦次郎“作为《日本民法典》起草委员之一将名垂千古”[2]。

其次，梅谦次郎为日本近代民商法学体系的创立作出了卓越的贡献。梅谦次郎去世时年仅 50 岁，但他是日本法学史上最勤奋、最多产的法学家之一。早在《日本民法典》和《日本商法典》制

---

1 [日] 穗积陈重著:《法窗夜话》，岩波书店 1916 年版，第 329—330 页。

2 [日] 牧野英一:《梅谦次郎先生与穗积八束先生》，载《法律时报》第 14 卷第 11 号。

定前，他就出版了多种民商法作品。1890 年到 1893 年，他出版了5卷本的《商法义解》；1891 年，出版了《日本买卖法》；1892 年，出版了《日本民法和解论》；1892 年至 1893 年，出版了《民法债权担保篇》（共 2 卷）；1893 年，出版了《改正商法讲义》；1894 年，又出版了《公司法纲要》等。

1896 年，在编纂民法典的过程中，梅谦次郎发起成立了法典质疑会，并出任会长，创刊发行了《法典质疑录》。同年，梅谦次郎的代表作《民法要义》第 1 卷、第 2 卷面世。至 1900 年，该书的最后一卷出版。这部划分为总则、物法、债法、亲属法、继承法 5 卷，总共 3000 页的巨著，被日本学术界公认为《日本民法典》的权威解释书、日本民法学的奠基之作，它奠定了近代日本民法学的体系，在梅谦次郎生前已多次再版，被视为“任何想了解《日本民法典》的立法精神的人都必须阅读的、永垂千古的名著”[1]。

之后，梅谦次郎又陆续出版了《民法讲义》（1901）、《民法原理》（1901—1903），进一步丰富了日本民法学的理论体系。1898 年《日本民法典》自颁布实施以来，虽然经历了多次修改，但一直是现行的、有效的法典，所以，梅谦次郎的著作至今仍是日本民法学的经典之作。

最后，梅谦次郎为日本乃至中国的法律教育作出了贡献。梅

1 ［日］东川德治著：《博士梅谦次郎》，第 193 页，引自前揭［日］潮见俊隆、利谷信义编《日本的法学者》，第 86 页。

谦次郎出任法政大学总理期间，不仅对法政大学的教学内容和教育管理体制进行了许多改革，还为发展中国的留学生教育付出了努力。

1903 年，梅谦次郎在法政大学创办了中国留日学生法律速成科，积极吸收中国短期留日学生，使法政大学成为当时中国留学生最集中的场所。在对中国留学生的致辞中，梅谦次郎曾说过如下一段话：

“日中两国自古以来就拥有同文同教的关系，根本的道德观念是一致的。而日本先于中国研究西方的文物制度，采其之长补己之短，比较研究东西的得失利弊，将其折中调和，编纂出了自己的法典。因此，中国在编纂新法典时，以日本的法典为模式是合适、合算的。希望学生诸君体察此意，完成学业，为自己的国家作出贡献。”[1]

在速成科的基础上，梅谦次郎又设置了中国留学生法律普通科，使中国学生有了进一步深造的机会。据统计，当时直接或间接受梅谦次郎教育的中国留学生有 1042 人。其中，不少留学生后来都成了 1911 年辛亥革命的骨干，一些则成为中国现代史上的风云人物，如汪精卫、沈钧儒等。就拿汪精卫来讲，他在留学期间，因学习成绩优异而被法政大学列为首席学生。当时清政府的驻日公使对此大为光火，就向梅谦次郎抗议：“他（指汪精卫）是革命党人，

---

1 ［日］潮见俊隆、利谷信义编：《日本的法学者》，第 86 页。

将他列为首席学生是不合适的吧。”梅谦次郎将此话当作耳边风，未予理睬。[1]

1906 年，梅谦次郎作为法政大学的总理赴中国访问。后来清政府提出聘请他来华帮助立法，而梅谦次郎当时有事不能离开日本，故推荐了冈田朝太郎、松冈义正、志田钾太郎和小河滋太郎来中国，担任清政府立法顾问和北京等法律学堂的教官。而这些人的活动，对中国近代的法律改革起到了一定的作用。因此，梅谦次郎对中国的清末立法和法律教育改革也作出了一定的贡献。

1 ［日］潮见俊隆、利谷信义编：《日本的法学者》，第 90 页注。

37

韦伯（Weber）

1864—1920

马克斯·韦伯的身世充满着矛盾与传奇色彩。1864 年 4 月 21 日，韦伯出生于图林根的埃尔福特市。父亲老马克斯·韦伯出身于德国西部一个商人家庭，是一位训练有素的法律家，并担任市参议员。老韦伯是一个热衷于君主制的保守派分子、俾斯麦铁血政策的拥护者和崇尚“成功即道德”的马基雅维利主义者；在家中，他是一个专制而又庸俗的家长。

在韦伯的心目中，父亲是权力与庸俗的化身，他代表的不仅是德国庸俗而蛮横的家长专制思想，也是蛮横而庸俗的君主专制制度。韦伯对帝国和德皇威廉二世怀有既崇敬服从又不满和反抗的态度；他以身为普鲁士军官感到荣耀和自豪，又公然宣称每一个德国人都应以德军最高统帅——德皇为耻辱，这些是韦伯对其父亲态度的反映和延续。此外，韦伯终生对政治的热衷与其父亲的政治活动不无关系。

韦伯的母亲海伦娜·韦伯信仰基督新教，开明而有教养，十分关心宗教和社会问题，热心慈善事业。4 岁时患脑膜炎的小韦伯在母亲长达 7 年无微不至的照料下才得以脱离变成痴呆或死去的危险。韦伯终其一生与母亲维持着亲密的关系。他那深刻的个人人道主义、“基督徒的自由”，以及在伦理方面崇高的标准，来自他对母亲的认同；而韦伯终生致力于研究宗教和社会问题，不能说没有母亲的影响。

由于在思想、志趣、性格上的强烈差异，韦伯双亲间的关系日益恶化。老韦伯死于 1897 年。去世前不久，父子俩发生了激烈的争执，韦伯一如既往地激烈地护卫母亲，反抗在他认为是父亲专擅的管制。老韦伯去世后，韦伯自觉对父亲所表现的敌意是一项永远无法弥补的罪行。由此而来的内在的紧张致使韦伯陷于精神崩溃之中，直至 1903 年。

韦伯属于最后一代的通才、最后一代百科全书式的学者。城市化研究、法律史、经济学、音乐、世界宗教——几乎没有一个领域他未曾触及。人文中学的教育使得印欧语系的各种语言对韦伯而言不过是同一语言工具中的各种方言；家庭背景在知性上的诱导使他甚早起步，使他能够学习多种不常集于一人之身的科目；德国大学的制度安排使他有时间从事研究工作，也没有急于出版著作的压力；1870 年至 1914 年的和平与繁荣使为五斗米折腰的小资产阶级教授全为一批拥有豪宅和女仆的上层阶级的学院派教授取代，促成了学术性沙龙的出现，[1] 同时也保障了大学不受地方压力的干扰，这些因素构成了韦伯学术风貌的社会条件。

德国的思想传统和积累下来的学术，特别是在史学、古典文学、心理学、神学、比较文学、语言学和哲学方面，使 19 世纪晚期的德国学者站在一个优越的基础上来展开他们的工作。当时一方面有黑格尔和兰克传统下的学院派学者对理念作保守性的诠释；另一方面则有考茨基、伯恩斯坦等人从事激进的学术研究。这两派学术工作的冲突，构成了一种独特而富有挑战性的思想学术上的紧张关系。而在社会科学里，由于马克思主义的冲击，学者倾向于把资本主义当成一个横亘整个历史时期的结构来探讨。这些构成了韦伯的学术背景、渊源。

韦伯属于最后一代的“政治教授”，这种教授，在对学术作出超然的贡献之余，身为中产阶级思想上的先锋，同时还是政治的领导人物。尽管如此，为了学术的“客观性”及学生的自主，韦伯反对将与世隔绝的学术讲坛作为政治宣传的论坛。他虽然殷切关怀德国政策的动向，但在理论上，他把他的教授与学者的角色，与政治评论家的角色作了严格的区分。韦伯似乎是一位卓越的大学老师，但是几乎有 20 年的时间，他的健康状况不允许他授课。他虽然是一位学者，置身于大学讲台上却觉得不安，只有在政治讲坛上才如鱼得水。也正是韦伯的政治关怀构成了韦伯学术思想

1 在韦伯的学术沙龙里，聚集着德国几代的学术精英，如克尼斯、李凯尔特、文德尔班、耶利内克、宋巴特、藤尼斯、齐美尔、卢卡奇、雅斯贝斯等。

的出发点。

虽然身为学者，可是韦伯有时会感到自己好比古代犹太人的领袖，向着街道上的熙攘民众大声疾呼。当第一次世界大战的进程和德国的溃败如他 20 年来所预料的一般发生时，韦伯觉得德国民族成了贱民。1916 年和 1917 年，在研究古代犹太教的过程中，他发现古代犹太人和德国人的处境颇为相似；而且，在许多先知——特别是耶利米的人格中，在他们不稳定与无法克制的心理状态中，他看到了许多与他自己相像的特质。虽然在人文主义传统的幻觉之下，韦伯认同自己如耶利米，但他也清楚自己并非先知。在他的眼里，现代社会是没有神的，尤其没有先知与圣者的立足之地。他仅提出以赛亚的建议："有人从西珥不住地大声问我：'守望的啊！黑夜还有多久才过去呢？守望的啊！黑夜还有多久才过去呢？'守望的人回答：'黎明来到了，可是黑夜却还没有过去！你们如果再想问些什么，回头再来吧。'"[1]

在韦伯时代，德国的社会呈现出一个不和谐的容貌。在文化层次上，虽有些与传统相连的深奥的东西产生，但那些文化的要素已失去活力，韦伯这一代已看不到传统的文化。正是从为德国的富强而思考开始，韦伯继而研究了象征富强的西方文明如何得以成长，研究了以资本主义、官僚制、新教伦理、理性的法律为

1 《圣经·以赛亚书》第 21 章第 11—12 节。此处文字与中文版《圣经》有出入，系采钱永祥译文。参阅［德］马克斯·韦伯著《韦伯选集Ⅰ：学术与政治》，钱永祥编译，远流出版事业股份有限公司 1991 年版，第 167 页。

特质的西方的现代化进程，[1]并将之总结为祛除巫魅的过程；在生命的最后几年，韦伯对西方文明祛除巫魅的理性化进程在当代的困境予以了深刻的反思，揭示了这一进程的实质非理性，深切地体悟了现代性的迷惘、理性化的宿命。

正如特纳所说，也许理解韦伯对自己事业的看法（即把握我们时代鲜明的独特性）的最佳方式，是将其看作对现代性性质的孜孜探求。他对理性法律、管理、军事技术、宗教伦理等方面的分析，可以视之为现代性的独特性质，特别是现代性所蕴含的宿命性甚至恶魔般的属性所作的一整套探究。[2]在韦伯看来，在资本主义的现代性下，“固有的一切都将消融殆尽”；现代化过程破坏了传统秩序，也破坏了传统权威借以使这个世界可以理解并合法化的意识形态；现代性对一切都提出了质疑，并将它们置于单一的理性原则面前予以衡量。

韦伯同时也认识到，理性对现实的这种质疑最终将会有悖于自身的初衷，沦于自我毁灭。理性开始质疑自身的界限，认识到其自身限制。我们怎么能够在理性的角度上证明理性本身的正当性？理性是否存在许多种形式？（以工具理性形式出现的）理性是否实质上是否定生命的？

1　西方语言中，“近代化”与“现代化”事实上是一个词，如 modernization（英）、mcdemisieren（德），之所以会出现同一个词分别被译作“近代化”与“现代化”，则是我们所接受的是以 1917 年俄国革命为近代与现代的分界线的缘故。本文所指的“现代化”是指从十六七世纪开始延续至今的整体社会变迁。

2　[英] 特纳：《探讨马克斯·韦伯》，李康译，载 [德] 马克斯·韦伯著《学术与政治》，冯克利译，生活·读书·新知三联书店 1998 年版，第 173—194 页。

韦伯对上述问题的探索，对现代性的沉思是从对形式合理性与实质合理性的区分开始的。他把形式合理性归结为手段和程序的可计算性，一种客观的合理性；而实质合理性则基本属于目的和后果的价值，是一种主观的合理性。从纯粹形式的、客观的行动最大可计算性的角度看，韦伯认为，科学、技术、资本主义、现代法律体系和行政管理（官僚制）是高度合理性的。但是，在他看来，现代的形式合理性经济系统以手段取代目的，卷入了以形式合理性支配实质合理性的过程，从而构成了现代社会一方面是发展到极致的可计算性、效益与非人性和另一方面是对平均主义的友爱与博爱的冷漠与拒斥的无法消解的紧张对立。[1] 两种合理性（理性化的二元性）之间的冲突与对立是现代社会生活两难处境的根源：主张形式合理性必然引出实质非理性的后果，反之，坚持实质合理性必然引出形式非理性的结果。据此，韦伯给出了他的悲凉的洞见：现代性的一个最基本和最明显的现实就是“形式的合理性与实质的非理性”，实际上就是“理性化导致了非理性的生活方式”，就是现代人始终无法解脱的理性化的宿命。

韦伯与法学渊源颇深，由于父亲的影响，韦伯先后进入海德堡大学、柏林大学、哥廷根大学攻读法学，并于 1889 年以“中世纪商贸公司史——根据南欧的材料”为题的论文获法学博士学位。1886 年和 1892 年，韦伯先后通过了见习法官考试和国家律师考

1 参阅苏国勋著：《理性化及其限制——韦伯思想引论》，上海人民出版社 1988 年版，第 226—243 页。

试。1891 年，韦伯以“罗马农业史对公法和私法的意义”为题的法学论文获柏林大学授课资格，讲授商法、罗马法和日耳曼法。1892 年，代替老师戈尔德施密特在柏林大学讲授票据法和商法。1893 年，韦伯获柏林大学商法教授资格。韦伯早年于法学用力甚多，成就卓著。在 1891 年的教授求职论文考试时，19 世纪最伟大的罗马史学者、柏林大学教授默森说：“有朝一日我辞别人世时，我将愉快地对值得尊敬的马克斯·韦伯说：‘孩子，我把长矛交给你，它对于我的肩膀已过于沉重。’”[1]

韦伯早年的法学研究以结合社会经济史的宏阔背景和深入细致的具体材料分析为特色，代表性的成果为《中世纪商贸公司史——根据南欧的材料》与《罗马农业史对公法和私法的意义》。韦伯的早期法学研究，基本上是延续 19 世纪德国历史法学派和历史学派经济学理论路径的成果。而一般所称的韦伯的法律社会学则指以《经济与社会》第 2 部第 7 章“法律社会学”为核心的韦伯晚年的法律思想。

韦伯并未有意写一部法律社会学的著作，韦伯研究法律的目的在于阐述西方文明的理性化环境之下决定现代法律理性化的里程碑及其因素。以法律的理想类型为基础，韦伯系统地探讨了作为西方文明的基本特征的形式合理性法的成长史，或称法律理性化的运动过程。在韦伯看来，西方法律的理性化过程的完成，使

1　郑涌著：《韦伯》，中华书局（香港）有限公司 1994 年版，第 144 页；[英] 麦克雷著《社会思想的冠冕——韦伯》，周伯戡译，上海书店 1987 年版，第 47 页。

具体的可预见性的经济活动、行政管理等（即可计算性）成为可能，从而为资本主义创造了最重要的条件。

韦伯描述了现代法律中诸多的反形式主义趋势，如“自由心证”的证据制度、诚实信用原则、司法过程对当事人真实意志的探求、刑罚个别化、承认法无明文时的司法创造等。[1]这些反形式主义的趋势从根本上而言，乃是法律的形式正义与实质正义之间永远无法摆脱的紧张的一种反映；但在韦伯的视野中，这一趋势更多的是反映了西方文明理性化、现代化的整体性的宿命，即这一进程的“形式合理性与实质非理性”的悖论，“理性化导致了非理性”的宿命。韦伯的法律社会学同样充满了悲剧性的气氛。和柏拉图一样，在韦伯的眼中，法律的治理也只是不得已而为之之事，是人类不得已的将就，只是第二等的选择。

韦伯以他那深邃锐利的目光、绝望的口吻谈道：未来将会是极地黑暗笼罩之下的冰冷长夜。[2]韦伯的最高目的在于为理性化的社会之中（而非之外）的自由找到基础，为非人化（异化）的世界找寻人性温情的空间。

韦伯的意图成功了吗？他的目的达到了吗？

在《以学术为业》的结尾处，韦伯写道：“单靠祈求和等待，只能一无所获。我们应当去做我们的工作，正确地对待无论是为

1 [德] 马克斯·韦伯著：《论经济与社会中的法律》，张乃根译，中国大百科全书出版社 1998 年版。第 306—317 页。

2 [德] 马克斯·韦伯著：《学术与政治》，冯克利译，生活·读书·新知三联书店 1998 年版，第 117 页。

人处世的还是天职方面的‘当下要求’。如果每个人都找到了握着他的生命之弦的魔鬼，并对之服从，这其实是平实而简单的。”

在《以政治为业》的结尾处，韦伯写道：“从人性的角度看，能够深深打动人心的，是一个成熟的人（无论年龄大小），他意识到了对自己行为后果的责任，真正发自内心地感受着这一责任。然后他遵照责任伦理采取行动，在做到一定的时候，他说：‘这就是我的立场，我只能如此。’这才是真正符合人性的、令人感动的表现。……一个人得确信，即使这个世界在他看来愚陋不堪，根本不值得他为之献身，他仍无悔无怨；尽管面对这样的局面，他仍能够说‘等着瞧吧’，只有做到了这一步，才能说他听到了政治的‘召唤’。”

也许这就是韦伯留给后世的答案，尽管它们笼罩在韦伯那特有的难以面对而又挥之不去的浓重的悲情之下。

38

庞德（Pound）

1870—1964

罗斯科·庞德，美国著名法理学家，社会学法学的主要代表人物。

1870 年 10 月 27 日，庞德诞生在内布拉斯加州的林肯城。童年时期，主要受母亲教育，其父曾在该州的第二和第三司法区当法官。庞德早年攻读植物学，是该州植物研究会的创始人和第一任会长。但由于受父亲职业的影响，他的志趣转向法律。在哈佛法学院学习一年，庞德回到了内布拉斯加州，取得了律师资格并开业做律师。

1901 年，庞德被任命为州最高法院的专员（助理法官），在那里深入了解了司法机关的工作。此后，他相继在内布拉斯加大学、西北大学、芝加哥大学、哈佛大学法律系执教。

1916 年，庞德被任命为哈佛法学院院长，他就职的 20 年被誉为哈佛大学法学院的黄金时代。1936 年 9 月，庞德因年事已高辞职，但仍任该院名誉院长。1937 年 6 月，他接受哈佛大学最早的一个“巡回教授”的职位，有资格在任何一个系授课。

1946 年，庞德接受国民党政府的邀请，任中华民国司法部法律顾问。[1] 此外，庞德还担任过国际联盟设立的国际智力合作学会法律处顾问委员，亦曾担任英美权利仲裁团成员。

庞德一生治学严谨，著述极丰，欧美法学家称他为当代法学泰斗。他精通多国文字，有 45 年以上的教育经历，是个多方面的多产作家。他在法学方面的主要著作有《社会学法学的范围和目的》(1911)、《普通法的精神》(1921)、《法律哲学总论》(1922)、《法律史解释》(1923)、《法律与道德》(1924)、《普通法的历史和制度释义》(1927)、《美国刑法》(1930)、《美国法的形成时代》(1938)、《通过法律的社会控制》(1942)、《行政法的成长、程序和意义》(1942)、《法律的任务》(1944)、《法律的新道路》(1950)、《公正执法》(1951)、《法理学》(1959) 等。[2]

庞德的名字与美国联邦最高法院法官霍姆斯、布兰蒂斯和卡多佐始终是联系在一起的。他们一起对 20 世纪初期美国法律思想的革新起了推动作用。不同的是，庞德从来没有在任何一个法院担任过法官，因而他从来没有机会通过法院判决或反驳性语言的途径来表达他的观点。他的贡献是通过长期的研究工作及著书立

1　关于庞德的社会学法学对中国法学研究及法学教育的影响，参阅何勤华主编《二十世纪百位法律家》，法律出版社 2001 年版，第 23—25 页。

2　蒋恩慈、储有德编著：《西方法学家生平与学说评介》，广西人民出版社 1983 年版，第 156 页。

说来完成的。

庞德的法律生涯一开始就是不寻常的。他虽然是一个早慧的学者，并且是一位法官的儿子，但他最初的兴趣及发表的著述都是植物学方面的。他在法学院也并未完成学业，但他在法律方面精湛的著述无人可及。只是凭着一个荣誉的法学学位，他成了美国最有威望的哈佛大学法学院的院长。

在哈佛大学，庞德借助他的前任克里斯托弗·兰德尔的基础建立起课程改革制度，其核心是今天为我国法学教育屡屡提及的"案例法教学"，它给学法律的学生提供了一种与审判状况紧密相连的实际训练，用以取代传统的演讲和讨论制度。庞德像兰德尔，也像他同时代的霍姆斯一样，在习惯法方面是一个严格的研究者；加上在这综合的法律活动领域，需要审判方面不断地创新，使得"案例法教学"对初出茅庐的律师来说犹如一块理想的试验田。

庞德对法学史和法学理论的研究，使他在法律工作上形成了一套自己的信念。1906 年，在美国律师协会的一次高级辩论的演说中，庞德向传统的法学理论展开了论战。他提出了"社会法学"理论，认为，由于社会自身的不断变动，法律就必须显示出一种灵活性，并根据不断变化的社会现实随时调整和改变那些通常熟悉的原则。同时，庞德对任何一种绝对论都持怀疑态度，甚至认为对"公正"一词下定义都是困难的。

庞德学说的思想渊源较为复杂，比较明显和重要的思想渊源是詹姆斯的实用主义哲学和霍姆斯的实用主义法律思想。美国社会学家沃德和罗斯关于社会力量和社会控制等学说，也对庞德的学说有很大影响。此外，19 世纪末德国的一些社会哲理法学派，如耶林和柯勒的学说，对他也有不少影响。庞德主张在实际行动中研究法学，即把重心放在研究“活的法学”，根据社会生活中法律规范所造成的后果进行研究。庞德认为“法律在本质上不是力量，而是对力量的限制”[1]，法律的作用在于满足人类社会生活中的需要，借以调和利益、处理冲突及决定相互间的关系，要研究如何使法律通过政治、社会、经济等行为达到协调人类关系的目的。他强调，对法律的适用是一种“社会工程技术”，它是“一视同仁”地为一切社会阶层利益服务的。

庞德从强调法律的社会作用和效果这一核心思想出发，提出了法律是一种“社会工程”或“社会控制工具”的学说。他把法类比为一种社会工程，法学则是一门工程学。庞德主张，法律和一定时间、空间的文明相联系。文明有两个方面：一个是对外在的、物质的自然界的控制；另一个是对内在的、人类本性的控制。对人类本性的控制就是社会的控制，主要有法律、道德和宗教三种手段。从 16 世纪以来，法律成为社会控制的首要工具。[2]

庞德认为，法律概念应包含三种意义：一是法律秩序，二是权威性材料，三是司法行政活动。其中，第二种权威性材料又包含

1 蒋恩慈、储有德编著：《西方法学家生平与学说评介》，广西人民出版社 1983 年版，第 157 页。

2 [美] 罗斯科・庞德著：《通过法律的社会控制》，沈宗灵等译，商务印书馆 1984 年版，第 9—10 页。

命令、技术和理想三种要素。在命令中又包含规则、原则、概念和标准四个方面。[1]

庞德从他对法律目的的研究中，提出了法律史发展的五个阶段的概念。（1）原始法阶段。就像《汉谟拉比法典》和其他早期的法律，其目的为防止血亲复仇并通过提供赔偿费用给受伤害的一方来维持和平。（2）严格法阶段。就像古罗马法和英国中世纪的法律，规定只有家长具有完全的法律人格，妻子和未成年的孩子要服从丈夫和父亲。其目的在于法律的确定性和统一性。（3）衡平法和自然法阶段。其目的在于以道德观念改正上一阶段法律形式的非道德状态，并把法律人格的概念扩大到家庭的隶属成员。（4）成熟的法律阶段。如英美 19 世纪的法律，其目的不仅在于法律的确定性，还在于谋求一切人的平等和安全，使法律不适当的流动性逐步得到纠正。安全和平等在保护财产和个人契约方面也得到调和，从而导致了施展个人才能和使用个人财产机会均等的概念的形成。（5）法律的社会化阶段。即 19 世纪后期开始的西方各国的法律，其目的在于使社会化的观念进入法律领域。[2]

庞德提倡社会现实正义，这要求“调整原理以适应这些原理原则所支配的社会状况，而不是迁就所假设的基本原则”。1921 年，他推出了他的“功能理论”，这个理论主张法律的功能是赋予人民

1 沈宗灵著：《现代西方法理学》，北京大学出版社 1992 年版，第 287—298 页。

2 蒋恩慈、储有德编著：《西方法学家生平与学说评介》，广西人民出版社 1983 年版，第 159 页。

共同生活的权利，而不赞成那种脱离现实的、抽象形式的“公正”。

庞德不止一次地坚持法院必须要用“事实”来支持它们对实际社会状况的理解，他主张把法律当作一种帮助社会达到最终目标的工具。

在许多公开的出版物中，都有对庞德事迹的介绍。他曾为许多重要的委员会和专门事务委员会做过工作。1931 年，他在威克尔夏姆专门事务委员会有效地宣布禁酒令不能实施，从而为废除这一法令铺平了道路。

从哈佛大学法学院院长位置上退休以后，庞德无所顾忌地反对“福利国家”的出现。他说他不能忍受政府的这种“好善乐施”的倾向，因为这样会帮助每个公民“摆脱困境、愈合创伤、各得其所和付清他们在旅馆的欠账”。他认为这样的国家正在失去“所主张的自由——提供自我维持或自我决断的自由”。这使人联想到进步党时期的自由状态。但在 20 世纪中叶，庞德的观点似乎与国家的变化方向不相适应。

39

美浓部达吉（みのべ たつきち）

1873—1948

美浓部达吉，日本现代著名的宪法学家、行政法学家。1900年，美浓部达吉还在欧洲留学期间，就被任命为东京帝国大学法学部的教授助理。1902年，在他回国的同时，被进一步任命为法学部教授，这一年他才30岁。这在日本法律教育史上是较为少见的，显示了美浓部达吉在青年时代就是一个出类拔萃的优秀学者[1]。

美浓部达吉的一生，既有一帆风顺、青年得志的时期，也有遭受挫折、受到迫害的阶段。他于1873年5月7日生于兵库县高砂市一个医生家庭，排行老二。其兄美浓部俊吉也是东京帝国大学毕业生，后步入政界和实业界，出任日本统治朝鲜时期的朝鲜银行负责人。

美浓部达吉幼年时期即表现出强烈的求知欲望。经过高砂小

1 ［日］潮见俊隆、利谷信义编：《日本的法学者》，日本评论社1975年版，第163—165页。

学、小野中学和神户乾行义塾、东京第一高等中学（该中学一般被认为是东京帝国大学的预备学校）等学校的学习后，美浓部达吉于1894年进入东京帝国大学法科大学学习，并于1897年以优异的成绩毕业。

1899年，美浓部达吉赴德国、法国和英国留学。如上所述，1902年回国的同时，他就受命担任东京帝国大学法学部的教授，讲授比较法制史、宪法学和行政法学（1911年比较法制史讲座让给中田薰博士后，美浓部达吉就专门讲授宪法学和行政法学）。1907年，他出任学士院会员。1932年，他被日本天皇指定为贵族院议员。1934年，他从东京帝国大学法学部退休，任名誉教授。1935年，美浓部达吉受到日本法西斯迫害，著作被销毁，禁止出版发行。

第二次世界大战结束后，美浓部达吉的学术生命得以恢复。1945年10月，他被任命为币原内阁的宪法问题调查委员会顾问。1946年1月，他出任日本枢密院顾问。同时，他还兼任日本公职适格审查委员会委员长、全国选举管理委员会委员长等职务[1]。

美浓部达吉在长达50余年的学术生涯中，著书近100册。其中有代表性的为《日本国法学》（1907）、《宪法及宪法史研究》（1908）、《日本行政法》（全4卷，1909—1916）、《宪法讲话》（1912）、《宪法撮要》（1923）、《日本国宪法原论》（1948）等。[2]

美浓部达吉对日本宪法及宪法学发展作出了贡献，主要体现在他的“国家法人说”和“天皇机关说”之中。明治末期至大正

---

1 ［日］潮见俊隆、利谷信义编：《日本的法学者》，日本评论社1975年版，第163—165页。
2 上海社会科学院法学研究所编译：《法学流派与法学家》，知识出版社1981年版，第310页。

初期，在日本宪法学界占统治地位的是穗积八束和他的学生上杉慎吉（1876—1929）的旧官僚宪法学理论，该理论以国家绝对主义和天皇主权理论为核心，使命是加强以天皇为中心的日本国家权力。与此相对，美浓部达吉强调“国民主权说”，强调以内阁权力为核心的君主立宪形式的民主政治体制。

在《君主在国家中的地位》（载《法学志林》第 50 号，1903）等论著中，美浓部达吉指出，以往日本的宪法学者都认为，君主拥有对国家的统治权，这是不对的，它不符合近代法理学的精神。统治者应属于国家这个“法人”，天皇为国家最高机关，行使统治权。国家的主权在于民众，体现“主权在民”的最好政治体制是内阁对议会负责的议会内阁制。美浓部达吉的这一理论来源于德国近代法学家耶林和格贝尔（Carl Friedrichvon Gerber，1823—1891）的学说，但已有了重大发展并带有日本的特色。至大正时代，“天皇机关说”成为日本法学界公认的学说，并成为大正民主运动和政党内阁的理论证据。

随着大正民主时代的结束，在日本，军部势力和民间的右翼分子掀起了一股复古主义、国家主义（军国主义）的反动思潮。学术界的一部分保守分子攻击美浓部达吉的“天皇机关说”和“国家法人说”为“异端邪说”，并与之展开了激烈的争论。在这种压力之下，日本文部省甚至取消了美浓部达吉正在从事着的中等学校法制教科书的撰稿工作。对此，美浓部达吉也予以坚决回击。他以尖锐的笔锋批判了贵族院的旧体制、藩阀官僚制、天皇的紧急敕令、军部大臣武官制、治安维持法等，进一步宣传近代西方民主、自由的宪政思想，强调应巩固大正民主时代确立起来的政党内阁和议会制度。

美浓部达吉的立场引起了日本右翼分子的极端恐惧，他们决意对其进行政治迫害。事实上，在此之前，右翼分子已经将日本另一位民主主义法学家泷川幸辰（1891—1962）驱逐出了京都大学（1933年“京大事件”。）此时，他们又将迫害的目标对准了美浓部达吉。1935年2月，原陆军中将菊池武夫率先在贵族院向美浓部达吉发难，攻击“天皇机关说”是“学匪”的理论，弹劾美浓部达吉对日本国体的批判这一行为是犯了“不敬罪”。同时，日本检察机关也以起诉美浓部达吉的著作为“非法出版物”为借口拘传了他。最后，美浓部达吉不得不以辞掉贵族院议员为代价，取得了检察机关缓期起诉的处理决定，但他的《宪法撮要》《逐条宪法精义》《日本宪法的基本主义》三部著作则被禁止再版、销售。

真理是任何力量都扼杀不了的。美浓部达吉提出的“天皇机关说”和“国家法人说”尽管在日本法西斯主义猖狂时期被禁止，但第二次世界大战以后，随着世界民主主义力量的胜利，“天皇机关说”和“国家法人说”也被日本学术界所重新认可，并被视为20世纪人类文化的精华而永存于世。

美浓部达吉的法理学、宪法学和行政法学理论对中国的影响甚大。他的许多作品，在民国时期就已经被译成中文出版，如《法之本质》（林纪东译，上海商务印书馆1936年版）、《公法与私法》（陈正明译，陈正明律师事务所1936年版；黄冯明译，上海商务印书馆1941年版）、《府郡县制要义》

（谷钟秀、马英俊译，东京东华书局1907年版）、《宪法学原理》（欧宗佑、何作霖译，上海商务印书馆1927年版）、《议会制度论》（邹敬芳译，上海华通书局1931年版）、《日本行政法撮要》（杨开甲译述，“中华民国政府考试院”1933年版）、《行政法撮要》（程邻芳等译，上海商务印书馆1934年版）、《行政裁判法》（邓定人译，上海商务印书馆1933年版）等。改革开放之后，随着国外法学思想的导入，美浓部达吉的学说也进一步受到中国学术界的重视，并成为各个法律院系宪法、外国法和比较法课程中的讲授内容之一。

拉德布鲁赫（Radbruch）

1878—1949

古斯塔夫·拉德布鲁赫，生于德国吕贝克的一个农民家庭，祖上是来自下萨克森吕内堡镇的农民。拉德布鲁赫是父母的第三个小孩，自幼受路德新教的熏染。小学毕业后，他到了一个名叫“凯特琳中学”的学校念书，1898 年以全优成绩毕业。[1]

拉德布鲁赫从小就有文学天赋，在中学读书时，就在杂志上发表了第一首诗作。但在父亲的劝告下，他于中学毕业后前往慕尼黑大学学习法律，时间不长，又转入莱比锡大学学习。过了一年，他又前往柏林大学学习法律。拉德布鲁赫之所以这么频繁转学，主要还是对学习法律尚未产生兴趣。直到他遇到了李斯特这位法学大师后，才最终下定了学习法律、终生为法学事业奋斗的决心。

1901 年，拉德布鲁赫考上了李斯特的博士研究生，正式加入

1　米健：《拉德布鲁赫的生平及其思想历程》，载［德］拉德布鲁赫著《法学导论》，米健、朱林译，中国大百科全书出版社 1997 年版，第 185—186 页。

了李斯特这位著名刑法学家的学术圈子。1902 年，他以论文《相当因果关系论》获得博士学位，第二年成为海德堡大学的讲师，主讲刑法和法哲学。在海德堡大学，他受到了“海德堡新康德主义学派”尤其是施塔姆勒“正当法律”理论的重大影响。在此期间，他于 1907 年与丽娜·歌茨结婚，但过了一年多，即因感情不好而分居。

1914 年，拉德布鲁赫受聘担任柯尼斯堡大学教授。1915 年，他在与第一任妻子丽娜·歌茨长期分居之后，与吕迪亚·申克——一个小地产主的女儿结婚，并放弃了在柯尼斯堡大学的教职，在海德堡大学安置了新家。[1] 同年至 1918 年，拉德布鲁赫参加了第一次世界大战。在此期间，他有了一个女儿和一个儿子。战争结束后，他应邀担任了基尔大学的教授。1920 年，他当选为社会民主党的国会议员。1921 年至 1923 年间，他两次担任德国司法部部长。在任司法部部长期间，他为国家起草了《罚金法》《关于自由刑执行的基本原则》《青少年法院法》《共和国保护法》及著名的《普通德意志刑法典草案》等。

1926 年，拉德布鲁赫赴海德堡大学任教。但 1933 年 5 月，由于纳粹势力的统治，他被解除了大学的教职，直至 1945 年第二次世界大战结束。在这漫长、痛苦的 12 年间，拉德布鲁赫虽然不得不离开了心爱的工作岗位，但他没有消沉，而是专心致力于文

1 米健：《拉德布鲁赫的生平及其思想历程》，载［德］拉德布鲁赫著《法学导论》，米健、朱林译，中国大百科全书出版社 1997 年版，第 189 页。

化史和法学理论研究，其成果是分别于1938年出版的《刑法学的优雅》和1945年出版的《人物与思想》。拉德布鲁赫曾不止一次说过："那些人（纳粹）以为这样对我（剥夺公职）是以恶相加，而上帝却使之成了以善相许。"[1]

1945年9月9日，第二次世界大战刚刚结束，拉德布鲁赫就应邀出任海德堡大学法学院院长。1948年7月13日，在他70岁的时候，他结束了教育生涯。1949年11月23日，拉德布鲁赫因突发心肌梗死而去世。他的长眠之所是海德堡的山顶公墓，身旁是他那不幸华年早逝的爱女以及为纪念他阵亡的儿子所立的十字架[2]。

拉德布鲁赫的论著主要有《行为概念在刑法制度中的意义》（1902）、《刑法改革的政策预测》（1910）、《法学入门》（1910）、《法哲学》（1914）、《信念犯》（1924）、《刑法改革和刑事诉讼法改革》（1928）、《犯罪理论系统学》（1930）、《刑法中的教育思想》（1932）、《刑法改革和国家社会主义》（1933）、《刑法中的法学》（1936）、《英国法的精神》（1946）、《法律与法权》（1947）、《法律与道德》（1959）、《法律和宗教哲学》（1959）等。其法学理论贡献主要体现在他的《法学入门》和《法哲学》两书之中[3]。

《法学入门》（*Einführung in die Rechtswissenschaft*，1997年中文版取名《法学导

---

1 米健：《拉德布鲁赫的生平及其思想历程》，载［德］拉德布鲁赫著《法学导论》，米健、朱林译，中国大百科全书出版社1997年版，第192、194—195页。

2 拉德布鲁赫的女儿于1939年在一次滑雪事故中不幸丧生，儿子也于1942年在战场阵亡。参阅米健：《拉德布鲁赫的生平及其思想历程》载［德］拉德布鲁赫著《法学导论》，米健、朱林译，中国大百科全书出版社1997年版。

3 ［德］拉德布鲁赫著：《法哲学》，田中耕太郎译，东京大学出版会1963年版，译者序。

论》，米健、朱林译，中国大百科全书出版社 1997 年版）是拉德布鲁赫早期的一部重要著作。在该书中，拉德布鲁赫对什么是法律、法律的目的、法律渊源、近代关于法律的主要学说和学派，以及国家法、私法、商法、经济法和劳动法、刑法、法院组织法、程序法、行政法、教会法、国际法、法学等作了简明扼要并富有特色的论述。

关于《法学入门》一书的创作目的，拉德布鲁赫在该书的第 7 版、第 8 版序言中明确说：本书“将用来完成一项任务，即在‘普通教育’的范围内最终也为法学赢得一席之地。因此，它不仅要提供法学的一个轮廓，而且同样还要提供法学的一部导论：它将把法律从更使我们感兴趣、更接近我们内心深处的知识和思想领域引向法律科学的门槛……它最好同时还应为那些它最愿视作读者的人——处于职业选择阶段的未来法律工作者服务”[1]。

该书虽然是一部入门性质的书，但由于拉德布鲁赫在该书中阐述了他的法哲学理论，且运用优美畅达的语言，故该书影响巨大。阿图尔·考夫曼称此书为“拉德布鲁赫除了《法哲学》之外最负盛名、最有成果的一部著作”，该书“多次再版并有数种文字的译本，享有世界声誉”[2]。

《法哲学》一书是拉德布鲁赫的主要著作。在该书中，拉德布鲁赫提出了使其闻名于世的相对主义法哲学理论。他以康德的先

1 ［德］拉德布鲁赫著：《法学导论》，米健、朱林译，中国大百科全书出版社 1997 年版，第 7 版、第 8 版序言。

2 ［德］拉德布鲁赫著：《法学导论》，米健、朱林译，中国大百科全书出版社 1997 年版，封底。

验唯心主义哲学作为出发点，认为一切文化都在于实现某种价值，它不是纯粹理性，而是实践理性。法作为一种文化现象，最终在于实现正义。但正义又是非常模糊的，所以必须由功利原则来补充。然而功利也是相对的，不同的人有不同的功利性和价值观。所以，为了维护社会的安定，就需要法的确定性。因此，法律制度由正义、功利和确定性三种原则构成，它们相互补充又相互冲突。而在一种法律制度的三种原则中，其比重也是相对的，无法科学地确定。尽管如此，在战前，拉德布鲁赫的基本倾向是当这三种原则发生冲突时，法的确定性应占优先地位。[1]

纳粹政权对法制的摧残和在法西斯主义法律之下的大量暴行，深深地刺激了拉德布鲁赫，促使他对自己以前的观点进行了深刻的反思。其结果便是对他战前法哲学理论的重大修改。这种修改表现为以下几个方面：第一，基本上放弃了相对主义的法哲学理论，认为法应具有绝对的价值准则，在法的正义原则和实在法发生不可调和的冲突时，正义原则应占优先地位。第二，开始承认自然法思想。在他战后的论著中，他不仅使用了“自然法”的用语，而且强调自然法并不仅仅是诸多法哲学理论中的一个学派，而是一切实在法的正当化的根据。虽然他未能把这一观点系统化，提出一种完整的自然法的正义论，但他从相对主义转向自然法的立场是非常明确的。[2]第三，在相对主义的法哲学理论中，拉德布鲁

1 ［德］拉德布鲁赫著：《法哲学》，田中耕太郎译，东京大学出版会 1963 年版，第 65 页。
2 ［德］拉德布鲁赫著：《法哲学》，田中耕太郎译，东京大学出版会 1963 年版，第 87 页。

赫曾认为对各种学术观点和信仰必须宽容。纳粹政权的暴行促使他改变了这一立场，从而在战后提出了一个著名的法哲学命题：对不宽容者，宽容也必须不宽容。这一命题，不仅对德国，而且对日本及东南亚地区的法哲学研究，产生了巨大的影响。[1] 第四，鉴于纳粹政权利用法实证主义的“法律就是法律”的理论为它们的不人道法律辩护的历史教训，拉德布鲁赫在战后批判了法实证主义，强调法的正义性，强调“法必须是良法”的观点。

1 参阅［日］铃木敬夫：《法律哲学上的相对主义》，载《札幌学院法学》第 7 卷第 1 号（1990 年 9 月）。

41

牧野英一（まきのえいいち）

1878—1970

牧野英一是日本现代著名的刑法学家，是第二次世界大战前后日本最为活跃的新派刑法学理论的旗手。他在德国近代著名刑法学家、刑事社会学派的创始人李斯特等人提出的“改善刑论”的基础上又大大前进了一步，直截了当地提出了“刑罚就是教育”的口号，从而把近代西方教育刑论推向了一个新的发展阶段。[1]

牧野英一的学术道路比较顺利。他于1878年出生于日本岐阜县高山市。1895年，他从岐阜县立斐太中学毕业后，进入第三高中就学，中途转学到第一高中。1899年，他考入东京帝国大学法学部，专业为刑法学和法哲学，并参加了《法学志林》的编辑工作。1906年起，他在母校教授刑法学。1907年，他晋升为大学部副教授。

1 [日] 潮见俊隆、利谷信义编：《日本的法学者》，日本评论社1975年版，第257页。

1910年，牧野赴欧洲各国留学，3年后回国，成为东京帝国大学法学部教授。直至1938年退休，他担任了刑法、刑事诉讼法、刑事学和法理学的教学工作，其间曾于1925年再度赴欧美考察。1936年，他出任帝国学士院会员。退休后，他担任了东京帝国大学名誉教授。1946年，他被日本天皇指定为贵族院议员。1948年，他担任日本国立国会图书馆专业调查委员。1950年，他荣获“文化勋章”。1951年，他被选为日本“文化功劳者”。1965年，他又获“勋一等瑞宝章”。

牧野英一的一生中还担任过很多其他职务，如法制局参事官、东京商大名誉讲师、法律调查委员、临时法制审议会刑法改正调查委员会委员、临时法制调查会委员、中央公职资格审查委员会委员长等。[1]

牧野英一著作等身，仅主要论文就有120多篇，撰写、编订的主要书籍达110多本，其中影响比较大的有《刑事学的新思潮和新刑法》(1909，警眼社出版)、《刑法和社会思潮》(1916，有斐阁出版，刑事学丛书第1编)、《刑事诉讼法》(1916，有斐阁出版，教科书)、《日本刑法》(1916，有斐阁出版，教科书，1937年总论增订，1938年各论增订)、《罪行法定主义和犯罪特征论》(1918，刑事学丛书第4编)、《法律的矛盾与调和》(1919，刑事学丛书第5编)、《法律的进化与进步》(1924，法律学丛书第14编)、《刑法重点的变迁》(1929，法律学丛书第23编)、《刑法中法治国思想的展开》

1 顾肖荣、陆庆胜：《牧野英一》，载李海东主编《日本刑事法学者》，法律出版社1995年版，第69页。

(1931,法律学丛书第 26 编)、《刑法总论》(1948,有斐阁出版)、《刑法各论(上)》(1950,有斐阁出版)、《刑法各论(下)》(1951,有斐阁出版),以及从 1919 年到 1967 年出版的,编入法律学丛书第 6 编到第 62 编之中的《刑法研究》第 1—20 卷等。

如上所述,牧野英一是日本新派主观主义刑法学最具有代表性的学者。他在刑法学领域中的基本思想的前提,是贯穿于他的所有著述的“进化论”。他从“刑法随着社会的进化而进化”这一命题出发,认为社会的进化有两种法则:一是制度从本能的、反射性的东西转变为有目的的、自觉的东西。二是制度从简单的东西转变为分工的、周密的东西。社会是在协调共同生存和生存竞争的激化,犯罪也会自然增加,其增减是受一定的规律支配的。针对犯罪的进化,刑法也必须与之相适应,必须经过一定的社会学研究过程而随之进化。刑法的进化,是从传统的、原始的复仇时代开始,进入由国家掌管刑罚的威吓时代,然后随着国家的发展进入以保障人权为背景的人道、博爱时代,最后进入采用科学研究成果的科学时代。[1]

牧野英一的进化论见解是受了他的老师穗积陈重和冈田朝太郎的“法律进化论”的影响,他从中学到了“法是社会的力量,作为社会力量的法律在从无意识状态向自觉状态的进步中有了人文的发展”这一命题,并对此表示赞同。但他并没有全盘照搬老

1 顾肖荣、陆庆胜:《牧野英一》,载李海东主编《日本刑事法学者》,法律出版社 1995 年版,第 70 页。

师的观点，而是对其进行了扬弃。[1]

从刑法的进化论出发，牧野英一提出了目的刑和教育刑论、主观主义的刑法理论、修正罪刑法定主义的理论及刑法的解释方法。

首先，牧野英一认为，旧派刑法学理论的报应刑主义是回顾性的东西，而目的刑主义则是展望性的东西，两者存在根本差别。报应刑主义把报应作为先验的伦理原则，以自由意志应负责任这种回顾性的方法处理问题，对展望现实的犯罪对策毫无作用。而目的刑主义以社会保全为指针，不采取镇压而采取预防，不采取武力而采取科学的方法，把改造和教育罪犯作为首要任务。这样，目的刑论、教育刑论与所谓特别预防论相结合，朝着展示行刑改革的改善刑进化。牧野英一提出的“刑罚就是教育”的口号，可以说是比较简练地概括了他的这种思想。

其次，牧野英一倡导主观主义的理论。他认为，所谓客观主义，是根据犯罪事实的轻重来科刑的一种观点；而主观主义，是依据犯罪人再进行侵害的可能性即恶性社会危险性的程序来决定刑罚。牧野英一指出，客观主义之所以向主观主义进化，是 19 世纪后半期将实证方法应用于犯罪人研究后，因偶发罪犯与常习累犯的不同，以及对其在处理上要求实行个体化的必然结果。他认为，刑事责任的本质在于刑罚，其根据就是主观恶性和预防将

1　何勤华主编：《西方法学名著述评》，武汉大学出版社 2007 年版，第 271 页。

来的危险。[1]

再次，对罪刑法定主义理论的修正和批判态度。牧野英一认为，对于刑法的进化，即社会防卫、主观主义、特别预防、目的刑、教育刑来说，罪刑法定主义将起阻碍作用，甚至会成为一种梗阻。因此，他主张松弛、修正、批判以至取消罪刑法定主义。虽然后来牧野英一的观点有所变化，提出要对罪刑法定主义的法律意义进行现代再检讨，在罪刑法定主义原则已有的限制机能之上增加促进机能，但他对该原则总的来说是持批判态度的。

最后，刑法解释方法论。对罪刑法定主义的态度直接涉及对刑法解释（类推解释）的观点。在这方面，牧野英一是以围绕法的解释方法出现的新动向为出发点，对刑法中的罪刑法定主义展开批判的。他认为，应当对刑法作出解释，其标准是在形式上要有科学的逻辑，在实质上要符合社会的需要和时代的趋势。以此出发，牧野英一认为，类推解释实质上也属于社会的需要，作为解释，只要是使用逻辑的方法，它便和其他一般法规一样，在刑法中也应被容许。[2]

牧野英一是日本著名的刑法学家、法哲学家，是日本新派主观主义刑法学最具代表性的学者，也是日本现代刑法学的倡导者。在日本刑法学史上，牧野英一对明治、大正、昭和年间的刑法思想影响最大，而且持续时间最长。他从研究之初起，

1　何勤华著:《当代日本法学——人与作品》，上海社会科学院出版社 1991 年版，第 144 页。
2　何勤华著:《当代日本法学——人与作品》，上海社会科学院出版社 1991 年版，第 145 页。

就不单纯是刑法注释学者，而是一位博大精深的法学思想家。他广泛注视着当时世界的各种法律思想，并积极将其纳入自己的学说展开论述。因此，牧野英一对刑法解释方法及刑法方法论的众多问题表现出极大的兴趣，在他的庞大的著述中也较多地论述了方法问题。他的基本思想在晚年的著作中仍然始终贯穿如一。

牧野英一逝世后，1970 年 4 月 22 日，东京大学名誉教授、法务省特别顾问小野清一郎在致牧野先生的悼词中，对牧野英一的一生作了高度的评价：在我眼前浮现的牧野先生的面影，是他在东大法学部的研究室里，专心致志地查阅文献、静心思索和执笔写作的一幕又一幕。先生对政治和行政工作不感兴趣，只是一心一意地当一名学者。他惜时如金，一刻也不舍得浪费，整天埋头于工作。他在刑法学，不，在整个法学领域中，作出了划时代的贡献。他的视野开阔，在民法学、法理学等方面，都有优秀的学说。他那众多的论文，也并不是片段性的东西，其中渗透着他的始终贯穿如一的思想。最能反映他的思想的，是他的自由法论。他对以往的、容易偏向于形式化的概念法学进行了批判，用一种新的社会思想，把法律解释从形式逻辑中解放出来，让它成为自由的东西。先生透彻的自由法论，将大大影响今后的法学。在刑法方面，先生立足于近代学派的学说，确定了以目的刑和主观主义为要点，并在以后将目的刑论修正为教育刑论。对古典学派的刑法学的报应刑论和客观主义进行了批判，这不仅在法学界，而且在整个知识分子圈中，都是广为人知的。

众所周知，小野清一郎在学术观点上与牧野英一是有重大分歧的，学术界公认，小野清一郎是旧派刑法学的代表人物，而牧野英一是新派刑法学的代表，两人曾为此争论了数十年。小野清一郎对牧野英一及其理论作出了如此高的评价，可见牧野英一以其勤奋的求学精神、严谨的治学态度和众多的学术成果赢得了日本学术界的一致爱戴。

凯尔森（Kelsen）

1881—1973

汉斯·凯尔森，美籍奥地利法学家，纯粹法学派的创始人。

凯尔森出生于布拉格一个犹太人家庭，先后就学于海德尔堡、柏林和维也纳。他与玛格丽特·邦迪结婚，有两个女儿。他于1919年任维也纳大学教授，主要讲授国家法和行政法课程，并在任奥地利政府法律顾问期间参加起草了1920年通过的《奥地利共和国宪法》。1921年起，他在奥地利最高法院当法官达10年之久。1930年至1933年，他任科隆大学法学教授、法律系主任。

希特勒执政之后，大肆迫害和屠杀犹太人，凯尔森被迫逃离德国，移居瑞士，曾当过日内瓦国际高等研究所教授。1936年，他任布拉格大学教授。1940年定居美国后，他先后在哈佛大学、加利福尼亚大学担任法学教授。1966年，他获维也纳大学名誉博士学位。他还先后获哈佛大学、比利时乌特勒支大学、芝加哥大学、墨西哥国立自治大学、柏林自由大学、纽约新社会研究院、巴黎大学及萨尔茨堡大学等院校名誉博士学位。

凯尔森也是美国文理科学院院士，比利时皇家学院、奥地利科学院、荷兰皇家科学院、意大利都灵科学院及罗马国家林齐科学院院士，并任奥地利联邦政府于1972年成立的维也纳汉斯－凯尔森研究所研究员。凯尔森于1973年4月19日去世。

凯尔森的主要著作有《国家法学说的主要问题》(1911)、《国家学概论》(1925)、《国际法概论》(1928)、《纯粹法学》(1934，1960年修订)、《布尔什维克主义的政治理论》(1948)、《联合国法》(1950—1951)、《国际法原理》(1952)、《什么是正义？》(1957)等。据《美国国际法杂志》1973年第3期发表的《汉斯·凯尔森》一文统计，凯尔森一生的论著(包括文件和译作在内)，共达620种之多。[1]

1934年，《纯粹法学》一书出版后，凯尔森声名大震。在《法和国家的一般理论》、修订的《纯粹法学》等著作中，凯尔森完善了纯粹法学理论，修正了自己早先最为坚持的某些十分极端的观点。凯尔森是位颇负盛名又颇受争议的法学家。1968年出版的《国际社会科学百科全书》对凯尔森作了饶有兴味的评价，称他是“现代法学思想史上影响最大的一人，他既受到热烈的赞同，又受到拼命的反对”。

凯尔森所创立的纯粹法学在欧洲大陆广为传播，影响颇大。凯尔森移居美国之后，纯粹法学也在英美和拉丁美洲各国传播，

1　张文显著：《二十世纪西方法哲学思潮研究》，法律出版社1996年版，第87页。

至今仍是法哲学的一个重要派别。

凯尔森把法律设想为一种规范，或者更确切地说，一种规范体系：一种规范性秩序。他提出这样一个问题：如果一个人命令另一个人去做某事，这种由命令表达的意志行为，只不过是一种要求——任何人都可以提出的要求，比方说一个贼——还是一种具有法律规范地位的行为呢？凯尔森的观点是，这一行为，或者更确切地说，这一行为的含义，应被恰当地看作一种法律规范，如果该行为得到一种法律规范授权的话，授权规范反过来也是一种法律规范，因为它也被一种法律规范所授权，以此类推。结果便引出了一连串的授权规范，并到凯尔森所说的那个基础规范为止。凯尔森所说的基础规范不同于那一连串的授权规范，其中的每一个都具有意志行为的含义，而基础规范则是一个预先假定的规范，体现一种可以归结为实际经验的认识要素。如果那些规范全部都可以追溯到一个单一的基础规范，那么规范的总和就是规范秩序。

凯尔森的基本规范何以体现一种认识要素而不是体现另一种意志行为呢？难道基本的宪法规范就不能像假定的基础规范那样确保规范秩序的统一？诚然，如果规范秩序的统一是唯一要考虑的事情，基础规范就可有可无。然而，凯尔森首要关心的却在其他方面，除了自然法理论外，还要阐述法律的规范特性。在法理学史上曾有两种法律哲学相竞争，分别支持法律实证论和自然法。第一种法律哲学主要以其可分离性论点而著称，该论点的大意是，法律和道德之间不存在非偶然的联系，法律规范的有效性绝不在于满足道德戒律所强加的条件；第二种法律哲学即自然法，不同意可分离性论点在某种抽象的程度上肯定法律与道德之间存在一种非偶然的联系。以上述有关两种相互竞争的哲学的描述为前提，关于它们各自所涉及的范围得出某种假设，它们相互排斥，一起穷尽了所有可能性。换言之，不可能有第三种类型的法律哲学理论。

凯尔森在捍卫可分离性论点时，驳斥了两种传统理论，他强调，认为它们一起穷尽所有可能性，这个不言而喻的假定是错误的。如果分别从肯定和否定可分性论点的角度来描述法律实证论和自然法理论，那么这些哲学确乎一起穷尽了各种可能性。不过，正如凯尔森指出的，传统的法律实证论是一种还原论的理论；法律的那些假定存在的规范性的素材——权利、义务、权力——被认为可完全还原为一连串互相关联的事实。由于还原论并不是可分离性论点所必需的，所以，除自然法理论以外，有两种法律哲学事实上是可能的：传统的或还原论的法律实证论和规范性的或非还原论的法律实证论。

除自然法理论外，凯尔森对可穷尽性假定的驳斥，是他证明法律规范特性的第一步。他的第二步是按照事实真相驳斥还原论的法律实证论。凯尔森说，要考虑到在法律中由义务所体现的一种规范性关系。凯尔森既然驳斥了传统的或还原论的法律实证论，那么他为另一种法律哲学即规范性法律实证论提供了什么证明呢？作为辩护，问题在于绝不可求助于某种类型的自然法理论，因为那就必然要抛弃他所接受的可分离性论点。凯尔森相信，这个问题的解决在于预先假定的基础规范。

解决基础规范关键是凯尔森从新康德主义哲学家赫尔曼·科恩那里接受的一种康德的先验论的论证。遵照先验论论证的形式，将这个先验的论证应用于法律的规范特性，从而分清了合法的与非法的指示，从规范上说明人与人之间的关系是法律上的关系，也就是法律上的权利、义务和权力。凯尔森认为，这样的区分预先就假定了一个基本准则、一个假定。如果没有该基本准则，那么法律中的所谓规范性关系就只不过是受因果律支配的权力关系。但是，由于事实上对个人之间的关系从规范上作了说明，基本准则就必定是预先假定的。

总的来说，这个基本准则和凯尔森的规范性法律实证论的哲学意义，就在于它提供了不但能阐明自然法理论，也能说明法律的规范特性的前景。因此，凯尔森的理论是一个不朽的贡献，它重新确定了法律哲学的界限。

凯尔森将其知识论的反形而上学立场应用于法学理论。在政治观方面，又采取了相对主义和自由主义价值论的方向，这样就使他跻身于以约翰·洛克、大卫·休谟、伊曼纽尔·康德、伯特兰·罗素为代表的现代思想的伟大传统之中。从 20 世纪中叶开始，社会科学一直在重新努力摆脱与科学不相容的意识形态，因为意识形态是为利益而不是为认识服务的观念。凯尔森孜孜不倦地反对使法学和政治学受意识形态和政治利益的驱使，在将社会科学建立为认识的知识体系（而不是政治或意识形态的工具）的过程中，他取得了巨大的成就。

43

卢埃林（Llewellyn）

1893—1962

卡尔·尼可森·卢埃林，美国著名法学家，现实主义法学的主要代表之一。

1893 年，卢埃林出生于美国，尽管他不是德裔，父母却把他送到德国完成中学学业。在美国上大学期间，他还曾赴巴黎大学深造。求学时期曾交错接受过两大法系不同风格和模式的教育，这对他今后的学术研究产生了极其深远的影响。卢埃林早年曾两进耶鲁大学法学院学习法律，1918 年毕业后留校讲授商法。两年后，他动身前往纽约从事律师工作，同时研究银行业和商业。在这期间，卢埃林培养起对商业、经济法律和法律社会学的浓厚兴趣——这为此后他参加起草《美国统一商法典》奠定了基础。从 1924 年起，卢埃林开始了法学院执教生涯，先后在哥伦比亚大学、芝加哥大学担任法学教授，并受邀前往著名的德国莱比锡大学担任法律系的客座教授，讲解美国法。

卢埃林一生著作颇丰，主要有《棘丛——法律及其研究》(1930)、《在美国的判例制度》(1933年德文版，1989年英文版)、《晒延人方式》(与霍贝尔合著,1941)、《普通法传统——上诉审》(1960)、《法理学：现实主义的理论和实践》(1962)。卢埃林的学识得到社会的广泛承认，20世纪20年代起就为“统一州法律委员会”起草法案，40年代参与《美国统一商法典》的起草工作。除著书立说之外，卢埃林还喜欢写诗、绘画和作曲，兴趣广泛，博学多才。

卢埃林一生致力于现实主义运动——尽管它最终未能形成一个独立的流派。但在卢埃林、弗兰克等人的努力下，现实主义法学蓬勃发展，盛行一时，与庞德的社会法学派一起在美国本土占据主导地位，成为20世纪对整个美国法律制度和法学教育产生深远影响的法哲学思潮，卢埃林也由此被誉为“本世纪(20世纪)美国四大杰出法学家”之一。

以卢埃林为代表的现实主义法学，大力抨击传统法学，尤其是以兰达尔为代表的概念法学。“概念法学派中持最为绝对观点的代表人物竟然宣称，法律概念是以先验的方式输入人脑之中的，而且在法律秩序形成以前，它们就以一种潜意识的形式存在了。换言之，并不是法律秩序创造了有助于实现其目的的概念，而恰恰是这些概念创造了法律秩序并产生了法律规则。”[1] 按照这种拘泥于概念的法律观，规则是法律的核心，法律工作者——法官、律

1 [美] E. 博登海默著：《法理学——法律哲学与法律方法》，邓正来译，中国政法大学出版社1999年版，第489页。

师乃至法学家的主观性均受制于规则的确定性。概念法学派教条地将规则看作僵化的、固定的和普适的。

卢埃林对此进行了激烈的抨击，他从效果角度对法律概念提出新的见解。他认为，法律不是规定应该如何的行为规范，法律不过是现今存在的各个事物的符号。即在充满纠纷（包括实际的和潜在的）的社会中，当纠纷诉诸法律，成为法律事务，“那些负责法律事务的人们，无论是法官，还是行政司法长官、书记员、监守人员或律师，都是法律的官员。这些（公共）官员做的有关纠纷的事，就是法律本身”[1]。

可见，在卢埃林看来，“文本上的法律”（law in book）仅仅意味着有适用的可能性，而“行动中的法律”（law in action）才是真正适用的法律。因此，法律的实质是官员解决纠纷的行为，法官的行为是法律的核心。卢埃林关于法律的概念不仅驳斥了概念法学派的教条论，亦阐述了其现实主义法学观，在当时引发了现实主义法学思潮，启发和推动人们对法官和其他官员的现实公务行为进行研究，而不囿于“纸面规则”的范畴，为法律研究拓宽了空间。

当然，卢埃林关于法律的概念亦遭到许多法学家的批评，认为他在批判概念法学派的同时从一个极端发展到另外一个极端，过于偏激。因此，卢埃林晚年在《棘丛》中对前文观点予以修正，

---

1 Karl N. Llewellyn, *The Bramble Brush: On Our Law and Its Study*, Oceana Publications, 1960, p.3.

承认了规则在法律中的重要性。

无论是在研究方法还是在理论内容上，现实主义法学与庞德的社会法学都极为相似。庞德作为美国社会法学派的泰斗，对现实主义法学影响甚深，卢埃林也承认：庞德对现实主义法学的影响之大仅次于实用主义哲学家杜威。但是，作为现实主义法学派的代表人物，卢埃林有其独特的见解，并未完全认同权威的观点。

针对时任哈佛大学法学院院长庞德对现实主义法学的批评，1931 年，在哥伦比亚大学执教的卢埃林，在《哈佛法学评论》上发表了长篇论文《关于现实主义的一些现实主义——答庞德院长》，全面阐述了现实主义法学理论，特别是他本人关于法律概念的基本思想。这在法学界引起空前热烈的讨论，并吸引了越来越多的法学家就此发表自己的看法。由于卢埃林的理论更关注现实，“日益增多的美国法学家在这场引人注目的‘庞德 - 卢埃林之争’中，站在较年轻的卢埃林一边。以至 30 年代，现实主义法学逐渐取代社会法学，成为当时美国法哲学的主流”[1]。从此，卢埃林不仅奠定了作为现实主义法学大师令人瞩目的地位，还强调突出了现实主义法学理论的特色、个性，并使该学说的内容为学理界、司法界所了解和接受。

为了将现实主义法学理论体系化，卢埃林在全面阐述其现实

1 张乃根著：《西方法哲学史纲》，中国政法大学出版社 1997 年版，第 308 页。

主义法学理论时，总结出现实主义法学有 9 个共同特征：(1) 法律是不断变化的，是由司法创造的；(2) 法律是达到社会目的的一种手段，而不是目的本身，因此，应不断研究各部分法律的目的和效果；(3) 社会是不断变化的，而且比法律变化更快，因此要不断审查各部分法律是否与社会需要相适应；(4) 为了研究，可暂时划分“现实”和“应当”，意思是在确定研究目标时，必须诉诸价值判断，但在研究“现实”本身时，对有关事物关系的观察、说明和确立应尽可能不受观察者意愿或伦理观念所支配；(5) 对以传统法律规则和概念来说明法院和人们的实际行为抱怀疑态度；(6) 与以上特征相应，对法律规则在法院判决中起重要作用的学说也抱怀疑态度；(7) 主张对案件和法律情况作比过去更狭窄的分类；(8) 坚持从法律效果来评价法律；(9) 坚持以上述方针持久地和有计划地解决法律问题。[1]

在司法改革方面，卢埃林认为，法官的行为是法律的核心，而法律规则只是观念的逻辑，它对指导法院进行判决几乎没有价值。法律规则只有依靠法官才能成为确定性的。而“无论是判例法或制定法，没有理性，就没有规则，法院对制定法的正常任务是不仅阅读法律，而且要根据目的和理性来实施法律。”[2] 总之，法院判案不能仅依靠规则，还要依靠智慧、理性和环境感。所以，他要求法学家以改革美国传统司法制度为己任，要成为“不满意

1　沈宗灵著：《现代西方法理学》，北京大学出版社 1992 年版，第 313—314 页。
2　沈宗灵：《卢埃林的现实主义法学》，载《法学研究》1990 年 5 期，第 91 页。

法院传统工作方式的不屈不挠的理想家，对现有状况不疲倦的批评家”[1]。卢埃林的号召像一面旗帜，使许多立志于改革的青年法学家归于其麾下，形成一支法律改革的生力军，大大促进了美国普通法司法制度的进步。

20 世纪 40 年代以来，美国法院在司法过程中赋予法官更大的自由裁量权，所谓“庄重风格”(grand style) 的审判方式占据主导，并已制度化。律师们在 20 世纪 60 年代初，对判决，尤其是上诉审判决的可估性产生怀疑。对此，卢埃林指出，对上诉法院作出判决的可估性远远超过任何健全的人对处理纠纷机构的期望，可估性足以使有熟练技能的人对类似情况作出有价值的判断[2]。为此，他系统地论述了普通法传统中关于判例法用以保证上诉法院判决可估性的 14 个稳定因素，证明法院的判决并非随意，而是较为稳定的，是可预测的。这种观点被司法机关作为制度的理论依据而加以援引，亦是论证自由裁量权科学性的重要理论依据。

现实主义法学运动，不仅对美国法律制度影响深远，还极大地影响了此后的一系列法哲学派别。无论是 20 世纪 50 年代至 60 年代的司法行为主义、人类法学乃至“法与社会运动”，还是 20 世纪 70 年代至 80 年代的批判法运动、法与经济学运动，都在不同程度上带有现实主义法学的思想痕迹。而其中 20 世纪 50 年代至 60 年

1　刘全德主编：《西方法律思想史》，中国政法大学出版社 1996 年版，第 222 页。
2　沈宗灵著：《现代西方法理学》，北京大学出版社 1992 年版，第 320 页。

代的人类法学就是在卢埃林的影响下形成的；《原始人的法》的作者霍贝尔也是在卢埃林的指导下开始对该领域进行研究的。

以卢埃林为代表的美国现实主义法学，对法律教育也有相当程度的影响。第二次世界大战以后，美国各法学院从教材的选择到编排、修改都体现了“现实性”的要求。此外，法学院聘请其他学科专家任教亦是现实主义法学派在治学方法上的观点的体现。

44

我妻荣[1]（わがつま さかえ）

1897—1973

我妻荣出生于日本山形县米泽市，1920年毕业于东京帝国大学法学部，后留校任教，1922年被提拔为副教授，1923年被派遣赴欧美留学，1925年回国，在母校教授民法课程，两年后晋升教授。我妻荣终生耕耘于日本民法学界，其学说长期处于通说地位，开创了日本民法学一个新的时代——我妻时代。

我妻荣出身寒门，父亲是乡间中学的英语教师，收入微薄，再加上家里子女较多（我妻荣有两个姐姐和两个妹妹），所以自幼就过着贫苦的生活。我妻荣从小聪颖好学，有秀才之誉，学业

1　我妻荣的代表著作《债权在近代法中的优越地位》（包括《债权在近代法中的优越地位》《所有权在资本主义生产组织中的作用》《卡尔·笛儿的〈资本主义的法律基础〉——笛儿关于资本主义与私法的关系的贡献》《关于私法方法论的一点考察》四篇论文），已由中国大百科全书出版社作为“外国法律文库”之一，于1999年出版发行，译者王书江、张雷，校者谢怀拭。本文根据星野英一先生为该著作写的中文版序《我妻荣先生其人与其业绩》及铃木禄弥先生撰写的《鸠山秀夫》（载［日］潮见俊隆、利谷信义编《日本的法学者》，日本评论社1975年版）的相关部分写成。

是靠自己打工、当寄食学生而完成的。当他第一次在老师鸠山秀夫家吃烤鸡时，惊讶地说道："没有想到世上竟有这么好吃的东西！"

正当我妻荣大学毕业踏上学问之路时，日本民法学界骤然掀起了一场革新风暴。留学归来的末弘严太郎激烈抨击当时只顾埋头于民法典的德国法学式的注释与体系化，而不注重研究法律与日本社会关系的学术现状，提出进行判例的综合性研究，主张建立有本国特色的民法解释学，批判的矛头直指德国式民法解释学大业的完成者、我妻荣的恩师鸠山秀夫。我妻荣家境不佳，吃住在恩师家里，看到恩师为学术出路而烦恼不堪，曾经与老师手拉着手，相对哭泣到深夜。1926 年，正当壮年的鸠山秀夫提前辞掉东大教授职位，退出学术界。我妻荣对于应以何种态度研究民法也深感苦恼，为此进行了不懈的探索。

我妻荣出国后，并没有研习法学，而是在美国专门研究社会学，在德国及法国主要涉猎经济学及社会主义文献，针对当时民法学的现状，积极寻求新的出路。他于 1925 年回国，次年即在《法学协会杂志》上发表了《关于私法方法论的一点思考》一文。这样，我妻荣在青年时代就为自己确立了一个方法论，并终生在这个方法论指导下进行研究和著述。

我妻荣主张，大学教授应有两大任务：一是写出自己熟悉的专业及学术领域的讲义及至教科书；二是选择自己最有兴趣、最看重的题目，集中精力进行终生研究。我妻荣为自己树立了人生目标，并矢志不渝地实践着自己的信条。就前者而言，我妻荣撰写了贯穿民法学全体的教科书（体系书），建立了日本民法解释学的新体系；至于后者，我妻荣从社会作用方面研究现代私法制度，把“资本主义发展过程中私法的变迁”作为终生研究的课题，并取得丰硕成果。1930 年前后，我妻荣左足趾患上关节炎，后来蔓延至膝部，不得不拄拐杖生活。他不仅在学术上，而且在生活中经历了很多艰辛，但都以坚强的意志勇敢地去迎接挑战。

我妻荣在第二次世界大战期间闭门不出，成了书斋人，在战后如鱼得水，应邀参加了新国家的社会活动。他作为贵族院议员参加了宪法的审议工作，作为临时法制调查会委员成为民法中亲属法、继承法全面修订的中心人物。其后，除担任土地调整委员会委员长及日本学术会议副议长之外，他还担任法制审议会民法部会部会长、租税征收制度调查会会长、原子能委员会专门委员（审查原子能损害赔偿制度）等有关立法的委员会的中心负责人。在法制审议会，他作为从事亲属法、继承法、最高额抵押权立法等多种有关民法的修改工作的主席，作出了贡献。此外，他还长期担任战后设立的日本私法学会的理事长、有斐阁书店新发行的《六法全书》及法律新闻杂志《法学家》的主编。由于他在学术上的卓越贡献，1964 年被授予文化勋章。

1973 年 10 月，我妻荣在别墅中撰写法律学全集中的《法学概论》时，不幸病倒，两天后猝然逝世，享年 76 岁。

我妻荣在发表了有关方法论的论文后，又接连发表了《债权在近代法中的优越地位》《卡尔·笛儿的〈资本主义的法律基础〉——笛儿关于资本主义与私法的关系的贡献》等论文，这些论文都是从社会作用方面研究私法学的课题，探索民法乃至私法与其赖以生成发展的社会之间的关系，从这种关系上去把握民法的本质。这种研究对于当时只从规范体系去研究法律，从而只从事于民法解释的日本民法学来说，具有划时代的意义。第二次世界大战后，我妻荣又出版了《经济再建与统制立法》，继续探讨上述课题。作为终生研究的课题，其构想是极其宏大的，我妻荣为此付出了极大心血，虽未最终完成，但这些研究成果已成为日本民法史上的经典之作，是不可多得的宝贵遗产。

我妻荣担任东京大学法学部民法学教授期间，在专心致力于讲授民法课程的同时，陆续出版了《民法总则》《物权法》《债权总论》《债权各论》《亲属法》等教科书。这些著作回应了末弘博士的批判。我妻荣在对“资本主义与民法”的研究基础上，采取了全新的写作态度，完成了浩大的《民法讲义》，这是继梅谦次郎与富井政章开创民法解释学的初始阶段，川名兼四郎、石板音四郎、鸠山秀夫完成德国式的民法解释学的第二阶段之后，我妻荣构筑的日本民法解释学走向自立的第三阶段。这一成就成为日本民法学的一座高峰，长期保持权威的指导地位。虽然以今天的眼光来看，我妻荣民法解释学说中有很多部分已受到后来学者的批判，但是我妻荣呕心沥血 40 年完成的著述，已经成为日本民法学不朽的经典著作。

我妻荣的学生、日本当代著名民法学家星野英一教授这样评价我妻荣民法学在日本民法史上的地位：(1) 在民法学研究上采用了新方法，或说用这种新方法撰写论著；(2) 将新方法与过去的方法相结合，撰写体系化著作；(3) 写出了明示这种方法论整体的论著；(4) 其结果是向民法学的长河里注入了新的水流，形成了一个大贮水池，成为其后民法学发展的源泉。

45

丹宁（Denning）

1899—1999

阿尔弗雷德·汤普森·丹宁 1899 年 1 月 23 日出生于英格兰罕布什尔郡惠特彻奇镇的一个小商人家庭。他家境贫寒，父亲经营一家小绸布店，母亲是位小学教师。丹宁的文学修养受其父亲的影响颇多，因为其父亲喜爱文学、诗歌和音乐，经常朗诵莎士比亚、拜伦等英国文豪的作品给孩子们听。而丹宁的性格则受其母亲影响较深，他曾有过这样一段回忆："母亲的脾气和父亲不一样……很聪明，做事也很勤奋。她要干的事，就决心干成功。她本身就是一种推动力。她对孩子充满了希望。"[1]

丹宁从小受到了良好的教育，他先后读完了小学、中学，并于 1916 年以优异的成绩进入了牛津大学莫德林学院（Magdalen College）专修数学。在大学期间，丹宁应征入伍，参加了即将结束的第一

1 刘庸安：《丹宁勋爵和他的法学思想》，载［英］丹宁著《法律的训诫》，杨百揆、刘庸安、丁健译，法律出版社 1999 年版，第 2 页。

次世界大战。战后，他又回校继续读书。1920 年，丹宁以优异的成绩毕业于莫德林学院，之后教了一年书。由于丹宁的兴趣在律师职业，因而在 1921 年他 22 岁时，再次报考了牛津大学，并获得牛津大学埃尔登奖学金，从而又回到了母校莫德林学院攻读法律。在此期间，他获得了伦敦四大律师学院之一的林肯律师学院的奖学金。

1923 年丹宁 24 岁时，终于以林肯法学研究院高级律师的身份成为出庭律师。1938 年 4 月，丹宁因其“突出的成绩”经大法官推荐、由女王授予“皇家律师”的荣誉称号。1944 年他被任命为高等法院家事分院法官，专门审理离婚案件。同年，他还兼任普利茅斯市首席法官并被封为爵士。后来，丹宁曾任有关战争抚恤上诉的法官和英国婚姻诉讼委员会主席。

从 1948 年起，丹宁一直是英国上诉法院贵族法官，并在这一年成了英国枢密院成员和莫德林学院管理委员会名誉会员。1957 年,58 岁的丹宁被封为勋爵，成为上议院终身贵族。自 1962 年起，他任民事上诉法院院长。1963 年，他在轰动一时的“普罗富莫案”中，受时任首相麦克米伦的委托，担任官方调查员，并进行了著名的调查。该案件影响巨大，而丹宁最终出色地完成了艰难的调查任务，因此成为英国家喻户晓的人物。

丹宁不仅是一名出色的法官、第二次世界大战后英国最大的司法改革家，同时也是一位享誉世界的杰出的法律教师和著述家。他不仅是国内外十几所大学的荣誉法学博士和牛津大学的荣誉民法博士，还是唯一一位身兼四大法学研究院中三个研究院荣誉院士的学者。丹宁一生著述颇丰，主要著作有《法律下的自由》(*Freedon Under the Law*, 1949)、《变化中的法律》(*The Changing Law*, 1953)、《通向正义之路》(*The Load to Justice*, 1955)、《法律的训诫》(*The Discipline Law*, 1979)、《法律的正当程序》(*The Due Process of Law*, 1980)、《法律的未来》(*What Next in the Law*, 1982)、《最后的篇章》(*The Closing Chapter*, 1983)、《法律的界碑》(*Land Marks in the Law*, 1984) 等。这些著作通过叙述英国法律史上的一些重要案件，并以亲身经历的案件的辩护和审判实践，介绍了战后英国司法机关审案和判案原则的确立过程，同时，也通过这些书表达了他的法律思想和社会观点。丹宁的杰出贡献不仅在于其作为一位司法能动主义的支持者对英国法律改革所起的推动作用，而且在于其通过著作所表现出来的法律思想。

丹宁的法律实践，尤其是法律著作对英美法系国家影响甚大，甚至到了不读丹宁的书无法从事法律工作的程度。他在英国法律界被公认为“第二次世界大战以后英国最伟大的法律改革家”。这并非偶然，丹宁是应第二次世界大战后法律史上司法改革的呼唤才成为划时代的人物。丹宁的法官生涯达 38 年之久，仅担任民事上诉法院的院长就整整 20 个年头，这在英国司法界是史无前例的。而丹宁担任法官恰好是在第二次世界大战以后，此时期的英国与其他西方国家一样，各种政治、社会利益的冲突进一步加剧，法律与秩序亟待调整。这些时代特征给了丹宁以机会和条件，使他可能作出超越前人的贡献。

英国作为一个判例法国家，其判例不仅是法律实施的结果，更重要的还在于对法律原则的总结。法律原则具有很高的权威性，法官必须恪守已确立的判例原则，这是英国法律从 19 世纪后半期以来形成的一种传统。正是这种“判例主义”使英国的法律发展极其缓慢，跟不上时代的节拍。而丹宁在其法官生涯中，面对时代的挑战，为追求自由和进步，实现公平和正义的目的，对英国的法律进行了大胆的改革。丹宁极力反对保守，曾针对他的部分同行严守惯例的保守作风多次指出：“如果我们不做任何前人没有做过的事情，我们就会永远待在一个地方，法律将停止不前，而世界上其他事情将继续前进。”[1]

丹宁要求法官在法律改革中一马当先，并明确强调法官应亲自参与法律改革，而不能将自己看成是仅执行法律的被动者，法律改革与已无关，只是国家应做的事情。他认为，法官在审案和判案过程中应随着社会生活的客观变化创造性地设立与其和谐一致的新的公正的判案原则。

丹宁对律师也有和对法官一样的要求，认为律师不应盲从“判例主义”而不坚持真理和主持公正，并进一步指出，如果任其下去，“普通法将停止发展，像珊瑚礁一样，变成一堆化石”，为了“避免这种命运，法律就不应该成为一种‘非法的科学’，而应成为一种法律的科学。正像科学家寻求真理一样，律师应该寻求公正；正

1　1. 刘庸安：《丹宁勋爵和他的法学思想》，载［英］丹宁著《法律的训诫》，杨百揆、刘庸安、丁健译，法律出版社 1999 年版，第 7 页。

像科学家通过很多实例自己得出一般命题一样，律师也应该通过很多判例自己建立一般的原则；正像科学家发现自己的命题不适于所有实例时就修改，或者发现自己的命题是错误的时候就得完全抛弃一样，律师发现自己的原则不适于所有情况时就应该进行修改，或者发现它们会产生不公正的结论的时候就应该抛弃”[1]。丹宁认为，只有这样才是律师应做的，也只有这样律师才能为实现社会公正作出贡献。

丹宁在要求法官和律师对法律改革作出贡献时，自己也以身作则。他在审案和判案过程中创立了许多与过去判例不同的新的法律原则和新的诉讼程序，它们或者被确立下来成为以后法官判案的根据，或者作为最终裁决予以实施，有些还成了立法和修改法律的基础。

在以保守著称的英国，固然有人反对丹宁关于法律改革的主张和实践，但是丹宁对英国法律改革所作出的巨大贡献还是为英国法律界人士（不论是支持者还是反对者）所公认。丹宁所作的一些被英国上议院否决的判决，后来也被欧共体所属的欧洲法院所确认，成为英国法院新的判例和判案原则，这是值得注意的。

丹宁的法律思想主要总结在他的自传《家庭故事》一书中。他将自己的法律思想概括为：（1）实现公正；（2）法律下的自由；（3）相信上帝。

---

1 ［英］丹宁著：《法律的训诫》，杨百揆、刘庸安、丁健译，法律出版社1999年版，第330页。

“实现公正”是丹宁在其司法生涯中所始终坚持遵守的一条原则。自然公正原则的发展被描述为英国法律最显著的成就之一。而丹宁在扩大自然公正原则适用范围方面起了主要作用。现在自然公正原则是英国法院采用的一项最基本的宪法原则，它适合于审理一切案件。它包括法官审案时不得偏袒任何一方，必须给予被告以充分的辩护和申诉的权利等。就偏袒而言，丹宁使用了一句名言：“不仅要主持正义，而且要人们明确无误地、毫无怀疑地看到是在主持正义，这一点不仅是重要的，而且是极为重要的。”他进一步指出：“法院不考虑一个人是否会或事实上会作出牺牲一方而有利于另一方的事情的可能性。它考虑的是给其他人造成的印象。……臆测或想当然是不够的。它的确是这样的一种情况，在这种情况中，任何一位有判断能力的人都会认为，只要有可能，法官或主席可能会在牺牲一方利益的情况下不公平地偏袒另一方。法院不会去调查他偏袒一方是否是事实，只要有判断能力的人这样想就足够了。原因很简单，正义必须来源于信任：而当正直人认为‘法官偏袒’时，信任即遭到破坏。”[1]

“法律下的自由”作为丹宁的第二条法律哲学，他曾不无骄傲地说，他是“法律下的自由”这一词条的“第一真正的发明者”。1949 年，丹宁应邀作哈姆林讲座。他突发奇想，为讲座拟了一个题目，即法律下的自由，并给自由在法律层面上下了一个明确的

1 ［英］丹宁著：《法律的训诫》，杨百揆、刘庸安、丁健译，法律出版社 1999 年版，第 99 页。

定义，即“每一个守法的公民在合法的时候不受任何其他人干涉，想其所愿想、说其所愿说、做其所愿做的自由”[1]。该定义说明了任何自由都必须受法律的限制。

丹宁关于自由的定义事实上并未超过前人，如孟德斯鸠就曾明确指出：“自由仅仅是：一个人能够做他应该做的事情，而不能强迫去做他不应该做的事情。”孟德斯鸠还进一步指出：“自由是做法律所许可的一切事情的权利；如果一个公民能够做法律所禁止的事情，他就不再有自由了，因为其他的人也同样会有这个权利。”[2]

但丹宁对自由的认识也有异于前人的独特的地方，即强调“个人的自由必须用个人的责任予以平衡”，并提出了一个重要概念——平衡论。1953年，丹宁在他的《变化中的法律》一书中指出，英国宪法的特征就在于：自由和责任是平衡的，权利（力）和义务是平衡的，既不能滥用权利（力）和自由，也不能不承担义务和责任。他认为法官的责任在于使自由与责任之间平衡及权利（力）和义务之间平衡。从丹宁的著作中，我们也可以发现，丹宁在英国法律改革过程中所作的努力在很大程度上也是以这一思想为指引的。

“相信上帝”是丹宁的第三条法律哲学。丹宁既是一名法官，又是一名虔诚的基督徒。他除了坚持法律的力量外，还相信道德的巨大力量。丹宁极力反对像奥斯丁那样将法律与道德截然分开

---

1 ［英］丹宁勋爵著：《家庭故事》，刘庸安译，法律出版社2000年版，第232页。
2 ［法］孟德斯鸠著：《论法的精神》（上册），张雁深译，商务印书馆1981年版，第154页。

的二元论。他认为，在这样的实证法律观指导下，法官和律师只关心解释和执行法律，而不关心法律的道德性，忽视道德对社会秩序的稳定所起的巨大作用。但是，法律终究是由人制定出来的，法律再严密，法律的强制性再强大，也总会出现法律漏洞，要真正做到“法网恢恢，疏而不漏”是不可能的。因此，要想使法律得到切实的贯彻落实，就必须提高人们对法律的信仰程度和道德水平，使人们从内心建立起责任观和义务观，产生对法律的认同，即使看到法律存在漏洞也不去钻。丹宁认为，法律强制和道德规范相辅相成与单纯的法律强制而不顾道德规范是文明进步的社会与野蛮专制的社会之间最重大的区别。丹宁相信，宗教、道德和法律是可以分开的，并十分推崇通过宗教的手段来促使人们道德水平的提高，从而进一步推动人们法律意识的提高。

46

富勒（Fuller）

1902—1978

朗·富勒，1902年出生于美国，毕业于斯坦福大学法学院，是现代新自然法学派的主要代表，曾在波士顿从事律师职业。1929年至1939年间，他先后执教于美国奥勒冈大学、伊利诺伊大学和杜克大学。1939年起，他一直在哈佛大学任教，并于1948年继庞德之后，任一般法理学卡特讲座教授，1972年退休，1978年卒于美国。

富勒学识渊博，涉猎广泛，研究领域涉及合同法、刑法、劳工法、法理学等领域，他在法理学方面的成就更是闻名于世。在法理学领域，他探讨过广泛的主题，表现出明显的自然法倾向。[1]第二次世界大战后，新自然法学说进一步兴起，富勒是这一学说在美国的主要传播者之一。由于富勒在该领域的显著成就，他的

1　张文显著：《二十世纪西方法哲学思潮研究》，法律出版社1996年版，第63页。

传记作者、康奈尔大学的法理学教授 R. 萨默斯将他与霍姆斯、庞德和卢埃林四人并列为美国近百年来最重要的法学理论家。[1]

富勒一生治学严谨，著作等身，主要有《美国的法律现实主义》(1934)、《法律在探求自己》(1940)、《法理学问题》(1949)、《实证主义对法律的忠诚：答哈特教授》(1958)、《人类的目的和自然法》(1958)、《对内格尔教授的答复》(1958)、《法律虚构》(1967)、《法律自相矛盾》(1968)、《作为社会控制的法律和作为人类相互关系工具的法律》(1974)、《社会秩序的原则》(1981)。但是，最重要的则是《法律的道德性》(1964)，它被誉为 20 世纪美国世俗新自然法学派的最有代表性的著作。

新自然法学派是对传统自然法学派观念的继承和发扬，富勒作为新自然法学派的主要代表人物，其理论适应了战后资本主义发展的新的需要，尤其适应了以美国为首的西方国家对外政策的需要。直到现在，西方法学家在论述资产阶级人权学说时，富勒的新自然法学说仍然是其理论基础之一。

第二次世界大战后，历经一个世纪的衰落，自然法重新受到人们的关注。战争对人权、自由和民主的践踏都促使人们，尤其是法学家对政治法律制度和现存法律秩序进行反思，回归以正义、理性、自由为原则的自然法成为历史的必然——富勒正是这一法学流派的代表人，其理论不仅继承了古典自然法的理性传统，还

1　沈宗灵著:《现代西方法理学》，北京大学出版社 1997 年版，第 53 页。

有了进一步的发展。

富勒的自然法理论不同于古代、中世纪及古典自然法学派所阐述的自然法内容。富勒指出，自然法和违反上帝法律之类的命题毫无联系，无论在起源还是适用上，这种自然法都是尘世的。它们也不是什么更高的法律，而是事物内在的法则，更确切地说，如同木工为使他所建筑的房屋牢固而必须遵循自然法则一样，它们是较低的法律，存在于实在法之中，而非超出实在法“之上”或“之外”。此外，富勒还注重研究本属于其他学派的研究领域，使其自然法理论与其他学派理论不再绝对对立，而呈折中性。

第二次世界大战后，对德国法西斯战犯进行的纽伦堡审判激发了不同学派的法学家对法律与道德关系的争鸣。富勒认为，真正的法律必须与道德保持一致。他在《法律的道德性》中第一句话就表达了对当时西方法学界的有关法律与道德的理论不满，认为它们未能澄清道德本身的含义。为了纠正这种偏向，论证法律与道德是不可分的，富勒首先阐明与法律有关的两种道德：义务的道德与追求的道德，以作为其新自然法哲学的理论基础。

将道德划分为追求的道德（morality of aspiration）和义务的道德（morality of duty），并非富勒首创。早在古希腊哲学中，即已提出了追求的道德问题。追求的道德是幸福的生活和人类的能力得到最充分实现的道德，它是道德中较高的层面，是一种美德。背弃这种道德是指一个人可能没有实现他的全部能力；作为一个公民或官员来说，他可能被认为是不够格的，但在这种情况下，他之所以受到谴责是由于他的失败而不是背叛了义务，是缺陷而不是行为不当。追求的道德以人类成就的顶峰为起点；义务的道德则始于其底部，它规定着有秩序的社会赖以生存的基本原则，如果没有这些原则，人们就不可能组成一个有秩序的社会。如《圣经·旧约》的道德和“摩西十诫”，该种道德的术语是“不应该做某事”，人们违反这种道德而受到谴责，并不是由于他们没有抓住充分实现其能力的机会，而是由于不尊重社会生活的基本要求。

在义务的道德和追求的道德之间，富勒认为，存在一个无形的指针，它标志着义务道德最终将与追求的道德的标准融合在一起。根据富勒的观点，义务的道德与法律最为接近，而追求的道德与美学最为类似，它和法律没有直接的联系，但与法律的普遍含义有联系。现代法律制度代表着这样一套规则体系，它旨在引导和保护人们安全地从事有意义的、创造性的活动，而不受命运的盲目摆布。举例来说，就是我们无法强迫一个人过理性的生活，但可以创造出人类的合乎理性的存在的必要条件。[1]

富勒强调，在了解法律与道德的关系时，不但要了解追求的道德和义务的道德的区别，还必须了解法律的内在道德（inner morality）即程序自然法和外在道德（external morality）即实体自然法之间的区别，真正的法律制度必须符合一定的程序自然法和实体自然法，是二者的统一。将自然法划分为程序的和实体的两种，这在

1　沈宗灵著：《现代西方法理学》，北京大学出版社 1997 年版，第 53、56 页。

西方自然法历史发展中是一种新的观点、新的发明，富勒之前的自然法学家主要探讨的是一般正义之类的问题，这只属于他所定义的实体自然法范畴，而程序自然法的提出则是富勒的贡献。

程序自然法的内容由 8 项法制原则组成，它是法律制度的必备条件，也是人们应当尽一切力量所追求的目标。它包括：(1) 法律的普遍性；(2) 法律的公布；(3) 法律的非溯及力；(4) 法律的明确性；(5) 法律的一致性；(6) 法律的可行性；(7) 法律的稳定性；(8) 官方行动和法律的一致性。富勒所提及的这一系列法制原则对第二次世界大战后西方法理学的发展和强化法制的重要性有着深远的影响。

第二次世界大战后，富勒曾撰文批评以实用主义哲学为思想基础的其他法学流派，并与其中某些法学家如哈特、勒内尔等展开论战，阐明其自然法理论。而富勒与哈特关于“恶法是否非法”的论战更是引人注目，并在法学发展史上具有标志性意义。纽伦堡审判后，就纳粹德国所制定的法律——“恶法”是不是法，富勒与新分析法学派的代表人物、英国牛津大学法理学教授哈特展开了长期论战。二者论战的实质是对法律与道德关系的不同看法。

哈特坚持“恶法亦法”的观点，认为法律最好与道德保持一致，但与道德相左的法律在其效力上仍是法律，虽然由于它是恶法，可以不遵守，但如果将法律与道德混为一体而不加以区分，则会造成危险，如将权力融合于人们关于法律应当是什么的观念中；以现行的法律代替道德，作为衡量行为的最终准则，这在无形中会降低道德的高度。对此，富勒在《哈佛法律评论》上发表了《实证主义对法律的忠诚：答哈特教授》，予以反驳。他强调法律必须与道德保持一致，否则不能成为真正的法律，纳粹德国所制定、颁布的法律违反人道主义，违反道德原则，是恶法，不是真正的法律，可以不予遵行，即认为“恶法非法”。

经过长时间的论战，二人均发展完善了个人理论，经过整理，哈特发表了全面论述其理论的重要论著《法律的概念》，富勒亦发表了其代表作《法律的道德性》。这场“哈特与富勒之争”，不仅成就了二人各自的理论，宣传了这两个学派的理论内容，还使西方法律哲学的发展进入了一个新的阶段。在复兴传统自然法学说和古典实证主义分析法学的基础上，形成了20世纪两个较为有影响的法学流派——新自然法学派和新分析法学派，从而推动了法学的多元化发展。[1]

富勒在其一生的大多数时光里，对在美国占统治地位的以实用主义为哲学基础的学派的观点，尤其是关于法律的概念，进行了必要的评述修正，并提出了自己的法律定义。

关于对法律预测说的批评。法律预测学说以美国著名法学家、大法官霍姆斯为代表。霍姆斯将法律定义为对法院事实上将作出什么判决的预言。富勒批评该学说将法律与道德割裂开来，是不

1 刘全德主编：《西方法律思想史》，中国政法大学出版社1996年版，第159页。

科学的学说。

关于对法律公共秩序说的批评。法律公共秩序说认为，法治是指公共秩序的存在，通过法律来治理国家，规范政府组织。法治是特定社会中有权威制定和执行的具有系统性的规范结构，与意识形态无关。因此，历史上各种类型的国家，在法治意义上都是一样的。富勒针对这种理论，指出法西斯国家的社会绝非法治，而只是一种恐怖。

关于对法律武力说的批评。法律武力说认为，法律是使用武力或强力的一种规范，人们一旦违反它就会受到武力的威胁，这也是法律规范与其他社会规范相区别的标志。富勒则就此提出，这种认识并不正确，正确的概念不是暴力支持法律，而是法律支持暴力。以暴力为中心的理论，不能解释人们遵守习惯上的、契约上的、法官判决的、立法上规定的种种责任。

关于法律的权力等级体系说。该学说认为法律的本质在于国家权力的金字塔式的结构中。富勒则反对这一观点的绝对化，认为它把法律仅仅局限于一种组织体制显然失之偏颇，它只注重解决体系内部的矛盾，而忽视了其他法律规则。[1]

最后，富勒提出了关于法律的定义，即从法律与道德的基本关系出发，强调法律是使人们的行为服从规则治理的事业，该事业并非短暂的，而是持续的、有目的活动的产物。

1　刘全德主编：《西方法律思想史》，中国政法大学出版社 1996 年版，第 154 页。

在对其他法学派观点的评述中，富勒的许多看法日益被各个流派的法学思想家所吸收，并融合到各派的思想理论中，从而促进了法学思想理论的繁荣和发展。

47

哈特（Hart）

1907—1992

1957 年 4 月，一位来自英国的法理学者在哈佛大学作了一场精彩的学术报告，题目为“实证主义和法律与道德之分”。该学术报告一方面为第二次世界大战之前的法律实证主义辩护，另一方面也对否定法律实证主义的理论进行了批评。该报告的观点立即遭到了哈佛大学法理学教授、法律实证主义理论的批判者富勒的反击，从而掀起了第二次世界大战后一场最为热烈的学术争论。这位英国学者，就是大名鼎鼎的法理学家哈特。

哈特是现代西方新分析法学的代表，1929 年毕业于牛津大学，1932 年任出庭律师，1952 年任牛津大学教授，1978 年退休。其主要著作有《法律中的因果论》(1968)、《功利与权利》(1979)、《法理学和哲学论文集》(1983) 等。

哈特是第二次世界大战以后西方最负盛名的法学家之一，其创立的新分析实证主义法学是现代西方三大法学流派之一（另两派是新自然法学和社会学法学)，他在对法的概念的分析与法律现象的说明、法律关系的梳理方面作出了巨大的贡献。

哈特创建新分析实证主义法学，是在吸收总结第二次世界大战前的分析实证主义法的历史经验和基础上进行的。哈特认为，第二次世界大战后分析实证主义法学的代表奥斯丁的学说（法律即主权者的强制命令）受到了各种批判，引起这种批判的原因在于："人们发现，在所有的制度中都存在各种法律，它们在三个方面与这种描述（学说）不符。第一，甚至最接近于这种描述的刑法也常有一个不同于他人的命令的适用范围……第二，其他一些法规在这样一些方面不像命令，即它们不要求人们去做什么，却可能授权给人们；他们不强加责任，却提供在法律的强制框架范围内自由创设法律权利义务的便利条件。第三，尽管一个法规的颁布，在某些方面近似于一个命令的下达，但某些法律规则起源于习惯，不能将它们的法律地位归于任何有意识的立法行为。"[1]

哈特继续指出，批判法律实证主义的人常将奥斯丁关于法律的定义和法律实证主义混为一谈。事实上，奥斯丁关于法律命令说，并不全部代表分析实证主义法学，它是一个"失败的记录"。哈特认为，命令说失败的根源在于用于创立这一学说的那些因素，即命令、服从、习惯和威胁的观念，都没有包括"规则"这一观念；而没有规则的观念，我们就无法理解法律。"法律的特征（如果不是显

1 ［英］哈特著：《法律的概念》，张文显等译，中国大百科全书出版社 1996 年版，第 50 页。

著特征的话）在于它融会了不同种类的规则。”[1]

哈特指出，在各种规则之中的法律规则可分为主要规则和次要规则。前者设定义务，要求人们从事或不从事某种行为，而不管他们愿意与否；后者则授予权利，在一个小型的简单的原始社会中，仅存在主要规则；但在复杂的大型社会中，还需要有三种次要规则，即承认规则、改变规则、审判规则予以补充，其中以承认规则为最重要。[2]

在对法律规则进行分析之后，哈特进一步指出，对法律的认识不能仅仅停留在承认规则这一点上，还应该进行深层次的研究，即从内在观点和外在观点两个角度来认识规则。所谓内在观点，是接受这种规则并以此作为指导的人的观点；所谓外在观点，是指自己并未接受这种观点，然而却是观察这些规则的人的观点。哈特举例说，持外在观点的人，看到红灯一亮，就意识到交通将会停止，他将红灯当作人们将以一定行为方式的一个自然标志，如同乌云是行将下雨的标志一样；而持内在观点的人，一看到红灯亮，就不仅会想到这是交通和行人即将停止前行的标志，也是自己应停止行动的标志。

这样，在哈特的理论中，持内在观点的人就构成了接受法律规则并以此指导自己行为的人群，他们也是自愿维护法律规则并以此来评价自己和他人行为的社会群体；而持外在观点的人则是拒绝法

---

1 ［英］哈特著：《法律的概念》，张文显等译，中国大百科全书出版社 1996 年版，第 51 页。
2 沈宗灵著：《现代西方法理学》，北京大学出版社 1992 年版，第 190 页。

律规则的人，他们是社会上仅从外在观点将法律作为可能惩罚的一种标志才关心这些规则的群体。哈特主张，要实现社会的稳定，就必须使法律符合多数人的意愿，培养多数人的内在观点。

就法律和道德这个自然法学派和分析实证主义法学派长期争论的问题，哈特指出，任何法律都会受到一定社会集团的传统道德的深刻影响，但不能由此得出结论，说一个法律制度必须符合某种道德或正义。从对法律和道德关系的理解，哈特提出了他关于法律的概念。他认为，自然科学派站在道德的立场上只承认良法是法，这是一种狭义的法律概念，实证主义法学派认为良法恶法都是法，这是一个广义的法律概念。哈特主张，广义的法律概念胜过狭义的法律概念，因为前者能帮助我们看到法律问题的复杂性和多样化，而狭义的法律概念却使我们对这些问题视而不见。[1]

哈特关于法的主要规则和次要规则、内在观点和外在观点、法律和道德、法律概念的学说，是在与美国法学家富勒、德沃金等人的长期论战中形成的。他一方面坚持了奥斯丁的法学实证主义的立场；另一方面又对其作了修正，从而使分析实证主义法学进一步适应了第二次世界大战后英国的社会现实。目前，哈特的新分析实证主义法学已为西方法哲学家拉兹和麦考密克等继承、发展，该学派作为当代西方的一个重要法学派还将继续存在。

1 沈宗灵著：《现代西方法律哲学》，法律出版社 1983 年版，第 160 页。

48

罗尔斯（Rawls）

1921—2002

约翰·罗尔斯是美国20世纪最著名的政治哲学家。他于1921年2月21日生于马里兰州的巴尔的摩，中学毕业后进入著名的普林斯顿大学。他于1943年获得学士学位，并继续在该校攻读研究生课程，于1950年获博士学位。在这个阶段，他对伦理学、政治哲学表现出浓厚的兴趣。他不仅对整个西方哲学和文化有深刻认识和把握，而且对政治学、经济学、法学、社会学等领域皆有所涉猎。这些都为他此后发表伦理学、政治哲学、法律哲学方面的论文乃至划时代的政治哲学名著《正义论》打下了良好的基础。

1950年至1952年，罗尔斯在普林斯顿大学讲授哲学。1953年到1959年，罗尔斯又到另一所著名的康奈尔大学讲授哲学。从1960年到1962年，他转到了美国最好的理工科综合性大学麻省理工学院，该校不仅聚集了一批世界著名的科学家，文科的经济学和政治学等科系也相当出色，拥有像萨缪尔森这样的诺贝尔经济学奖获得者。该校与哈佛大学同在波士顿地区的文化中心坎布里奇市。罗尔斯在麻省理工学院只工作了两年多，便被哈佛大学聘为教授，从 1962 年起在哲学系任教至 1991 年退休。

哈佛大学不愧为美国第一高等学府，其哲学系聚集了一流的思想家。能够在哈佛取得终身教授职位，一般都要具有相当的学术成绩或潜力。此时的罗尔斯尽管还没有发表多少篇论文，但已经表现出了成为当代哲学大师的潜力。罗尔斯此前并无哈佛的学历，但能够被哈佛相中，显然有其非凡之处。

罗尔斯从 1951 年开始发表《用于伦理学的一种决定程序的纲要》，即表现出对于伦理学和政治哲学的兴趣。此后他潜心于社会政治哲学中最核心的正义问题的研究，这包括基本理论的创新、制度的设计以及对其伦理价值观前提的周密论述，以后陆续发表了《作为公平的正义》(1958)、《宪法的自由和正义的观念》(1963)、《正义感》(1963)、《非暴力反抗的辩护》(1966)、《分配的正义》(1967)、《分配的正义：一些补充》(1968) 等文。这些文章引起了学术界的高度重视。但直到 20 世纪 60 年代末，他才决心将其思想写成一本系统的著作，开始他以为只写了 350 页左右，后来印出来却有 587 页，不仅在内容和意义上，在篇幅上也成了一本大书，这本书就是《正义论》。撰写《正义论》，他前后三易其稿，最后又专门利用教授学术休假的一段时间，在斯坦福高级研究中心集中精力完成了该书的写作，并于 1971 年由哈佛大学出版社出版发行。

罗尔斯退休以后，仍然在哈佛大学哲学系开设少量课程。只是健康状况的恶化使他不时中断课程，以至于最后不再开课。然而，哲学界的同人绝没有因此而忽视他杰出的学术贡献。1996 年，同人聚集于美国加州大学，隆重纪念《正义论》发表 25 周年。来自世界各地的众多哲学家欢聚一堂，向罗尔斯致以崇高的敬意。罗尔斯应邀发表了热情洋溢的演讲，他衷心感谢各国学者特地在此举行纪念活动，并进一步阐述了自己近年政治哲学研究中的新成果。在当代哲学发展史上，为一部政治哲学著作举行世界性的专门纪念会的确不多见，由此足可见罗尔斯在当代政治哲学史上的重要地位。

除了在暮年（1993）推出《政治自由主义》（*Political Liberalism*）之外，罗尔斯大半生的论著主要是《正义论》一书。该书是罗尔斯从 1951 年到 1971 年 20 年辛苦研究的结晶，是罗尔斯的代表作，确立了罗尔斯在 20 世纪政治哲学史上至高无上的地位。

《正义论》出版之后，很快就被誉为“第二次世界大战后伦理学、政治哲学领域中最重要的理论著作”。[1] 一般大学的哲学、政治、法律等有关学科都把它列为最重要的必读书之一，作为“标准的精神食粮”，许多大学还开设了专门讲解这本书的课程。报刊上发表了许多评论文章，出版了一些专门的评论文集和辅助性读物，并召开了这本书的各种规模的学术讲座会。该书对西方的知识界和政治理论产生了重大影响，范围涉及哲学、法律、心理学、政治学和经济学等领域。

1 何勤华主编：《西方法学名著述评》，武汉大学出版社 2007 年版，第 369 页。

对于一位在世的且并非老资格的哲学家来说，这种盛誉和影响确实是不多见的。而且，这种影响还波及了美国以外的其他一些西方国家，并激起了热烈的反响。人们经常把这本书同洛克的《政府论》和密尔的《自由论》并列，称为“自由民主传统的经典著作”。当代大哲学家贝利这样评价《正义论》：“这本书，我们可以这样说，将来任何人要处理这本书所涉及的问题，如果他想要学者们重视他的工作，则他的工作必定要显示与这本书是没有脱节的。”[1]

当代另一位杰出的哲学家、罗尔斯正义论的主要批评者、哈佛大学教师诺齐克也有类似的评论，他说：“罗尔斯的《正义论》是密尔的《自由论》问世以来政治哲学和道德哲学中最有力、最深刻、最精致、研究范围最广泛和最系统的著作。它是启蒙思想的源泉。从现在开始，政治哲学家必须在罗尔斯的理论范围内工作或解释他为什么不这样做。”美国法学家梅佐尔在评论罗尔斯的学说对法学的影响时指出：“在美国政治制度的合法性处于阴暗的时刻，罗尔斯提供了自由主义信念的基础可以复兴的希望。”[2]

罗尔斯的正义论法学观内容丰富，我们对此仅做一些简要介绍。

第一，罗尔斯强调“正义的至上性”。他声称，他的目的是以

---

1 《“正义之子”——美国哲学家约翰·罗尔斯》，载 http://roll.sohu.com/20111117/n325983342.shtml，最后访问时间：2020 年 9 月 27 日。

2 《“正义之子”——美国哲学家约翰·罗尔斯》，载 http://roll.sohu.com/20111117/n325983342.shtml，最后访问时间：2020 年 9 月 27 日。

洛克、卢梭的社会契约论为基础，提出一种新的正义论，以代替在道德思想领域中长期占统治地位的功利主义的传统学说。他提出正义是至高无上的，可以分为社会的正义和个人的正义两种。区分这两种正义是罗尔斯正义论的一个特色。他接着论述了关于正义在社会中的作用。

第二，罗尔斯论及了原始地位和社会正义原则。他指出，他的正义论“将洛克、卢梭和康德著作中人们所熟知的社会契约论加以综合并推进到更高的抽象水平”。[1] 但他所讲的“原始契约”并非洛克等人所讲的“社会契约”，而只是为了得到关于社会基本结构的正义原则。这种原则是那些自由的和有理性的人，为了增加自己的利益，站在“原始的平等地位”上来规定他们联合的基本条款时可能接受的原则。罗尔斯认为，这种原始地位绝不是实际的历史状态。

第三，罗尔斯还运用正义理论论述了法与自由。他指出：“形式正义的概念，即有规则地和无偏见地实施公开的规则，在适用于法律时就成为法治。”[2] 罗尔斯认为，法治是和自由密切联系的，如果法律规则是公正的，它们就建立了一种合法的期望的基础，构成了人们相互信赖并在期望未实现时可以提出申诉的根据。

在整本书的结构体系上，我们也可以看到罗尔斯思维的严密。

---

1 《“正义之子”——美国哲学家约翰·罗尔斯》：载 http://roll.sohu.com/20111117/n325983342.shtml，最后访问时间：2020 年 9 月 27 日。

2 吴增基、张之沧等著：《理性精神的呼唤》，上海人民出版社 2001 年版，第 202—203 页。

《正义论》分成三个部分：《理论》篇，论述了关于正义的基本理论，主要概念和范围、基本出发点；《制度》篇，论述了正义原则如何运用于社会制度，探讨了有关宪法、多数原则、政治义务、非暴力反抗等重大政治体制问题；《目的》篇，主要涉及理性、价值、目的、善等伦理价值问题，特别是社会稳定性的伦理问题。《正义论》逻辑严密，结构合理，表明了罗尔斯研究问题的深刻和富有理性。

罗尔斯的正义论代表了迄今为止现代西方思想界有关正义的最系统的论述，包括了以社会正义为核心的价值论法学，特别是他着重分析社会制度的正义而不是像一般正义学说那样强调个人的正义，这是值得注意的。

罗尔斯的晚年，由于社会现实及思潮的变化，他的思想也发生了一些转变，对前期的观点进行了反思和修正。这些思想就构成了《政治自由主义》的主要构架。该书是他在《正义论》出版后集 20 年思考写成的厚书。收入该书的文章（1993 年 8 篇，1996 年出平装本时加进《答哈贝马斯》共 9 篇）虽然被称作“讲演”，但是和《正义论》一样，构成全书的各篇被精心地扩充、润色并力求风格与体例上的统一。全书被安排为“主要理念”“基本原理”和“制度框架”三个部分，这三个部分勾画出了罗尔斯心目中的政治自由主义的纲要。实际上，这本书是《正义论》的续集，因为该书用另一个角度继续讨论《正义论》里的问题。但是在《政治自由主义》一书中，我们已经可以看到罗尔斯从强调规范正统的正义观念向考虑宽容、认同价值取向差异的自由主义靠拢。

《政治自由主义》最好被视为作者换了一个角度来讨论正义问题，因为《正义论》中正义两原则仍然是这本新书的中心内容，对它的表述也因为吸收了批评者的意见而有了新的改进。约占全书 1/5 篇幅的《基本自由权及其优先性》就是对两原则的充分论述。两本书对正义问题的讨论角度或哲学解释是根本不同的。在《正义论》中，罗尔斯假定“秩序良好”的社会是一个在基本道德信念上基本同质的、在基本价值上基本可以达成共识的社会。正义的两个原则即平等权利的优先性与不平等的制度安排必须有利于社会中的弱者就是这种共识。但是在罗尔斯所说的立宪民主制中，一个最明显的特征是相互冲突的宗教、哲学与道德学说的并存。不可能设想人们在生活态度、价值观念及对世界的看法上形成一致，罗尔斯称这种“合理的多元论事实”为民主而自由的制度的永恒状态。实际上，在罗尔斯看来，自由的制度本身鼓励这种世界观与价值观的多元化，把它视为自由在漫长的历史时间内的正常成长。一方面，人们为各种各样的世界观、生活信念所分裂；另一方面，人们确实又相安无事地共处于一种制度之中。政治的自由主义要解释的就是这个事实。

从总体上看，罗尔斯一生的经历颇为简单，是个典型的当代美国学者，从学校到学校，精心地教学，写作哲学论文和著作。他甚至不像其他一些重要的哲学家（如法国的萨特）一样，参加过或直接推动了一些激进的社会运动，而只是以自己为数不多却具有划时代意义的学术成果影响了西方思想界和学术界。

49

德沃金（Dworkin）

1931—2013

罗纳德·德沃金，1957 年至 1958 年任汉德法官（L.Hand）的秘书，1958 年至 1961 年在纽约一家律师事务所从事律师业务，1962 年起担任耶鲁大学、牛津大学、纽约大学、哈佛大学等校的法理学教授。其代表作有《认真对待权利》（1977）、《原则问题》（1985）、《法律帝国》（1986）和《自由的法》等。[1]

德沃金是当代在法哲学领域最具实力的美国学者，是新自然法学派的主要代表。著名法理学家博登海默认为，虽然德沃金在英国牛津大学担任法理学讲座教授，"然而他出生在美国，接受的是美国的教育，且每年有 6 个月在纽约执教"，所以仍应被视为"美国的法律哲学家"。和罗尔斯一样，"他们都是在罗斯福总统、肯尼迪总统和约翰逊总统的政策中得以表现的那种自由主义的、社

1 其余的著作还有 *Philosophical Issues in Senile Dementia*（1987），*A Bill of Rights for Britain*（1990），*Life's Dominion*（1993）。

会改革的传统的法理学传人”[1]。

在各国现代法治观中，无不有德沃金的理论身影，他的学说正悄悄地影响着当代各国的立法、司法、行政，无形地改变着这个世界。墨菲（J.Murphy）和柯尔曼（J.Coleman）认为：“毫无疑问，德沃金的观点现在支配着对法的概念进行的哲学和法学研究。……几乎所有的当代法学理论家都感到有必要把他们自己的观点建立在德沃金的观点的评述上，而无论对之是同感，还是反感。”[2] 博登海默甚至认为德沃金的理论“很可能成为未来的浪潮”[3]。

《认真对待权利》一书是德沃金的代表作和成名之作。它切实地追踪了 20 世纪 60 年代至 70 年代美国社会、法律所经历的快速变革。在这一历史时期，美国国内种族歧视问题、越南战争问题、善良违法问题纷至沓来，逐渐成为美国社会关注的焦点。而相关的法律问题，在没有成文法依据，也没有先例的情况下法官如何审判案件等，也开始摆在被誉为“社会良心守护者”的西方法学者的案前。

在《认真对待权利》一书中，德沃金汇集了他关于权利和原则问题的一系列论文，“这些论文提供了一幅英美法上的自由的、

1 ［美］E. 博登海默著：《法理学——法律哲学与法律方法》，邓正来译，中国政法大学出版社 1999 年版，第 569 页。
2 张文显著：《二十世纪西方法哲学思潮研究》，法律出版社 1996 年版，第 70 页。
3 ［美］E. 博登海默著：《法理学——法律哲学与法律方法》，邓正来译，中国政法大学出版社 1999 年版，第 586 页。

以权利为基础的理论的综合图画”。[1]德沃金正是试图用这一他称为“权利论”的理论来回答上述法律问题。

德沃金认为，法律不仅仅包括规则，也包括原则和政策。这里的“原则”指的是反映“一种公平、正义的要求，或者是其他道德层面的要求”的准则；而“政策”是指规定“一个必须实现的目标，一般是关于社会的某些经济、政治或者社会问题的改善”的准则[2]。基于此，德沃金主张权利并非仅仅存在于法律规则之中，权利也存在于历史和传统之中。“一个集体目标不足以证明可以否认个人希望什么，享有什么和做什么时，不足以证明可以强加于个人某些损失或损害时，个人便享有权利。”[3]

在权利论中，德沃金所指的“权利”是“个人手中的政治护身符”，具有“形而上”的特征，既是“实证权利”，又是“自然权利”。对于公民来说，德沃金认为最重要的权利是平等关心和尊重的权利。“自由主义平等概念支配下的每一位公民都有一种受到平等关心和尊重的权利。”[4]这一观点最早是1972年秋，德沃金在牛津讨论班上与哈特教授、托马斯·内格尔教授等人在讨论罗尔斯的名著《正义论》时提出的，同时也是《认真对待权利》一书

1 ［美］罗纳德·德沃金著：《认真对待权利》，信春鹰、吴玉章译，中国大百科全书出版社1998年版，中文版序。
2 ［美］罗纳德·德沃金著：《认真对待权利》，信春鹰、吴玉章译，中国大百科全书出版社1998年版，第41页。
3 ［美］罗纳德·德沃金著：《认真对待权利》，信春鹰、吴玉章译，中国大百科全书出版社1998年版，第6页。
4 ［美］罗纳德·德沃金著：《认真对待权利》，信春鹰、吴玉章译，中国大百科全书出版社1998年版，第357页。

的核心观点。

所谓“平等关心和尊重权”是指政府应该将人民当作会遭受痛苦和挫折的人，将人民看作能够根据自己的生活观念行动的人。不仅如此，政府更要做到平等地关心和尊重，绝不能以某些公民因值得加倍关心而有资格获得更多东西为基础来分配各种商品和机会，也绝不能以某团体中某些公民的美好生活概念比他人高贵或优越而限制自由。

平等关心和尊重权是公民享有的一项最基本的权利，是一项高度抽象的权利，由此可产生公民应有的一系列权利。德沃金认为，平等关心和尊重这一抽象权利可能包含两种权利。第一种是平等对待的权利，即政府平等地分配给每个公民相同的商品或机会。第二种是作为平等者得到对待的权利。这不是平等地分配一些商品或机会，而是在如何分配这些商品或机会的政治决定中，每个公民有权得到政府平等的关心和尊重。此项权利德沃金称为“立法性权利”。

德沃金特别指出：“在一个民主的制度下，或者至少在原则上尊重个人权利的民主制度之下，每一个公民都负有必须遵守全部法律的基本的道德义务。即使他宁愿某些法律得到修改。他的这一义务是对他的同胞负有的，因为，即使一个社会在原则上是公正的，也可能产生不公正的法律和政策，而一个人，除了他对国家的责任之外还负有其他的责任。一个人必须履行他对他所信仰的上帝的责任和对自己的良心的责任。如果他的这些责任和他对国家的责任相冲突，那么最后，他有权做他自己认为正当的事情。但是，如果他决定违反法律，那么，在承认他对他的同胞们的责任虽然很大，但是不能泯灭他的宗教和道德上的责任的情况下，他必须接受国家所作的判决和给予的惩罚。”[1]

最后，德沃金强调政府只有认真地看待权利，才能认真地看待法律，才能重建公民对法律的尊重。为此，政府必须接受人类尊严的观念，在处理复杂的社会问题时，要注意保护个人的权利。法院在处理案件，尤其是宪法案件和疑难案件时，应根据公认的道德原则作出保护个人权利的决定。

西方学者对《认真对待权利》一书给予了高度评价。马歇尔·科恩在《纽约书评》中称：“罗纳德·德沃金所著的《认真对待权利》是继哈特的《法律的概念》以来，法理学领域最重要的著作。”“德沃金的伟大功绩在于，他能够把自己对于这些重大理论问题的观点同具有重要现实意义的问题联系起来。”“在整体和技术上，此书都是杰出的”“任何关心我们的公共生活的理论或者实践的人都应该读一读此书。”[2]

《法律帝国》一书是德沃金的又一部传世之作，该书共有 11 章，比较系统地阐述了法律是什么、阐释性概念、回顾法理学、因袭主义、实用主义与人格化、法律的整体性、普通法、法规、

---

1 ［美］罗纳德·德沃金著：《认真对待权利》，信春鹰、吴玉章译，中国大百科全书出版社 1998 年版，第 246 页。

2 ［美］罗纳德·德沃金著：《认真对待权利》，信春鹰、吴玉章译，中国大百科全书出版社 1998 年版，封底。

宪法和法外之法等问题。通过对上述问题的阐述，德沃金提出了对解决当时美国面临的法律难题有重要指导意义的三大理论，即法律是阐释性的概念、法律应在实际中获得应用、整体性的法律（立法的整体性和审判的整体性），并且阐述了一个闻名于世的观点："法院是法律帝国的理想，法官是帝国的王侯。"

《法律帝国》经哈佛大学出版社出版后，为德沃金赢得了广泛的声誉，不仅美国的读者争相购买和传阅该书，从而在美国的法理学界和司法实务界激起了千层波澜，而且被迅速译成多种文字，传至世界各地。1996 年，该书也被李常青译成中文，由中国大百科全书出版社出版，从而成为中国法理学者阅读和评论的西方法学名著之一，引起中国法学界的重视。

《自由的法》收集了德沃金在过去几年发表的若干探讨宪法问题的论文。这些论文对美国许多重大的宪法问题，如堕胎、赞助性行动、色情作品、种族、同性恋、安乐死等都作了讨论，目标在于阐述一种解读和贯彻宪法的政治层面的特定方法，即道德解读。可以清楚地看出，《自由的法》一书表达了德沃金对法律、权利、道德原则以及诸多司法实践问题的进一步思考。[1]

1 何勤华主编：《外国法制史》（教学参考书），法律出版社 1999 年版，第 510 页。

50

波斯纳（Posner）

1939—

20 世纪 70 年代初，经济分析法学首先在美国兴起，为数众多的法学家积极投入这场“开拓法学新领域”的运动，使得该学说在全世界范围的法学理论研究中奠定了地位，这一运动的代表人物和集大成者，就是理查德·波斯纳。

1939 年，波斯纳出生于美国纽约市。1959 年，波斯纳毕业于耶鲁大学，获文学学士学位；1962 年毕业于哈佛大学法学院，获法学硕士学位；1963 年开始成为纽约律师协会会员；1962 年至 1963 年，任美国联邦最高法院大法官小布雷的法律秘书，后又担任美国联邦司法部副部长助理，美国总统交通政策特别工作小组首席法律顾问；1969 年至 1981 年，先后担任斯坦福大学法学院、芝加哥大学法学院教授；1981 年起，任美国联邦上诉法院第七巡回审判庭法官、首席法官和芝加哥大学法学院、斯坦福大学法学院法律经济学高级讲座主持人。

作为20世纪70年代以来美国最杰出的法律经济学家之一，波斯纳勤于笔耕，著述颇丰，其著作几乎涉及法律经济学的每一领域，主要有《法律的经济分析》《反托拉斯法：一种经济透视》《正义经济学》《侵权法：案例及经济分析》《公司法和证券管制经济学》《联邦法院：危机和改革》《法律和文学》《法理学问题》等。此外，波斯纳还撰写了相当数量的专论，发表于各种学术期刊上。[1]在这些专论中，波斯纳强调了自己的法律经济学观点，并使其理论体系得以丰满和统一。

波斯纳经济分析法学的核心思想是"效益"——以价值得以极大化的方式分配和使用资源；或者说，财富最大化是法律的宗旨。波斯纳认为，所有的法律活动（包括立法、执法、司法、诉讼等）和全部法律制度（私法制度、公法制度、审判制度等）的最终目的就是最有效地利用自然资源和最大限度地增加社会财富。

波斯纳关于法律的经济学分析的理论部分是简明扼要的，其理论基础是建立在新自由主义的经济学原理，即人是自我利益最大化的实现者之上的。他以经济效益观念贯穿于其法律分析的始终，这对于以正义为最高信条的传统法学家来讲是一种观念的冲击，因而招致许多法学家的批评。

从"人是其自利的理性最大化者"这一假设出发，波斯纳认为，如果一个人的环境发生变化，而他通过改变其行为就能增加

1　具体书目请参阅蒋兆康先生所作的《法律的经济分析》中文版译者序言，载［美］波斯纳著《法律的经济分析》（上册），蒋兆康译，中国大百科全书出版社1997年版。

他的满足，那他就会这样做。由此，波斯纳又从这一命题推出经济分析法学的三项基本原理：一是供求法则，即所支付的价格和所需求的数量是反比例关系。波斯纳认为供求法则揭示了价格变化这一激励因素与人们行为选择之间的关系。同时，他也将法律制度的变化看作一种类似价格变化的激励因素。例如，刑罚（可视之为犯罪的社会价格）的加重，可能促使企图犯罪的人改变自己的行为选择，减少犯罪。二是最大效益定律。市场规则中的消费者及社会中的犯罪者都被假定试图使其效用（幸福、快乐、满足）最大化，即效益最大化，以最大限度地减少成本，增加收益。三是资源流转定律，即资源利用在市场调节下将趋向价值最大化。“当资源在被投入最有价值的使用时，我们可以说它们得到了有效率的利用。”[1]而市场就有将资源利用的效益最大化作用。

波斯纳就是以人是理性的、最大限度地追求自我利益者这一假定，以及从中推导出来的三个基本原理作为其对法律进行经济分析之理论基础的。当然，波斯纳对法律的经济分析首先是对英美法系中的普通法的分析，且主要是分析了宪法、财产法、合同法、民事侵权行为法、税法、程序法、劳工法、反托拉斯法、金融法、公司法、公用事业法、家庭法和刑法等法律。[2]

波斯纳主张对涉及正义和法的一切现象都可以应用经济学分

---

1 [美] 罗纳德·波斯纳著：《法律的经济分析》，蒋兆康译，中国大百科全书出版社 1997 年版，第 12 页。

2 关于波斯纳对这些法律的经济学分析，详细可参阅何勤华主编《西方法学名著精萃》一书中《波斯纳：〈法律的经济分析〉》一文，中国政法大学出版社 2001 年版。

析方法。例如，在《正义的经济学》一书中，个人隐私被理解为本人对于不愿让他人知道的信息进行控制的权利，进而被分为信息控制的效益与因人们难以接触想知道的信息而产生的社会成本这两个方面来把握，据此说明哪一种个人隐私更值得法律保护。像这样把本来非常伦理性的问题转化为经济效率问题来处理的技巧，波斯纳运用起来更臻于“炉火纯青”的境地。在他看来，如果正义意味着“分配的正义”的话，那么法律权利的分配与经济资源的分配就具有互换性，正当的诉求与它的价格必须连在一起考虑。[1]

波斯纳的另一重要著作《法理学问题》，既是沿着“追求效率的法理学”之思想道路推进，同时又是对其“绝对效率”立场的修正。

首先，波斯纳探讨了法律的认识问题。波斯纳认为，逻辑的科学的精神研究在法律推理中的作用有限，法律中规则的作用也相应有限。接着，波斯纳讨论了其极为重视的法律推理方法——实践理性，该推理方法被理解为当逻辑方法和科学方法用尽时人们所使用的多种推理方法，包括直觉、权威、比喻、深思、解释、默语、将命题交时间来检验以及其他许多方法。尽管法律上这些方法经常产生确定的结果，但偶尔也——因而司法决定——不得不基于政策、政治、社会理想、“价值”甚至“偏见”（伽达默尔意义上的

1　季卫东著：《法治秩序的建构》，中国政法大学出版社 1999 年版，第 345—346 页。

偏见）。这样就意味着在法律决定中效率性和经济学的作用也是有限的，实践理性应得到更高度的重视[1]。在这个意义上，波斯纳已经向基于承诺原理的"权利哲学"求和。[2]

其次，波斯纳探讨了法律的本体论问题。波斯纳认为，法律思想不可能通过与"实在的"世界相对应而成为客观的东西，无论法律具有什么客观性，这种客观性都出于文化的统一性而不是出于形而上的实体和方法论上的严格。"法官并不是按照什么被称为'法律'的东西行动……法律只是一套律师和下级法官提出的关于上级法院行为的恒常性的假说。"[3]

最后，波斯纳探讨了法律的解释问题。波斯纳认为，作为"概念性体系"的普通法较适合财富最大化的价值追求，但是作为"文本性体系"的成文法不适合应用经济分析方法。波斯纳认为，从条文字面的平易含义的理解出发去追求精确判断是不适当的，应该从解读沟通过程的角度来把握法律解释，而解释是向前的，具有形成政策的功能。波斯纳法律解释的基本立场是强调目的——手段合理性，它与经济学上的成本效益分析是可以互换的[4]，而这又显示了波斯纳对其效率绝对主义的修正。

经济分析法学派在世界范围内产生了巨大影响，因为它给法

---

1 季卫东著：《法治秩序的建构》，中国政法大学出版社 1999 年版，第 347 页。

2 季卫东著：《法治秩序的建构》，中国政法大学出版社 1999 年版，第 344 页。

3 [美] 罗纳德·波斯纳著：《法理学问题》，苏力译，中国大百科全书出版社 1994 年版，第 286 页。

4 季卫东著：《法治秩序的建构》，中国政法大学出版社 1999 年版，第 349 页。

学带来了新的希望，也符合 20 世纪以来社会科学各学科互相渗透的潮流。这也正如波斯纳自己所说的那样，其经济分析法学的主要发现可归纳为四点：第一个发现是，法律程序的参加者都是“有理性的使自我利益极大化者”；第二个发现是，法律制度本身——法律规则、程序和制度受到促进经济利益这种关心的强烈制约；第三个发现是，对法律进行经济学分析有助于设计法律制度的改革方案；第四个发现是，对法律制度进行定量研究是富有成效的。

但是，波斯纳的学说在美国法学界并非受到一致欢迎，可谓毁誉参半。首先，波斯纳的学说把效率性强调到极限，不仅抹杀了法律的其他价值，如正义、平等、公平等，而且在实践中会产生诸多谬误，如认为刑罚的目的就是使罪犯付出更高的成本从而起到威慑的作用，这就为重刑找到了借口。其次，波斯纳把人的行为都视为追求自身利益最大化，这种假设不仅缺乏必需的说服力（即缺乏“证据”），而且许多人的许多行为往往缺少理性而多盲目性。

尽管如此，波斯纳的学说对我国法学界仍有重要的启发意义，特别是在我国社会转型期及建立社会主义市场经济体制方面，在强调效率的时代更是如此。

参加本书编写工作的具体人员为

（按编写条目的数量为序）：

何勤华　吴旭阳　刘晓雅　童　君　潘晓军　段　红

张　航　程　维　周　旋　赵海晨　曲　阳　陈　颐

李孝猛　刘保华　樊　罡　郑　取　白　平　任　超

图书在版编目（CIP）数据

法学群星闪耀时：50位外国法学家的故事 / 何勤华主编．—北京：中国法制出版社，2020.12

ISBN 978-7-5216-0877-9

Ⅰ．①法… Ⅱ．①何… Ⅲ．①法学家—生平事迹—世界 Ⅳ．① K815.19

中国版本图书馆 CIP 数据核字（2020）第 025446 号

策划 / 统筹：李　佳（amberlee2014@126.com）

责任编辑：王　悦（wangyuefzs@163.com）　　装帧设计：高　瓦

法学群星闪耀时：50位外国法学家的故事

FAXUE QUNXING SHANYAO SHI：50 WEI WAIGUO FAXUEJIA DE GUSHI

主编 / 何勤华

执行主编 / 周小凡

经销 / 新华书店

印刷 / 北京华联印刷有限公司

开本 / 880毫米 ×1230毫米　32开　　印张 / 11.5　字数 / 252千

版次 / 2020年12月第1版　　2020年12月第1次印刷

中国法制出版社出版

书号 ISBN 978-7-5216-0877-9　　定价：58.00元

北京西单横二条2号　邮政编码 100031　　传真：010-66031119

网址：http://www.zgfzs.com　　**编辑部电话：010-66060794**

市场营销部电话：010-66033393　　**邮购部电话：010-66033288**

（如有印装质量问题，请与本社印务部联系调换。电话：010-66032926）